读客文化

王阳明
领导力心法

度阴山 著

学会这些心法,你就能成为像王阳明一样**一呼百应**的领导者

江苏凤凰文艺出版社
JIANGSU PHOENIX LITERATURE AND ART PUBLISHING

图书在版编目（CIP）数据

王阳明领导力心法 / 度阴山著. —— 南京：江苏凤凰文艺出版社，2021.6（2022.8 重印）
ISBN 978-7-5594-5854-4

Ⅰ.①王⋯ Ⅱ.①度⋯ Ⅲ.①王守仁（1472—1528）－心学－研究 Ⅳ.① B248.25

中国版本图书馆 CIP 数据核字 (2021) 第 079076 号

王阳明领导力心法

度阴山 著

责任编辑	丁小卉
特约编辑	徐贤珉　乔佳晨
封面设计	陈　晨
责任印制	刘　巍
出版发行	江苏凤凰文艺出版社
	南京市中央路 165 号，邮编：210009
网　　址	http://www.jswenyi.com
印　　刷	河北中科印刷科技发展有限公司
开　　本	890 毫米 ×1270 毫米　1/32
印　　张	10.25
字　　数	246 千字
版　　次	2021 年 6 月第 1 版
印　　次	2022 年 8 月第 4 次印刷
标准书号	ISBN 978-7-5594-5854-4
定　　价	52.00 元

江苏凤凰文艺版图书凡印刷、装订错误，可向出版社调换，联系电话：010-87681002。

序

如何成为众所期待之人

人类历史上那些众望所归之人都有一些共同点，这些共同点构成了领导力的要素。它们大致如下：使命感、坚定不移达成使命的意志力、英雄主义、预见未来（愿景）和实现未来的能力、即使在危机中也能给追随者提供希望的能力。最后一条则是知行转化的能力。

美国领导理论大师沃伦·本尼斯说："领导力的要素是无法传授的，它们只能习得。"中国心学大师王阳明则说："心外无物，一切能力都在你自己身上。"所谓后天习得，并非真是后天学习到的，而是激发出内心固有的领导力要素。

按照王阳明的理论，一个卓越领导者之所以能被人们追随，是因为其领导力要素本来就在他们身上。只要肯激发出这些领导力要素，人人都能成为一呼百应的领袖。

而如何激发出这些领导力要素，就是本书要阐述的。如你所知，激发的方法当然是阳明心学。阳明心学的精华和方法论是知行合一，所谓知行合一，是按照良知判定去行动。而所谓良知，则包含三部分内容：一是道德感（良知能知善恶）；二是判断力（良知能知是非);三是意志力(良知如泉涌)。

良知光明的人会主动激发自己的道德感(哪些事是我应该做的),从而立下志向,拥有使命感。王阳明的使命是成为普度众生的圣贤;任正非的使命是建立最伟大、最超前的民族企业;马云的使命是让天下没有难做的生意。

事实上,每个人都会在某种时刻热血上头,觉得自己有了使命,可几次撞墙后就退缩回来。这只能说明他们的使命感不坚,真正拥有使命感的人,会坚定不移地怀抱使命向前走。你只须观察人类历史上那些伟大的领导者,就很容易发现他们这种顽强的意志力。

王阳明说:"人人皆可为圣贤。"圣贤就是大公无私、无我有他的胆识过人的英雄。**领导者必须是英雄,否则就无法让人追随。英雄人物靠个人魅力会产生心心相连的线,将和他有共同频率的人连接到一起,这就是建立感应。**

知行合一的领导者知道什么事该做,什么事不该做,更知道什么事是自己有能力做到的(判断力)。他们能以终为始,能看到远方和终点,即使看不到,他们也会乐观地用尽心力,将未来勾画出来给大家看。他们不但是英雄,还必须是占卜师,预知未来的愿景,并一腔热血地实现它。

知行合一的领导者永远不会被困难击倒。相反,他们认为困难、危机到来的时候,正是他们修心的好机会。因为他们有信心和心力解决困难,给追随者以希望。

最后,王阳明心学所要求的领导者必须有知行转换的能力。

第一,知行循环。王阳明说:"知道什么是痛,肯定是痛过才知道,没有痛过,你根本就不知道痛。你知道饿,一定是饿过,才知道什么是饿,没有饿过的人,根本不知道什么是饿。以此类推,你若想知道必须行，只有行了之后才算真的知道。"

这是个闭环：欲知——行——知，想要知道，就必须去行，然后会回到想要知道的"知道"上。你要想知道梨子是什么味道，就必须去吃，吃了之后才知道梨子是什么味道。任正非就说过，无论多么高的学历和多么丰富的经历，到华为都得从基层干起。因为若想深刻了解华为文化，仅靠文化手册是不够的，你要先在华为"行"起来。

第二，知是行之始，行是知之成。这个论点其实很简单，再次说明知行是合一的。知是行的开始，行是知的结束，缺少了哪一个都不成。特别是领导者，做事有始必有终。经常有人做事半途而废，原因就在于，他把知和行一分为二了。为什么会把知和行一分为二，王阳明的说法是，他的良知被私欲遮蔽了。比如有弟子问他，人人都知道孝顺，可未必人人能做到孝顺。王阳明的回答是，未有知而不行的，知而不行只是未知，不是真的知道。真正的知，后面必然跟着行，因为知行不可分，知是行的开始，行是知的结束。

"真知"和"假知"的区别在哪里？这也是知行转化的关节点。"真知"是发自真心，不需要外力推动，自己就能把它完成的。我们爱自己的妻儿，这种爱就是真知。很少有人不爱自己的妻儿，因为这种爱与生俱来，是我们的本心，发自本心的任何行为，都是知和行的统一。"假知"有两种情况，第一种是做一件自己特别不喜欢的事情的时候，这种情况下，你不可能把它做得特别完美；第二种，大致知道这种行为是正确的，比如孝顺父母，但私欲（情感的低能，物质的不丰厚，身边琐事的纠缠）的遮蔽，导致了这种知没有转化成行。这是领导者必须注意的问题！

第三，知之真切笃实处即是行，行之明觉精察处就是知。如何理解这两句话呢？

以吃饱饭为例，你某次吃饭，吃得特别精细，特别认真，即使你日后没有写关于吃饱的论文，但你已经知道了什么是饱，这就是行之明觉精察处就是知。从前很多领导者都是这样，有行动，有成绩，但没有将他们的思想呈现出来。所以他们的行就是知。

你某次吃得特别饱，险些撑破肚皮，那次饱让你印象深刻，虽然你现在肚子没吃饱，但那次的饱已经被你铭记在心，一提起饱这个字，你大概就会呕吐，这就是知的真切笃实，就是行。

知行转化的能力其实是领导者的心力。用尽心力则知行合一，知行合一后就会被他人追随，即使暂时还没有成功，你也已经成为众所期待之人！

目录

第一章　追随你的良知，别人才有可能追随你

01　运用你的良知 ……………………………… 003
02　自律才能律他 ……………………………… 011
03　光明与生俱来的自信 ……………………… 018
04　一则诚、二则伪：极简主义 ……………… 025
05　志不立，无可成之领导 …………………… 035
06　外表谦和，内心坚硬 ……………………… 044
07　用良知开启自知模式 ……………………… 053

第二章　　　　树立权威，让人先正视你的职位

- 01 明示下属，你是老大 ················· 061
- 02 人欲即天理 ························· 069
- 03 赏罚：直指人心的领导力 ············· 077
- 04 制定符合良知的章法 ················· 084
- 05 在制度中渗入符合人性的小花招 ······· 090
- 06 此时正是修心时 ····················· 097

第三章　　　　用知行合一取得他人的认同

- 01 修身是最光明的领导力 ··············· 109
- 02 授权——让下属品尝权力的味道 ······· 119
- 03 有效沟通——交换良知而不仅仅是事实 · 126
- 04 把有趣的灵魂注入团队 ··············· 132
- 05 你不能指望所有人都认同你 ··········· 139
- 06 道、术、德、仁、食、俭：领导者的步步生莲 145

第四章　　以良知做决策，为他人赋能取利

- 01 以终为始——让目标引导你的决策 ············ 157
- 02 直觉的力量——用良知做决定 ················ 164
- 03 培养快速的推理力和精准的判断力 ············ 171
- 04 不迷信经验，但要重视 ······················ 176
- 05 天理与人欲的内战：避免情绪化决策 ·········· 180

第五章　　心力：世上最强大的领导力

- 01 心外无物——领导者必须拥有的世界观 ········ 189
- 02 此心不动，随机而动 ························ 194
- 03 你若尽心，天理自现 ························ 204
- 04 自得于心 ·································· 212
- 05 自快于心 ·································· 220

第六章　　　　　打造心连心的组织

01　十家牌法：组织的连心智慧 ········ 229
02　乡约：让人道德自觉的团建模型 ········ 239
03　对组织文化格物 ········ 248
04　社学：如何让企业文化走进人心 ········ 257
05　感恩、敬畏你的平台 ········ 264

外　篇　　　　　领导者的大学问

01　领导者三纲之明明德 ········ 275
02　领导者三纲之亲民 ········ 283
03　领导者三纲之止于至善 ········ 290
04　领导者八目之格致诚正 ········ 300
05　领导者八目之修齐治平 ········ 307

第一章

追随你的良知,
别人才有可能追随你

01

运用你的良知

> 尔那一点良知,是尔自家底准则。尔意念着处,他是便知是、非便知非,更瞒他一些不得。尔只不要欺他,实实落落依着他做去,善便存、恶便去,他这里何等稳当快乐!
>
> ——《传习录·陈九川录》

任何一个组织领导人都应该有这样的认识:想让别人追随你,唯一要做的就是追随自己的良知。

日本管理大神稻盛和夫曾说:唤醒内心深处潜藏的良知,并且追随它,才能使自己在领导工作中问"心"无愧。**只有做到在领导工作中问心无愧,才能成为让别人追随的领导,你的组织才能青春永驻。**

如何追随自己的良知,王阳明认为,你首先应该知道什么是良知。

"良知"是王阳明心学体系中的灵魂,王阳明正是靠它定乱除暴安民,建立了不世之功。在王阳明的认识中,只要你能追随自己的良知,天下无不可成事。它对良知的描述是:(1)良知与生俱来,即使是盗贼也有良知;(2)良知能知是非善恶(能知是非属于判断力,能知善恶属于道德感);(3)良知反应神速;(4)良知如泉水,永不停息。

概括而言,良知包含了三方面内容:(1)道德感;(2)判断力;(3)意志力。

所谓道德感,指的是哪些事是我应该做的;所谓判断力,指的是那些应该做的事我是不是有能力做到;所谓意志力,就是我们把有能力做成的且应该做的事完成。

注意,无论是道德感、判断力还是意志力,都是我们每个人与生俱来的,不需要后天向外求,只需后天的唤醒。

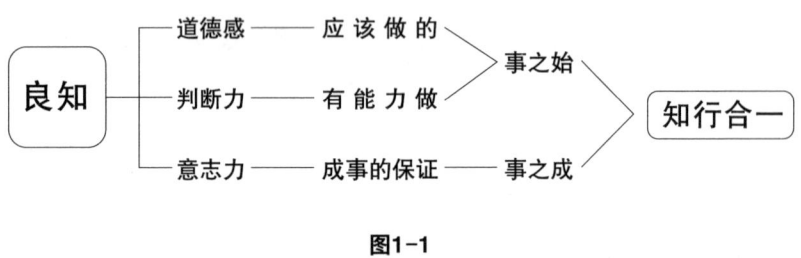

图1-1

我们可以用王阳明的例子来深刻理解良知以及良知的三方面内容,看王阳明作为一个领导者,是如何追随自己良知的。

1517年,大明帝国政府升王阳明为御史,巡抚南赣(江西南安、赣州)剿灭当地土匪。南赣一带土匪多达十几股,在四省交界(江西、福建、广东、湖南)处横行百年,天怒人怨,百姓生活受到严重威胁。大明帝国为剿灭这些土匪,多年来耗费大量人力物力,但仍未从根本上解决问题。

王阳明这次被启用,说明中央政府下定决心要彻底解决匪患,还当地百姓长久的秩序和繁荣。那么，王阳明现在要做的就是，在剿匪这件事上追随自己的良知，具体步骤如下。

当我们面对一件事时，首先，就是良知中的道德感发挥作用，即是说，这件事是不是我应该做的。平定暴乱，为大多数百姓谋福利，这是任何有良知的人都认为应该做的事。

对于一个领导者而言，所谓的道德感其实就是一种担当精神。很多人在做事时，并没有这样的担当精神。他们或是身不由己赶鸭子上架，于是变成了走过场；或是认为事情很有难度，从而忽视甚至是拒绝道德感的判定。只有从内心深处认知到这件事是自己应该做的，属于分内之事，才会产生担当精神，也才有可能把这件事做好。

作为剿匪领导人，王阳明就认定这件事是他应该做的，当有了道德感的判断后，担当精神油然而生。

如果这件事是良知判定应该做的，第二步就非常重要了，那就是良知中的判断力：这件事我是否有能力做到。

我们举例来说明。比如从七层楼上掉下一个婴儿，你会伸手去接，然后接住。拯救生命是我们应该做的事，道德感会告诉你，你应该伸手接这个婴儿，判断力则会告诉你，你有能力做成这件事。但如果从七层楼上掉下来的是个两百斤的胖子，你还会不会伸手去接？

虽然道德感告诉你，接住胖子是你应该做的事，可判断力则告诉你，这件事你是没有能力做到的。

幸运的是，我们在人生中遇到的很多事，并不会像上述例子那样突然发生，而是会给你考虑的时间。用王阳明思想来说，如果一个胖子从七楼坠落，而且我有准备的时间（比如抬来弹簧床），那我就有能力接住他。换个说法就是，如果一件事在良知看来是应该做的，那我一定有能力做到。

王阳明要去剿匪，良知的道德感告诉他，这件事是你应该做的，然后判断力会立即跟上：那我就一定有能力做到。由此看出，判断力只是给出你做这件事的态度，并且这个态度是积极的：我一定有能力做到。

当我们有了积极的态度后，也就产生了自信心。产生自信心后，就应该对事情本身的难度进行分析，然后解决。所以，判断力并非让你有了解决难题的方法，而是让你有信心来解决难题。

我们来看王阳明到江西剿匪这件事，剿匪本身并不难，因为在他之前很多人都成功过。只是之前耗资巨大，而且土匪剿灭后又复起，这才是难点。为什么会这样，王阳明认为，负责剿匪的领导者要么是没有真心实意为人民服务，剿匪对他而言只是一份工作，并非一项使命；要么是负责剿匪的领导没有实权，受地方官掣肘处极多。所以，若想完成剿匪的任务，就必须解决一个根本问题：绝对的权力。

在大多数人的认知中，是否有能力解决问题，应该是去问题上找方法。但王阳明心学则认为，必须在做事前就对事情进行通盘考虑，如果在没有做事之前就考虑成熟和做好准备，那这件事就没有任何难度了。

王阳明考虑的就是绝对的权力，他要让自己拥有主动权和处置权，不能像从前的剿匪领导一样，时刻受中央节制，大事小情都要汇报，更不能没有兵权。所以，他向中央政府索要军权、行政权以及"将在外君命有所不受"的便宜之权。

在拥有了这些权力后，王阳明才肯就职。只用了不到两年时间，王阳明就平定了四省交界处的土匪，而且当地匪患再未复发。

这是王阳明追随自己良知的最佳例子，接下来我们走进号称把阳明心学用到极致的稻盛和夫拯救日航的例子，看看稻盛和夫是如何追随自己良知的。

日本企业家稻盛和夫名动天下，曾把两个日本企业（京瓷和第二电信）带入世界五百强，他的领导心法就是到处鼓吹的"敬天爱人"。这四个字出自阳明心学拥趸西乡隆盛，日本明治维新的推动者。"天"是天理，符合天理即为"敬天"；"人"是自己的同胞，以仁慈之心关爱同胞就是"爱人"。

王阳明主张天理在心中，所以"敬天爱人"，可以直截了当地解释为"致良知"。稻盛和夫把这四字当成人生箴言，移植到企业中，也就是作为领导者应该做正确的事情，把作为员工的人放在第一位。

2010年1月，前一年亏损达1800亿日元的日航宣布破产。正值全球金融风暴，破产的公司不计其数，大都是一去不复返，在很多人看来，日航也不例外。日本政府却不想就这样放弃日航，于是请出了名声在外的稻盛和夫，希望他能力挽狂澜，拯救日航。

稻盛和夫开始追随自己的良知。日航有员工三万余人，倘若日航解散，至少就有三万余张嘴吃不上饭。对于始终坚持"把员工放在第一位"的稻盛和夫而言，可谓心如刀绞。所以，道德感提醒他，这件事是他应该做的且必须做的。

如果这件事是他必须做的，那他就一定能做到。在判断力的肯定下，稻盛和夫开始分析如何能把这件事做好。和王阳明一样，他必须在还没有做事前，就把重重困难消灭在萌芽中。

这需要对他即将面临的事情本身进行了解和分析。日航破产的原因，大多数人都了解，并不需要专业分析。金融危机时期，日本银行和金融机构拒绝给日航贷款，日航失去资金，山穷水尽，没有不破产的道理。所以，稻盛和夫向政府提出两个条件，如果政府做不到，他就拒绝这个差事。

第一，日本银行必须给日航恢复贷款，同时冻结之前的债务；第二，缩小规模，节省成本。比如关闭一些入座率极低的国际航线；让政府对燃料成本提供补贴，同时取消边远地区的航线，减少日航的社会公益责任。

日本政府同意了稻盛和夫的条件后，稻盛和夫走马上任。很多领导者在遇到问题时，都在向外求，或者说是向客观环境问责。日航破产当然有客观环境的影响：全球金融危机、日本国内持续低迷的经济环境；油价上涨、突发性事故；等等。但在稻盛和夫看来，**任何一个领域、行业中，必有盈利的老大，大家都是在同一片天地中，所面对的问题都一样，为什么别人能做到，自己却做不到？**

所以，归根结底，一切问题还是出在自己身上。这就是王阳明心学的精明所在，即**在遇到问题时向内求，而不要向外求**。

稻盛和夫在对日航内部进行了一番明察暗访后，发现了问题：体制僵化、经营不善、人心涣散。离心离德才是导致日航破产的根本原因。

这和当初王阳明抵达赣州剿匪时所面临的情况是一样的。当时，四省交界的土匪都把老巢建在高山密林中，易守难攻。对王阳明而言，这是客观环境，可并非决定成败的因素，真正的问题出在内部。四省的政府军纪律涣散，而这些部队恰好又是剿匪的主力。同时，土匪在百姓中又深埋了许多奸细，政府稍有动作，奸细马上把消息通知给总部。

王阳明抵达赣州后，从内部入手，拒绝使用政府军，组建新军，派专人负责新军的训练，而且还把心学思想带入军营，让他们懂得剿匪是项神圣的事业，再用计谋铲除内部奸细，使整个团队铁板一块。凝聚了人心，战斗力自然提高。在后来剿灭土匪的战役中，这支新军立功不小。

在王阳明看来，一切问题都应该向内求。向内求的心学基础是：

一切事情都是由人做出来的，一切问题也是由人产生的。人是靠心来做事，自然也靠心来制造问题。所以**若想解决问题，只需要解决人心即可。**

稻盛和夫的思路也不过如此。正式执掌日航后，他运用良知，从整顿人心开始。**阳明心学向来主张教化，不主张管理。因为管理是管事，教化则是管人。教化的方式只有两种：一是以身作则；二是以道诲人。**

稻盛和夫把阳明心学的教化心法运用到极致。在以身作则方面，（1）他零薪担任领导人，这种方式会让人感受到你的良知，确定你不是为利而来；（2）已经老态龙钟的他搭乘日航航班时始终乘坐经济舱，这是在明示他要与员工同甘共苦；（3）他对日航所有员工表示，他不会临阵脱逃，正如他不会开除任何一名员工一样。

在以道诲人方面，（1）稻盛和夫提出企业最重要的财产是员工的心，心在一起，力就向一处使，企业就能活下来，没有例外；（2）编制《日航哲学手册》并全员推行，这是统一思想万里长征的第一步，也是最重要的一步；（3）提出日航的经营理念——追求员工物质和精神两方面的幸福；（4）固定时间内给员工宣传价值观，不停地重复团结一心的要义。

在稻盛和夫的领导下，日航很快重新焕发青春。青春的光芒从内部开始照耀，很多员工都开始反思从前的工作态度。空姐们的播音越来越有感情，提供的各类服务越来越细腻；日航的准点率越来越高；最朴素的维修人员也好像打了鸡血一样，不厌其烦地对飞机进行修检。稻盛和夫似乎给所有人都灌了一碗"迷魂汤"：我们运送的不是乘客，而是珍贵的生命。对于生命，必须敬畏。

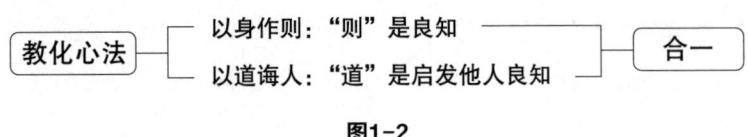

图1-2

很多团队的领导者都知道要统一员工思想,让他们团结一心,为团队服务,但为什么很少有成功者?用王阳明的说法就是,以身作则和以道诲人是合一的,领导者如果只想着"以道诲人",却没有"以身作则",那你连鬼都"诲"不了。

领导者若要让团队成员认可自己的道,就必须做到以身作则。稻盛和夫如果不是拿零薪酬,把自己毫无利己的心展示给日航员工看,他的道也不可能被日航员工接受。

中国古谚云:若想让别人做到,自己得先做到。我们不能把它冒失地理解成领导者应该事必躬亲,正确的理解应该是,你以身作则的"则"是良知,以道诲人的"道",是激发团队成员的良知。

王阳明在赣州就任时,有弟子偷偷问他:您真能摆平这些闹腾百余年的土匪吗?

王阳明回答:做一件事的关键首先是动用良知,问这件事是不是你应该做的。如果是,那就立志排除万难去做,不做成决不罢休。天下没有不可成的事。

稻盛和夫拿到日航的大印时也说了一句话:"实现计划的关键是先抱有高尚的思想和强烈的愿望,然后一心一意,不屈不挠,坚韧不拔干到底。"

二者异曲同工,高尚的思想和强烈的愿望就是道德感和判断力,而"坚韧不拔干到底"就是意志力。

02

自律才能律他

> 孔训示克己，孟子垂反身，明明贤圣训，请君勿与谖。
> ——《郑伯兴谢病还鹿门雪夜过别赋赠三首·其二》

如果用两个字来概括中国传统政治思想和管理思想，那么就是"自律"。中国传统思想家始终讲究"欲正人先正己"，管理他人的"政"就是"正"——正己的意思。"正己"就是克己、反身而诚，在自己心上用功。

王阳明认为，人须有为己之心，方能克己。能克己，方能成己，才能成人。站在管理角度理解这句话就是，欲管人，先管己。能管住自己，才能管住他人。管住自己，就是自律。

王阳明曾在闲暇之余和弟子们闲谈。他问弟子们，世间最快乐事是什么？有弟子回答，是荣华富贵；有弟子回答，是美酒佳人。王阳明不作声。又有聪明的弟子回答，是为官一任造福一方，王阳明略点头。再有伶俐的弟子回答，是遵守法度。王阳明微笑称赞。这个弟子正要高兴时，王阳明突然问道：什么法度？

该弟子想当然地回答，自然是朝廷的律法啊。

王阳明接着问：朝廷律法是外在的，如果靠外在的律法来约束自己，我想他固然快乐，可不能持久。真正的法度不在外，而在我们心内。我们只有遵守心内的法度，才能做到从心所欲不逾矩，才真是世间最快乐的事。

华为掌舵人任正非指出，**领导者成本最低的管理就是自律**。既然自律有如此管理奇效，那我们现在就来认真讨论作为一个领导者如何做到自律。当我们谈到自律时，第一个想到的就是生活和工作习惯的自律，比如持续不断地锻炼身体，日复一日地在同一时间做同一件事，再比如对不良嗜好无情而恒远的抵制。

作为普通人，能有这样的自律已足够。但对于带领一个团队的领导者而言，这远远不够。王阳明的一生几乎就是自律到极致、把自我管理刻在骨子中的一生，同时更是作为一个团队领导人自律的模板。

王阳明的自律管理主要分为三部分：志向自律、情欲自律、复盘自律。

王阳明后来能成为一个伟大的领导者，无论带领什么团队，面临什么样的挑战，都能取得成功，和他的自律管理有着密不可分的关系。

先来看志向自律。王阳明12岁时就立下做圣人的志向，这个志向也成为他毕生的目标。所谓圣人，不是一种固态。王阳明所谓的立志，不是加官晋爵，也不是招财进宝，他所谓的立志是年年不忘存天理，做任何事都以天理为标准，以正念贯穿事情的始终，这就是志向自律。

再来看情绪自律。情绪分两种，一种是正面的，诸如开心、乐观、自信、放松等；另一种是负面的，焦虑、恐惧、沮丧、纠结、急躁等。情绪上的自律针对的当然是负面情绪。如何做到情绪自律，王阳明给出的方法有三种。第一，你必须承认负面情绪的存在，它是与生俱来的；第二，如果它是我们内心与生俱来的，那它就是合理的，偶尔爆发负面情绪在情在理，所以不必在爆发后自责；第三，你要问自己，产生某种负面情绪后值得吗？为什么？该如何？通过这一系列提问，你就经历了从自我控制，到找到答案，到自我改正的这一过程，从而在内心上完成情绪自律。

最后来看复盘自律，复盘自律就是事后总结。任何事无论是做成还是做砸，都应该有所总结。为什么要事后总结？因为我们所做的每件事能成或者失败，其中都有不可预估的运气因素，**总结就是把运气因素祛除，找到成事的规律，以此来指导下一次的行动**。它既叫复盘，也叫事后总结，更叫自我批判。

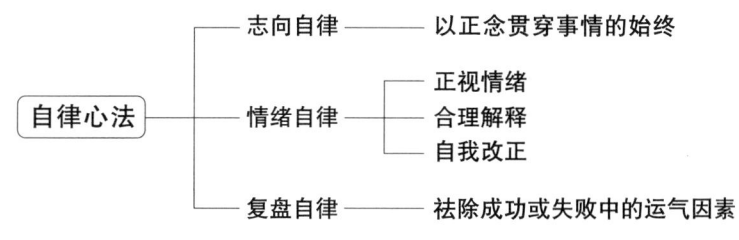

图1-3

小米的雷军在自律上就是高手。雷军创建小米时，其大致想法就是给人物美价廉的产品。每一件产品都要做好，做精，用细节打动人。

用雷军本人的说法就是，为中国解决点实际困难。这个实际困难就是当时的国货不够好、价格很贵，很多人就去国外购买。

这种想法就是志向自律，雷军这些年来从没有改变过这一志向，也正因为拥有天理的志向，一大批优秀的人追随他，小米从而成长为一个帝国。

雷军曾对猎豹的创始人傅盛说："一个人要做成一件事情，本质上不在于你多强，而是你要顺势而为，于万仞之上推千钧之石。"

很多人都认为"顺势而为"是顺应市场和历史大趋势。固然有这方面的因素，但更多的时候，所谓顺势而为是顺应天道，天道在人心。人们都喜欢物美价廉的产品，雷军正好顺应了这个人们心中的"势"，**得势者得市场，得民心者才能得天下。**

在情绪自律上，雷军主张使用稻盛和夫的方式，那就是努力工作，克制负面情绪。据说，雷军总结了稻盛和夫的《六项精进》后，认为整本书三分之二的内容就在车轱辘似的重复着三句话：（1）付出不亚于任何人的努力；（2）认真拼命地工作；（3）除了拼命工作之外，世界上不存在更高明的领导诀窍。

王阳明也有同样说法，负面情绪总干扰我们，因为我们的心很闲。倘若让心在具备天理的事情上忙碌，那负面情绪就如汤沃雪，会迅速融化。领导者必须有中和情绪，不急不躁，不温不火，永远保持一种对事物火热、执着，对其他任何事都心外无物的境界。在使用我们之前提到的"正视、合理、改正"的方式后，如果负面情绪还存在，那只有一个办法，就是让负面情绪无孔能入。

雷军会让自己忙成一个陀螺，每周只有不到一天时间可自由支配。他曾说，"如果我浪费了三十分钟，我就会觉得很惭愧。"他曾经七十二小时不睡觉，一直在写程序，但这在他看来没有什么了不起的，"打三天三夜的麻将没什么难的，困难的是早上8点开始打牌，打到12点，下午1点再开始打，打到下午5点，这样一直坚持一年。"

在雷军看来，不停工作的目的固然是要学到很多，但最重要的一点是可以在情绪上做到自律，或者说，不给负面情绪释放的机会，这样负面情绪自然会不战而逃。

我们能看到很多企业家都有劳模的影子，与其说工作带给他们内心的安定，倒不如说，工作给他们带来了情绪上的稳定，用移花接木的方式在情绪自律上做到完美。

在复盘自律上，联想的柳传志是大师级人物。在柳传志看来，复盘指的是工作完成后再回顾、检验和校正目标，分析过程当中的得与失，便于改进，不断深化认识和总结规律。

柳传志在联想中的复盘共包括四个步骤：（1）回首目标；（2）估算结果；（3）分析原因；（4）总结经验。

所谓回首目标就是回溯一下当时做这件事的目的和初衷，类似于王阳明所说的初心。估算结果则是所有人需要对照原来设定的目标，审查现在完成的情况，到底完成到何种地步。分析原因则是要仔细分析事情成功或是失败的根本原因或是重要节点。至于总结经验，大概是复盘自律中最重要的一环了。

很多人都认为失败乃成功之母，其实失败并不可怕，可怕的是你相信这句话。最好的经验都是在成功后总结，绝对不是在失败后。我们对成功后的总结能提升团队士气，更对下一次的计划有指导意义。事实上，一两次的复盘不一定能得出真正的客观规律，必须多次复盘。这就是复盘自律。

无论是志向自律、情绪自律还是复盘自律，都是良知中意志力的呈现。你真心实意地追随良知，自律就不是问题。领导者只有做到以上三方面的自律，才有律他的可能性。

如何律他呢？首先，要告诉员工自律三原则：讲真话、做实事、守规则。

所谓讲真话，就是心口如一，言行一致。从阳明心学的角度来讲，讲真话就是心理合一。心中按照良知判定所想到的东西，呈现出去后的理是和心成一条直线的。如果能达到心理合一，那就会减少心理成本。比如领导的策划明明破绽百出，但你看到了却不说，虽然没有得罪领导的风险，却得罪了你的良知。你的内心始终会因为没有实话实说而纠结，这是良知在折磨你。我们常常为了掩盖一句假话，而必须再说十句假话，这是我们心灵的负重，总有一天心灵会不堪重负。

所谓做实事，反过来想就是不要务虚。务虚是领导者的事，作为一名员工，唯一能做的事就是务实，务实是踏踏实实、稳扎稳打地把自己分内的工作做好，只关注工作本身，不要把工作当成一种发财的手段。多谋事少谋人，任何一种工作都不可能让你发财，只有事业可以。**做实事就是要把工作当成事业来做，这才是真的务实，才是真的做实事。**

所谓守规则，不仅仅是要你守组织定下的那些规则，那些规则只是外在的，更要做到真心实意地守护自己的良知。心怀敬畏，不仅要敬畏法律规章，公序良俗，道德规范，更要遵守你内心的良知。王阳明说，守心外的规则是奴隶，守心内的规则是圣贤。圣人之所以为圣人，是因为他们知道良知，知道慎独，明白如果想做成真正的人，只能靠自己管理自己，而不能把管理的权力让给心外之物。

要让员工在工作中做到自律并能自我管理，除了这三原则外，还要让他们有"五要五不要"的意识。五要是：要自动自发、要自立自强、要自尊自爱、要自省自律、要自知自觉；五不要则是：不要自暴自弃、不要自高自大、不要自欺欺人、不要自怨自艾、不要自私自利。

"五要五不要"的自我管理意识是王阳明对人皆有良知做出定论后的自我认识，当我们认识到自己是潜在的圣人时，我们自然而然就会自立自强，不会自暴自弃；自然而然会自知自觉，不会自欺欺人。如果我们把自己当成一个圣人，就绝对不会自怨自艾和自私自利，我们永远会自尊自爱，自动自发去做最好的自己。

有人问王阳明，你这个学说，除了"良知"外，还有什么？王阳明反问道，人除了良知外，还有什么？

良知是我们与生俱来的道德感和判断力，它就是自律的唯一心法。 你是否做到自律，别人能看到，但看不透，唯一能看透你的就是你的良知。良知是独知时，只有你自己知道自己的良知在干什么，你若遵从它，做到自律，你就是圣人。圣人是什么？内心始终保持着幸福状态的那些人。

03

光明与生俱来的自信

先生曰:"人胸中各有个圣人,只自信不及,都自埋倒了。"

——《传习录·陈九川录》

阳明心学是一门让人高度自信的学问,这缘于:我们心上有良知,而良知具备道德感、判断力以及意志力。道德感和判断力能让我们做正确的事,意志力则能让我们把事做成。所以王阳明说,人胸中都有个圣人在,圣人的标准就是肯致良知。

王阳明所谓的圣人并非呼风唤雨,撒豆成兵的神人,而是肯致良知的人。由于良知在我们心上,所以只要肯致良知,就能解决你所遇到的一切问题,自信由此产生。

按王阳明心学思想,人皆有良知,良知又能让你成事,为何卓越者凤毛麟角,庸人多如牛毛呢?王阳明说,庸人只是不肯致良知罢了。为什么不肯致良知?因为他们不信良知真的强大。不信心内良知,就会恍恍惚惚地向心外求,用心外之物来支撑自己的自信。但心外之物不像你的心，会永远和你在一起，它会失去，或者失踪，人一旦失去外物加持后，自信之树就会枯萎。用王阳明的话说则是，"埋倒了"。于是，他们便成为不自信的庸人。

特别是作为领导者，在领导团队中如果不具备自信，那对于团队和其本人而言，都将是致命的。自信的源泉是良知所包含的三方面：道德感、判断力、意志力，我们可用王阳明谋灭宁王朱宸濠的例子来说明。

1519年阴历六月，王阳明奉命到福建去平定一场小规模兵变。途中得到江西南昌的宁王朱宸濠造反的消息，王阳明立即掉头回江西，他说他要平定这场叛乱。

这几乎是不可能完成的事情，朱宸濠麾下十万精兵强将，王阳明所能使用的却只有不足万人的民兵，他们毫无战场经验，和力量强大的朱宸濠部队对决，无异于以卵击石。在策划谋攻朱宸濠的那天晚上，天降大雨，王阳明营帐外人喊马嘶，民兵们像被雨打的鸽子到处逃窜。

有几个弟子进来焦虑地对王阳明说："大家对这场仗根本没有信心，很多人都开始跑路了。"

王阳明问："你们有没有信心？"

弟子们面面相觑，这就像几只蚂蚁准备扳倒大象前，蚂蚁司令问小蚂蚁们有没有信心。

卓越的领导人，正是在这种时候才能体现出来，对自己有信心的同时，也要给予下属信心。

王阳明主要谈了四点，以此来证明他有信心打败朱宸濠。

第一，王阳明说，人皆有良知，能知道什么事是正确的，什么事是错误的。朱宸濠造反在很多人心中就是一件错事，而摆平错事就是正确的事，我相信天下人都和我一样，能做正确的事，所以，虽然我们暂时势单力薄，但人心所向，随着我们和他开战，会有越来越多人跟随我们。

在《与欧阳崇一·丙戌》中，王阳明这样说："孟子认为'上真有善就叫信'，如果我们还做不到身上真有善，那就说明还不能相信自己。人的自信并非来源于能力和出身，而是来自我本善良。人一旦有了我本善良的自信，才能更好地处理人际关系和自己的关系，能处理好关系就是自信。"（孟子谓"有诸己之谓信"，今吾未能有诸己，是未能自信也）

我们可以给王阳明的这段话做个注解：中国传统文化始终坚信正义必然战胜邪恶，善有善报，恶有恶报，所以这是对中国文化的自信。

第二，王阳明和朱宸濠开战的缘由是拯救苍生。这种行为本身无可挑剔，他的企图心不是争取功利，而是拯救苍生，这种行为本身就是走在正道上，**走正道就会少走弯路，就会很容易走到终点，这是"动机—行为"自信**。拼多多创始人黄峥在一次采访中被问到谁对其影响大时，他回答，段永平。因为段永平不停地教育他首先要做正确的事，然后再把事情做正确。只有动机正确，行为才会正确，所以黄峥始终坚守"本分"，即清楚地知道自己是为谁服务；以及不忘初心，即不要占别人便宜。

第三，要坚信自己有能力做成这件事。王阳明始终认为，如果一件事是你应该做的，那就是你的使命，使命感自然而然会催促你去锻炼自己的能力来做成事情。对此，很多人会有疑问，因为有些事看上去的确是没有能力做到的。

如果是个人，你完全可以放弃，但如果你是领导者，即使知道自己没有能力，也要先假装自己有能力，要有自我打气（其实是自我忽悠）的能耐，简单而言，当你领导一个团队时，你所具备的基本素质中就必须有盲目自信这一条。即使你是个瘸子,也要把自己忽悠得能拿掉拐杖走路,然后私底下偷偷摸摸去学习,不断总结来提高自己。

事实上,**能力和自信的关系,不是有了能力才自信,而是有了自信后才会有意识地去提高自己,得到能力。**格力领导人董明珠就说过这样的话:我永远都是正确的。我想表达的意思是我不允许自己犯错,因为一旦错了,企业可能就消失了,错不起!我不能拿企业的生命来开玩笑。要想自己不错,就必须在决定每件事情之前全盘分析和思考。只要用心,就不会大错。

第四,你要有政治自信。王阳明敢和拥有十几万精锐部队的朱宸濠作战,是因为他不是一个人在战斗,他的身后站立着大明帝国,大明帝国可以为他输入力量。王阳明后半生虽然不停提倡人要有独立精神,但其爱国、爱朝廷的心始终没有变过,他能带领各种团队取得光芒耀眼的成绩,全因为有大明帝国这个平台,全因为他始终和明帝国站在一起。在中国,即使在今天,每个企业领导者都应该有这样的自信:你要相信党和国家,要跟着它走。

王阳明提出这四点自信的两个月后,朱宸濠被他平定。也正如他说的那样,人人心中都有个无所不能的圣人,你自信,他就能帮助你解决你要解决的问题。

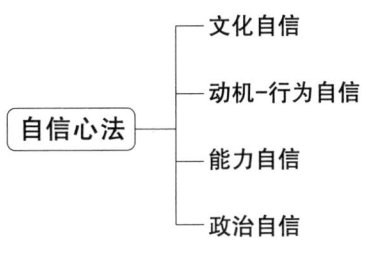

图1-4

玻璃大王、福耀集团领导人曹德旺曾说过这样一句话：任何人，任何岗位，任何事业上的人，如果没有自信，你不要跟我讲成功，因为你会出问题。

这和王阳明的思想一样。所谓自信，不只是你对自己的相信，更是你对这个世界的相信，它是领导者正确的世界观，也唯有正确的世界观，才能产生正确的人生观和价值观，也才能掌握正确的方法论。

曹德旺也有"四个自信"，分别是：文化自信、行为自信、能力自信、政治自信。巧了，和王阳明提出的四个自信似乎是双胞胎，但内容上略有差异。

曹德旺对于"文化自信"的说法是，中国传统文化中的义和利是大关节。其实这和王阳明所谓的天理人欲异曲同工，作为以盈利为目的的组织，领导者一定要义利相济。"义"就是要承担责任，做应该做的事情，把应该做的事情做到。做任何事情都要以人为本，同时要尊重天下所有人，包括供应商、员工、干部等。

至于"利"，就是要让和组织有关的所有人都得到利益，而不仅仅是组织本身得到利益。在自己带领团队通过努力获得利润后要给其他人分享利益。

曹德旺指出，作为企业家，一定要记住，**在遵纪守法的同时，第一要务是努力赚取利润，只有这样，你的企业才能够长久地生存下去，才能够长久地造福社会。**

只有对"义利相济"的中国传统文化抱有敬畏和信心，企业才能走得扎实，走得远。

敬畏，不是指有所恐惧、忧患，而是说在别人看不见、听不到的地方也要时刻保持戒慎、恐惧之心（夫君子之所谓敬畏者，非有所恐惧忧患之谓也，乃戒慎不睹、恐惧不闻之谓耳）。

第二个自信是行为自信。按知行合一的"一念发动，知就是行，行就是知"的解释，行为本身就是动机，动机本身也是行为。曹德旺说，有些企业领导人做事总是急功近利，为了一己私利，最终身败名裂。他亲身举例说，我经营的福耀集团，经过三十余年的发展，已成为这个行业的全球领先者，仅捐款就达110多亿元。我这种行为来自哪里？当然是来自我的动机，动机就是为了感恩国家的改革开放，感恩社会大众对我的支持和理解。

曹德旺的行为自信，来源于他作为企业家或者是他这个领导者的责任。在他看来，企业领导者的责任有三条：国家因为有你而强大，社会因为有你而进步，人民因为有你而富足。我们从王阳明的人生行为中也能看到这一点，那就是家国情怀。

第三个是能力自信。曹德旺不到20岁就跟随父亲出来做生意，后来渐渐领导一个团队，再后来主掌一个超大规模的企业。多年来，他在战略决策和管理方面都发挥了卓越的能力。这是因为他有能力自信，他相信自己的决策适合企业发展，总能随着环境变化来做出正确的决策。这倒不是他天生不凡，而是他肯用心。他以卖橘子为例。如果你准备运1000吨橘子到北京，那你第一步就是要调研北京橘子市场，有哪些厂家和商家卖得最好，为什么卖得好，是和橘子质量有关，还是和地理位置有关，更或是和领导者有关。只有搞清楚这些后，才能确定进入市场的时间点、进入市场的策略。

曹德旺办厂40余年，在至少十个国家和地区投资了数百亿元，从未失败过。这当然源于他的能力，而能力的背后是对自己的超级自信，只有超级自信时，我们才能真正沉下心来去钻研，才能成功。

最后一个则是政治自信。曹德旺是个爱国者，他多次提出这样的理论：中国的企业领导人必须有政治自信：要听党的话，跟政府走。任何人包括企业领导者都是社会一分子，那自然就要接受国家的管理，企业领导人必须做到稻盛和夫所提倡的"敬天爱人"，相信政府，相信政府给的平台，相信政府在你遵纪守法时不会拆台，同时更不要侵犯员工、供应商和消费者的利益，长期和政府的步调保持一致。只有对国家、对人民有感恩之心，有和社会分享的胸怀，做到共享，才能成就最好的自己和企业。

王阳明和曹德旺关于领导者自信的言论，乍一看好像是后天习得，其实这些自信与生俱来。无论是文化自信、行为自信还是政治自信，其所指向的都是我们与生俱来的那颗仁心，按王阳明的说法就是良知。只有良知光明的人才会喜欢并奉行自己民族的文化，才会用良知指导自己的行为，才能深刻领悟我们所取得的成就缘于我们所处的平台。

或许有人会说，能力自信恐怕不是先天而来，它需要我们不停地学习，才能获取。恰恰相反，能力是用心得到的，心中良知给出方向后，你会认为这件事是正确的，自然会去获取能力。正如王阳明所说，对于父母的孝顺是良知的呈现之一，真有孝顺的自信，必然能寻觅出孝顺父母的能力来：冬天寒冷时自然知道给父母添加衣被，夏天酷热时自然知道给父母一把扇子，这些能力，还需要去学吗？它只是我们良知的表现而已。

最重要的是，你是否有孝顺的自信！

你一定要相信良知给你的判定，按照它的指引去做，"不管人非笑，不管人毁谤，不管人荣辱，任他功夫有进有退，我只是这致良知的主宰不息，久久自然有得力处，一切外事亦自能不动。"

身为企业领导者，要对你的良知自信，除此，无它！

04

一则诚、二则伪：极简主义

> 惟天下之至诚，然后能立天下之大本。
>
> ——《传习录·陆澄录》

人类的通病在于，拥有太多时绝不肯失去任何东西，哪怕这个东西对他已毫无用处。这是典型的物欲，物欲可以遮蔽良知，当人的良知被物欲遮蔽时，最简单的事情都会变得复杂。倘若一个领导者是这样，那对组织、团队而言，无疑是个灾难。因为把问题搞得复杂后，你很难轻易解决问题。若是抽身而出，会让你的团队成员看到你"无能"的一面。

没有人会追随一个"无能"的领导，若想让人追随你，你必须有把复杂问题简单化的能力。其实这种能力，也不需要过多地去心外求索，用王阳明的知行合一即可。

良知无由等待，本心之明即知，不欺本心之明即行，即是知行合一。良知喜欢简约，不喜欢复杂，因为在刹那的反应中，你不可能有过多的心思考虑太多。所以追随你的良知，你就能成为极简主义者，人人都喜欢简单的事，更喜欢简单的人，自然，你就会吸引更多的人来追随你。

王阳明曾说过，世间万事万物，越真切越简易，越简易越真切。饿了吃饭、困了睡觉，这都是真切的事，也特别简易，倘若吃饭和睡觉非要讲究些排场，那就烦琐了。

王阳明的这段话就是我们今天常常听到和谈到的极简主义，极简主义是提倡把事物简单到极致的一种哲学思想。14世纪的英国人奥卡姆总结"如无必要，勿增实体"的"奥卡姆剃刀定律"，就是极简主义的另一种表达。在中国传统思想中，"治大国若烹小鲜"也是这种思想的表达。

在介绍如何做到极简主义的心法前，我们先来看一个和王阳明有关的故事。故事的主人公是王阳明的弟子安徽人刘韶，他正在做地方官。身为领导人，刘韶在领导工作中有很多苦恼。他对王阳明说，自从拜您为师后，后悔平时兴趣太泛滥，导致没做成一件事，每天都把时间花在处理一些琐碎庞杂的事情上，很是不得要领。有没有一种简单的方法，能让我提高工作效率呢？

刘韶的烦恼可能是很多领导者的烦恼，他们每天都在生活和工作上忙得四脚朝天，总感觉所做的事琐碎庞杂，可真正做成的事却寥寥无几。尤其在领导工作中表现得极为明显，身累心累，最后累得对工作毫无兴趣。

是不是方法出现了问题？还是真的就有那么多琐碎庞杂的事，使人无法完成？

我们来看看王阳明是如何说的。他首先就否定了刘韶想要找到提高效率的简单方法的念头，他说：你想寻找简单的方法来应对工作，这本身就是化简为繁，找方法本身就是多此一举。简单的方法只有一个，那就是遵循天理。

感到忙碌没有问题，问题在于，忙碌后没有给你带来内心的喜悦和幸福，感受不到价值的实现，这才是问题。王阳明的看法是，如果有这种情况出现，那说明你忙碌的重点不在天理而在人欲。

天理只有一个，人欲则千差万别，所以，遵循一个天理就是简约，就是极简主义，而服从千差万别的人欲则是繁杂，则是人欲主义。

按照王阳明的意思，你之所以每天都在忙碌，而且感觉忙的只是琐碎庞杂的事，却又做不成一件事，归根结底，你忙的事不是遵循天理的事，而是在遵循私欲。

什么是天理？什么又是私欲呢？**工作中的天理就是工作本身，凡是和工作无关的都是私欲**。比如认真工作就是天理，不想认真工作却想得到更多物质就是私欲；做好本职工作就是天理，这山望着那山高就是私欲。

王阳明指出，一个人一心想着满足个人私欲，那就会导致一个结果：他会计较利害得失。人一旦计较利害得失，就必定会受制于毁誉荣辱之心和得失之心。荣辱之心相互纠缠，是非之心相互排斥，做起事情来就会瞻前顾后，想得过多，受到太多杂念的牵制，如此反反复复，颠倒背逆。如果这样去做事情，注定会非常麻烦而且困难。

刘韶所谓的"琐碎庞杂"的事，其实并不是领导者工作中应该做的那些事。在工作中只有一件事：完成你应该完成的工作本身，除此之外，就是琐碎庞杂的事情了。

如果一个人真能做到遵循天理，那他会发现工作本身所带来的愉悦是其他任何事情都无法代替的。他同时也会发现，专注于工作本身时，其他所有的私欲竟然消失不见了。王阳明说，只要存了天理，就等于去了人欲，正是这段话最好的注解。

人感受到工作和生活的不易是正常的，因为无论是什么工作，无论是什么生活，都有难处。但倘若感受不到工作和生活的快乐，就有很大问题了。这说明，你没有用心对待你的工作和生活。孟子曾说，人生的修行并没有什么复杂的，只不过是把丢失的心找回来（"学问之道无他，求其放心而已矣"）。

找到极简主义的天理，并没有难度。天理虽然有万千面貌，但都在我们的心中，心只有一个，我们只能向我们的心去寻找答案。只要根据自己心中的良知来判断是不是出自公道的天理，这样做事情最简单，也是使事情极简的唯一方法。

奥姆卡剃刀定律所说的，"如无必要，勿增实体"，倘若站在王阳明的角度来说，所谓"实体"不仅仅是我们看得见摸得着的那些外物，更指的是我们内心的私欲。唯有私欲多，才会产生那些外物。

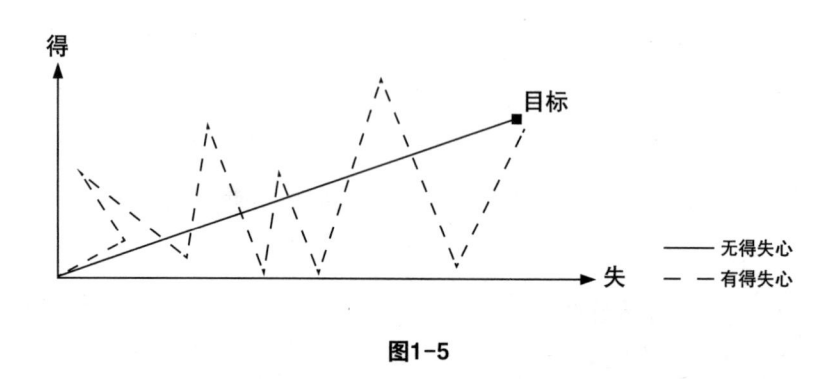

图1-5

由以上的叙述，我们基本可以得出极简主义的王阳明心学心法来。

第一，极简主义的本质就是真，"一则诚，二则伪"。"一"就是一心一意，"二"就是心意之外还有别的想法。王阳明的弟子去参加科考，王阳明嘱咐他说，心无二用，一念在得，一念在失，一念在文字，是三用矣，这就是伪了。伪必不能成事。领导者在对人对事上都要抱着这种态度，要"一"不要"二"。

第二，王阳明说："见人之为善，我必爱之；我能为善，人岂有不爱我者乎？见人之为不善，我必恶之；我苟为不善，人岂有不恶我者乎？"也就是说，极简主义的本质是为善，因为善是真，恶是假，善是一，恶是二。

第三，尽心于自己的事。王阳明说："君子之学，求尽吾心焉尔。故其事亲也，求尽吾心之孝，而非以为孝也；事君也，求尽吾心之忠，而非以为忠也。"意思是，只尽孝尽忠即可，不能企图让人赞赏你是孝子忠臣。领导者做的每一件事都不能有任何私心，让团队成员成长就是让领导者自己成长，不能奢望得到别人的鲜花和掌声。

任正非说，未来的胜利一定是极简的胜利，只有领导者先做到极简，才能让他人极简，才能让组织和组织的产品极简。拼多多的黄峥则说，当你做判断时，你需要用你的头脑了解背景和事实，了解之后你需要的不是智慧，而是面对事实的勇气，这种勇气的来源不是别的，而是用理性、常识来判断。

常识是一目了然，毋庸置疑的，它属于王阳明所谓的良知。而良知会被我们成长的环境、各种学习形成的偏见和个人利益遮蔽，祛除这个遮蔽，只用良知来判定，这就是极简。

《人民日报》曾发过一篇谈极简主义的文章，它的受众看上去是全体人类，其实更像是领导者的极简心法。其入门法则就是：了解什么对自己最重要，然后用有限的时间和精力，专注地追求，从而获得最大的成就。

1. 欲望极简

（1）了解自己的真实欲望，不受外在潮流的影响，不盲从，不跟风。

（2）把自己的精力全部用在自己最迫切的企图心上，对领导者而言，这种企图心就是进化自己，顾及他人。

2. 精神极简

（1）了解、选择、专注于一到两项自己真正想从事的精神活动，充分学习、提高自身。

（2）不盲目浪费自己的时间与精力。

3. 物质极简

（1）明确自己的欲望和需求，不买不需要的物品，确有必要的物品，买最好的，充分使用它。

（2）宁缺毋滥，不囤东西，不用便宜货、次品。

（3）精简出门行头，只带"手、钥"。

4. 信息极简

（1）精简信息输入源头，避免与己无关的娱乐、社会新闻。

（2）定期远离互联网、远离手机，避免信息骚扰。

（3）APP使用少而精，删除长期不使用的应用。

5. 表达极简

（1）写东西、说话，尽可能简单、直接、清楚。

（2）多用名词、动词，少用形容词、副词。

6. 工作极简

（1）不拖延。

（2）及时清理电子邮件。

（3）一次只专注做一件事。

7. 生活极简

（1）不做无效社交。

（2）锻炼。

（3）穿着简洁、不花哨。

（4）少吃含有添加剂的食品。

（5）喝白水和纯果汁，不喝添加了大量化学成分的碳酸饮料和果汁。

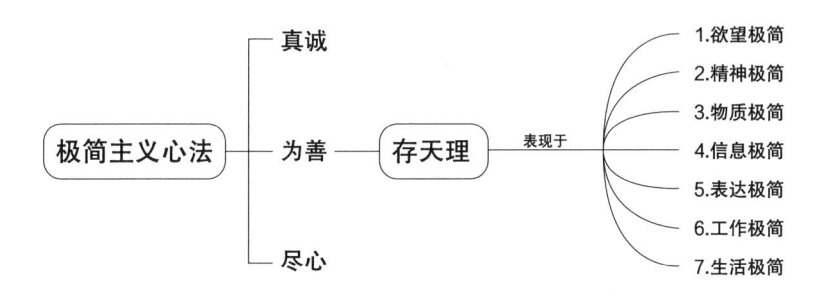

图1-6

实践极简主义的方法、角度有很多，关键点却只有两个：第一，要行动起来；第二，你要知道，所谓极简主义是存天理去人欲的呈现，是追随良知的必然。

企业领导人们或多或少都拥有这种极简主义信条。比如任正非在接受采访时说:"我没有经过媒体训练,说话又太直白,难免会说错话,希望大家能够原谅。"他说得没错,任正非的讲话的确都是大白话,都很直白。"直白"恰好是他有力的武器,也是极简主义在表达上的表现。

他曾说过这样一段话:"未来的胜利是极简的胜利。如果我们能做到极简,这世界还有谁能打赢我们?"在任正非看来,领导者的一切行为都应该是极简的,极简是对准客户的,外部要极简,留给自己的则是极其复杂的。复杂留给自己,方便留给别人——这就是领导者任正非的极简主义。

格力电器领导人董明珠最爱吃的食物是青菜,最爱喝的饮料是白开水,最喜欢的锻炼方式是快走,她承认自己没有什么娱乐,也没有什么朋友。这种在别人看来寡淡的生活,恰好是她的极简主义。

1519年,王阳明在南昌平定朱宸濠叛乱时对下属说过这样的话:做任何事前都要心中有谱,第一步是把事情简化,简化到极致;第二步是用最少的办事人员;第三步才是管理人员。**这是做事的玄机:多一事不如少一事,多一人不如少一人**。世界上最没用的是管理人员,其次是办事员,最后则是事情本身。事情少而精,太多的人反而是累赘(省吏不如省官,省官不如省事。凡今作事,贵在谋始)。

他曾明确地指出:只有天下之至诚,才能立天下之大本。至诚即极简,大本即人心。看似纷繁复杂的世界,其实都是天地诚心诚意、简单地创造出来的。天地创造万物时没有任何私欲,只是自然而然地真诚地做自己应该做的事,包括创造人类。世界上的事其实也是这样,看似复杂,但一切事都由人的心制造出来,只要你透过现象看到本质,也就是人类的良知,只要肯致良知,那一切就都简单化了。

复杂的问题往往都掺杂着私欲,剖开私欲,即见人心。

领导者在自我极简的同时，也要让员工拥有极简主义。如何让员工做到极简呢？只要遵守"四极"法则。所谓四极法则就是：**极自然、极朴素、极通透、极和谐**。

第一，极自然。王阳明有弟子来听课时，着装正统，正襟危坐，每走一步路都小心翼翼，王阳明就对该弟子说，圣人是不受这样束缚的。第二天，该弟子穿了身乞丐服，摇着蒲扇来了，王阳明又提醒他说，圣人从不标新立异。这个弟子傻眼了，他不知道该怎么做才符合王阳明的胃口。

王阳明对他说，你来的目的是听课，听课就是你的工作，就是极自然之事，只要真诚地把课听好就是知行合一，除此之外，一切都是做作和矫饰。所谓极自然，就是不做作、不矫饰，忠于职守，做自己应该做的事，不要琢磨歪门邪道，或者刻意去做工作之外的事引起别人的注意。

第二，极朴素。有弟子问王阳明，秦始皇焚书是对的还是错的呢？王阳明的回答是，如果秦始皇不是出于私意，那就是正确的。因为战国末年，各种解释经典的书五花八门，经典如果是一张素描，那么那些解释经典的书籍就是为素描增颜加色，最后我们根本看不清画的本来面目了。按王阳明的意思，只要留住那些经典即可，而经典是永远质朴、无文饰的。

在工作中，如果你一心扑在工作上，那就会减少各种各样的欲望，专心做自己的事，从心灵上而言，就显得质朴无华，简单朴素。而你一旦用心在工作上，也自然会找到简洁高效的工作方式，这就是极朴素。

第三，极通透。王阳明说，一个人如果没有被各种欲望纠缠，只关注在做事上存天理，那他的内心就是通透的。而内心的通透能使其在人际交往和工作中都显得通透、简单、真实、城府不深,这样的人在任何生态环境中都是他人喜欢的对象。

所谓极通透,就是要求在工作圈内人与人的关系简单透明,没有什么"密室政治"。倘若不通透,你既要工作,又要搞办公室政治,如此分心,无论是工作内容还是办公室政治,你都不可能搞好。如果我们每个人都通透无比,那就会自然而然地进入下一个境界:极和谐。

第四,极和谐。和谐不是看上去大家你好我好,而是可以毫无防备地进行良知交换。每个人如果极自然、极朴素、极通透,那整个团队自然而然就会和谐无比。王阳明曾说:世间人常常计较利害得失,所以丧失良知。其实计较利害得失,所丧失的不仅仅是良知,还有你的工作和生活效率。

四极法则是领导者自我管理和向员工输入的根本法则,它可以分为四个层次:一是去掉多余,凡事找规律,基础是诚信;二是系统思考、大胆设计、小心求证;三是"一张纸制度",也就是无论多么复杂的工作内容,要在一张纸上描述清楚;四是要坚决反对虎头蛇尾,反对繁文缛节,反对老好人主义。

正确运用四极法则,就能让员工欲望极简、精神极简、工作极简、生活极简。四极法则就是让人用最简单的方式工作和生活,并取得最好的成效。它是做到极简主义的唯一法门,也是王阳明心学在工作中提升效率的最好运用。

05

志不立，无可成之领导

> 志不立，天下无可成之事。
>
> ——《教条示龙场诸生》

当比尔·盖茨第一次感受到使用电脑的愉悦时，他对自己的内心说：我要让每家的桌上都有一台电脑。1995年当马云在美国首次接触到互联网时，他受到震撼，说了这样一句话：21世纪必将是电脑的世纪。他回国后，立即创办了一家商业信息发布网站。随着事业的发展，他又给自己立下更大的志向：让世上没有难做的生意。

华为的任正非说，他领导的华为的志向是为人类服务，不是为金钱服务。在这种伟大志向的催促下，华为开启了5G研发的进程。用任正非的说法，5G就是为人类服务的。任正非曾说："5G普及后，信息价格会降下来，这样就能让农村的孩子、贫穷的孩子有条件在网上看见这个世界，提高素质，将来有能力为人类创造更多财富。"

雷军创建小米之前，已是亿万富翁。2009年创建小米时已40岁，他决定再出发，成立一家新公司。不到10年时间，小米就成为全球第四大智能手机厂商，并拥有1.9亿活跃移动互联网用户。对于这份成绩单，雷军说，可能源于自己当初创建小米的理想和执念，那就是：推动中国制造业进步，让消费者用很低的价钱享受到科技带来的美好生活，做出"感动人心、价格厚道"的产品。

无论是比尔·盖茨的"让所有家庭的桌上都有一台电脑"，马云"让世上没有难做的生意"，或是任正非的"为人类服务"，又或是雷军的制造"感动人心、价格厚道"的产品，这些超级企业的领导们的想法听上去都神乎其神，这些他们所谓的志向并不具体，甚至有些凌空蹈虚。而这也正是他们之所以能成功的原因，或者说，正是他们对志向的"凌空蹈虚"才让他们成为世界上最伟大的企业领导人。

我们要想真切理解这句话，就必须从王阳明和他的心学说起。1508年，王阳明在贵州创建心学，不久便提出修习阳明学和做天下一切事的法则——"王门四规"：立志、勤学、改过、责善。

他把"立志"放在了第一位，因为正是"立志"使他创建心学，也正是"立志"让他后来走上人生巅峰。王阳明对立志的重视可谓知行合一，早在12岁时，他就问老师，何谓第一等事？意思是，人生的终极价值是什么，直白而言就是，作为人，什么才是正确的？我们在有限的人生中，应该活成什么样，才配称作人？再精确一点说，人的志向应该是什么？

他的老师回答他，人生的第一等事就是读书、考进士、做大官，从而发家致富、光宗耀祖。

按当时世俗的看法，这个人生第一等事是没有错的。读书人除了做官这一条路外，没有别的露脸的出路。做官不但能发家致富、光宗耀祖，还能让你在社会上有尊严，受万人崇敬，可谓有名有利。人来到这个世界上，图的不就是名利吗？

即使在今天，很多人的志向要么是有钱，要么就是有权。大多数人都对金钱和权力充满了渴望，只要人类还在，这种人心就不会变。

王阳明觉得老师的回答有点问题。他说：我认为人生第一等事不是这样的，我觉得人生第一等事是做圣贤。

理想的人生不是拥有金钱和权力，而是要做圣贤。作为人，圣贤之路才是一条唯一正确的路，其他路都是旁门左道。

什么是圣贤？古人认为应该做到立德、立功、立言，而"德、功、言"必须去事上立。德是道德、功是功劳、言是价值观，这就是王阳明所谓的志向。

有人问王阳明，什么是立志？

王阳明的回答是：念念不忘存天理，就是立志。而圣人就是那些永远不忘存天理的人。

什么是天理？所谓天理就是张载所谓的"为天地立心，为生民立命，为往圣继绝学，为万世开天平"。简单而言，一个良知足够光明的人的天理，就是为人民服务。其所立的志向不是具体的科学家、首富、最高领导人，而是一颗为人民服务的心。

作为一个组织的领导人，立志就是追随自己的良知，做符合天理的事。比尔·盖茨、任正非、雷军，还有无数光辉企业的领导人，内心深处都有这种志向。他们的志向固然是先从自己利益出发，但落脚处和目标绝对是"为人民服务"这个天理。

也就是说，**领导者的基本品质之一，应该是利他的同时顺带利己，而不是相反。**

为了更好地明晰王阳明心学中的立志，我们可以假设这样一个场景：在一个远离城市的地方有个小区，由于交通不便，小区居民的生活受到很大影响。这时有两个人来到该小区,第一个人说,这是发财的好机会啊,如果我在这里开一个杂货铺,一定财源滚滚;第二个人则说,小区居民太辛苦了,我要开个杂货铺解决他们的困难。

看上去,两个人的志向都是建立一个杂货铺,但二人的志向却有本质上的不同,第一个人的志向是赚钱,第二个人的志向是为人民服务。不同的志向,注定会有不同的结局。以赚钱为志向的人不会在做事过程中专注于天理,他对货品的质量也不会有高要求,因为他的目的是赚钱;以为人民服务为志向的人会专注于货品的质量,虽然没有把注意力集中在金钱上,但因为一直在追随良知做事,所以金钱一定不请自来。

由此可以看出,王阳明的立志是用良知来贯穿任何事的始终,直到完成目标。它的重点在于以大多数人的利益为中心。大多数人的利益是自己做事的根由,正如那句大家耳熟能详的话:人民对美好生活的向往,就是我们奋斗的目标。

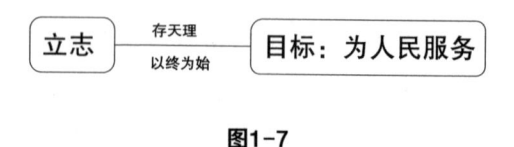

立志 —存天理 以终为始→ 目标:为人民服务

图1-7

以上所述是把立志作为道的层面,倘若从术的层面来讲,领导者的志向应该具备一些可操作的特征。

第一,立志要正。所谓正,就是要做善人而不是恶人。领导工作中的善恶,就是你对工作的态度是热情还是厌烦。你必须对工作热情,王阳明举例说,志向就如同种子,如果种子不好,结出的果实肯定很差。你所立下的志向,必须是建立在善的基础上,所谓善,就是大多数人本能里喜欢的。

第二，立志要早。在你准备领导一个团队时，就应该树立起志向。王阳明说，立志要早就如同春天播种一样，春天没有播种，夏天再播种就很难秋收。不过夏天播种也可能有收成，可你必须付出比那些早立志的人多出十倍、百倍的努力来。立志最好的时间就是现在。

第三，立志要远。所谓的远，不是遥不可及，而是要做到精、专。你立下做个瓦匠的志向，很快你就成了个瓦匠，这就是近的志向，因为瓦匠太容易做到。可是，你若想成为一个伟大的瓦匠，那就相当不容易了，必须精一、专一，要耗费很多精力和时间，才能做到。立志做一个合格的领导者，这很容易做到，但立志做一个伟大的领导者，那就需要你投入比别人更多的精力了。

第四，立志要勿念勿忘。立下志向后，就不要总垂涎着这个志向，胡思乱想，只要埋头苦干朝着志向奔跑就是了，这就是勿念。当你松懈下来，百无聊赖时，一定不要忘记你的志向，把它想起来，这就叫不忘初心，只有不忘初心，才能得始终。王阳明担心每个人在立下志向后，会在以后的道路上放弃，所以他认为，立志应该有警戒之语，要给自己制定一些警戒之语或座右铭，时刻提醒自己。这些警戒之语就是立志的辅臣，相当重要。

第五，立志不能妨碍他人。什么意思呢？当初，秦始皇巡游天下，气势逼人，刘邦见到后，立下志向：大丈夫当如是也。项羽见到后，则立下志向：彼可取而代也。如果从立志的角度来讲，为何后来刘邦胜了而项羽败了？刘邦的志向是做像秦始皇那样的人；项羽的志向则是要干掉秦始皇，再做秦始皇。刘邦的理念是：我立志做某种人，是我自己努力，我不必靠干掉别人而实现自己的志向。项羽的理念是：我的志向就是争——干掉你，成为你。

王阳明说，立志只在自己身上用功，不必靠踩着别人成功，心胸决定一切。在刘邦看来，凡是个大丈夫，都应该活成秦始皇那样；在项羽看来，只有我才可以活成秦始皇那样。

王阳明说立志要远，是"精、专"的意思，要让自己成为某领域的顶尖人物，但绝不是让自己一人独大。

如果你立的志是在妨碍、干涉到别人的情况下才可以成功，那这种志向就是恶的。如果你立的志，不会妨碍、干涉到别人，只在身心上努力就能成功，这就是善的。

苹果公司的乔布斯，始终被世人视为神一样的存在。他的志向是忠于内心的感觉，用科技改变世界。忠于内心的感觉是存天理，是追随自己的良知，用科技改变世界则是为人民服务。这就是立志要正。

乔布斯刚做苹果公司的领导人不久，就立下了改变世界的极致追求，颠覆苹果公司之前的产品，甚至是他自己的产品。苹果公司之所以后来能成为世界奇迹，是因为乔布斯的立志之早，在思路上就已经超越了当时的全部同行。这就是立志要早。

人人都知道乔布斯对把产品做到极致有着变态的渴望，他把"精、专"做到了其他人无法达到的境界。他对极致的追求常常会给设计、技术人员的工作带来很多意想不到的难度。

为了达到乔布斯的非人标准，技术人员绞尽脑汁把每一个细节都做到极致，我们见到的乔布斯的苹果产品，完全超越了技术、超越了理性、超越了现实的直觉判断力。乔布斯说："这辈子没法做太多事情，所以每一件都要做到精彩绝伦。生活就是一件让人倾尽全力、充满智慧的作品，一切都不能任意所为。"这就是立志要远。

乔布斯曾因为和苹果上层闹矛盾而离开过，离开前他说："我会一直与苹果保持着联系。我希望在我的一生中，我的生活与苹果的发展交织在一起，就像挂毯中使用的织线那样。或许我会离开苹果几年时间，但我总会回来的。"后来他再次回到苹果，大家都以为他会转变从前追求极致的思路，但他没有忘记他的志向，继续着从前的一切。他说："唯一能使自己得到真正满足的是做你认为是伟大的工作。做一份伟大工作的唯一方法是热爱你所做的工作。如果你还未找到你感兴趣的工作，就请继续寻找吧，不要停下来。用心去寻找，就会发现自己最热爱什么。同世上任何伟大的关系一样，随着时间的推移，你与工作之间的关系也会变得越来越融洽。因此，要不断寻找自己喜欢的工作，千万不要停下来。"

这就是立志要勿念勿忘。

有人采访乔布斯，谁是你的对手？乔布斯回答："我没有对手，即使有，我也当他们不存在，我只希望能完成自己的志向。如果说今天我的敌人是谁，那就是昨天的我，我必须打败昨天的我。"

所有明智的领导者都能清醒地意识到一个事实：竞争的本质是和自己竞争。譬如射箭，你能否中靶心，和你的对手无关，只和你自己有关。所以，领导者的志向必须是不妨碍他人，也不能让别人妨碍到自己。王阳明说，凡事皆从心上求，就是要自己和自己竞争。

这就是立志不能妨碍他人。

领导者必须立志，除了能带你走向光辉大道外，它还有奇特的功效。

首先，立志能让人不瞎忙。王阳明说："立志就如同种下果实，浇灌就是奋斗。如果没有果实，那所有的奋斗（浇灌）都只是瞎忙。"也就是说，没有大战略，在战术上无论多勤奋，也只是缘木求鱼。人最可怕的不是没的忙，而是不知为什么而忙。

其次，立志能让我们达到极简主义。如果你清楚自己要什么，或者知道什么是对你最重要的,那你就可以投入全部身心去追求这种东西,而在追逐的路上,你就可以毫不犹豫地砍掉那些生活中不需要的东西,轻装上阵。轻装上阵就是极简主义。

再其次,立志可以让我们不被身边的琐事干扰。中国有句古话叫将军赶夜路,不打野兔。一位将军赶夜路,肯定是有重要的事,这个重要的事就是志向,看到草丛里出来的野兔,他不打,原因就是他有重要的事要做,所以不会被野兔干扰。

很多领导者总是心绪烦乱,有时候会感觉无聊无助,对任何一件小事都特别纠结,这就是因为你没有志向,没有志向,就会被身边的小事所缠绕。将军如果没有急事,只是在路上闲走,那肯定会去打野兔。

如果立下去吃火锅的志向,那在去吃火锅的路上,就不会流连其他食物。可如果你没有立下去吃火锅的志向,那么你走在吃饭路上时,随时都会进入任何一个餐饮场所。

你如果有志向,去实现志向恐怕还来不及,又怎么可能被身边的琐碎小事所耽搁、纠缠呢?

人生的痛苦不仅仅来源于我们对物欲的追求,更多的是来源于我们没有立志。前方没有你渴望的志向,所以你漫无目的、百无聊赖地走在这条路上,当然会被身边的琐碎小事所干扰。

由此可知,人如果经常被身边的琐事所烦恼,要么是没有志向,要么是立志不坚。一个人志向坚定,知道要去哪里,即使经历艰难困苦,也不会累到他,反而是激励了他。倘若一个人没有志向,不知道去哪里,那就很容易被艰难困苦所累倒。这并不是什么高深的学问,简单得人人皆知。

最后,立志可以让你成为明察秋毫的圣人。领导者倘若真能立下志向,就必然具备了"为己"和"慎独"的能力。所谓"为己",就是你所有通往志向之路上的视听言动，不是为了做给别人看，赢得别人赞扬，而是真正的为了提升自己。只要有了这种为己之心，你就能发现什么是对你有利的、什么是对你不利的，这样的话，那些虚假的学说就不会进入你的心。

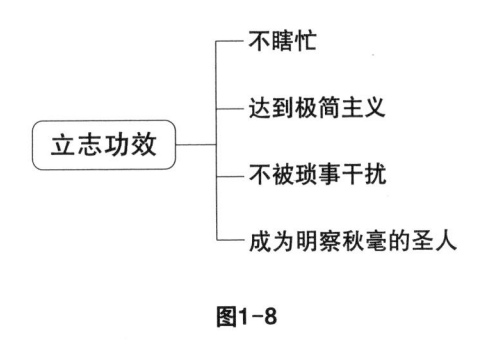

```
                    ┌── 不瞎忙
                    │
                    ├── 达到极简主义
         立志功效 ──┤
                    ├── 不被琐事干扰
                    │
                    └── 成为明察秋毫的圣人
```

图1-8

所谓"慎独"，就是无论你在人前还是人后，都是内外合一的，不端、不装、不虚伪，一个人若拥有了这两种能力，那就能分清天理和人欲，不但能分清自己的，更能分清楚别人的。

这就是王阳明提倡的立志功效，所以王阳明说：志向确立，你的领导者的人生就确定了，你就是个知行合一的领导者。

06

外表谦和，内心坚硬

> 吾所谓重，吾有良贵焉耳，非矜与敖之谓也，吾所谓荣，吾职易举焉耳，非显与耀之谓也。夫以良贵为重，举职为荣，则夫人之轻与慢之也，亦于吾何有哉！
>
> ——《送闻人邦允序》

大疆无人机的汪滔在和小米的雷军多次见面后，这样评价雷军：外表谦和、内心坚硬。

汪滔这样评价雷军，其实也是他的自我认知——他也是个外表谦和、内心坚硬的人。后来几乎坚硬到冥顽，在他看来，所有的企业家中只有任正非和他自己是聪明人，他曾心如止水地说过这样一段话：森林里面发大水，大水把小动物们全部冲死，最后只剩一只长颈鹿，而我就是那只长颈鹿。

很多人都认为这段话充满了狂妄，但仔细探索你会发现，这句话充满了闯过生死关头后的自傲以及敬畏。

汪滔说世界上聪明的企业领导人只有他和任正非，这似乎也是同味相投，几乎所有和任正非接触过的人对其都有这样的印象：极度谦虚、极度自大。在谦虚的话语背后是坚硬的傲骨嶙峋。

这个世界上有两种人，一种是把实力开诚布公；一种则是把实力藏在谦逊的外表下，对于这些人而言，不必把实力挂在嘴上和脸上，其实力就能支撑起内心深处全部的实力。

人类历史证明，倘若领导者能追随自己的良知就会具备谦和精神，具备了谦和精神后，就会承认自己有时候能力有限，从而肯定他人的力量，他将更能得到团队成员发自内心的追随。

不过，毕竟团队成员跟着一个领导是为了扩展自己的物质世界。所以，领导者在谦虚的同时还要有能力让团队成员享受到胜利的果实。如果这一实质性的利益都不存在，那谦和的领导者就会被认为是无能的窝囊废。

外表的谦和若要成为美德，就必须以内心的强硬为基石，所谓内心的强硬就是舍我其谁的傲骨。所以，我们要从舍我其谁的傲骨，也就是一个企业家的坚硬谈起。

1. 任何一个企业家都应该有一种信仰。这种信仰就是舍我其谁的英雄主义以及改变世界的理想主义。简单而言，企业领导者和政治领导人最大的不同在于政治领导人可以向后看，从历史中寻找治国理政的智慧；但企业领导人要向前看，面对的永远是不确定的风险，如果没有这种信仰，注定走不远。

2. 必须有打肿脸充胖子的精神，尤其在逆境中，必须有自信与心态控制力，坚持到底，不放弃不妥协。

3. 把你的精神、意志以及性格灌输到你的企业、你的团队中，使其成为带有你的标识的企业、团队，而不是别人的。任何一个拥有意志力和爆发力的组织，都必须具备领导者个人标志。

这就是硬气，也是自大。唯有这种自大，才能让你的团队受到你的影响，成为一支团结的团队。这个世界就是由少部分人领导的各种团队，倘若这个团队离开你后仍然是那个团队，那就证明你失败了。

这也就是为什么王阳明在三次军事行动中所使用的团队不同，却都能取得胜利的原因。而这些团队中的人一旦离开王阳明，就什么都不是。因为王阳明所带领的团队有刻骨的王阳明符号，它不能离开王阳明而单独存在。

谈完自大、硬气，接下来我们就要谈领导者最重要的品质——谦和、谦逊。

谦和、谦逊的反面是傲慢、自以为是。王阳明对傲慢和自以为是相当小心，在他大半生讲学中，拒绝傲慢是他的主题之一。王阳明的弟子多如牛毛，平时弟子们在一起听课交流，闲暇时则会三五成群地深入沟通。大家相处融洽，其乐融融。只有一人例外，他叫孟源，在王阳明的诸多弟子中籍籍无名，可就是他和同学们的格格不入，才让他的名字进入了《传习录》，并为我们所知。

孟源在王阳明心学史中只出现了两次：一次是在《传习录》中被王阳明教训；另一次则是王阳明写给他的一篇文章《书孟源卷》。只这两次，就告诉了我们一件相当重要的事情：和同事（同学）无法相处的症结，全在我们自己身上。

关于孟源的故事，《传习录》开宗明义地写道：孟源有自以为是、爱好虚名的毛病,先生(王阳明)曾多次批评他。有一天,先生刚刚批评过他,他正在认错,一位学友来谈自己修养的近况,请先生指正。学友刚说完,王阳明还没有开口,孟源就在旁边鄙视道:"你才刚刚达到我以前修行的水平啊。"

王阳明瞪了他一眼说:"刚和你说了你的毛病,你就又犯病了。"

孟源面红耳赤,想要为自己辩解。王阳明"咄"了一声呵斥他:"闭嘴,先听我说。"

王阳明深吸了口气,平复了下心情,教导孟源说:"自以为是、爱好虚名的毛病是你人生中最致命的病根!就像方圆一丈的地里种了一棵大树,雨露滋润,土壤栽培,只是滋养这棵大树的根。如果在这棵大树周围种些好的庄稼,上面的阳光被树叶遮蔽,下面的土壤为树根缠绕,这些庄稼怎么长得成呢?只有砍去这棵大树,将树根拔得一干二净,才可以种植好庄稼。如若不然,任凭你如何努力耕耘栽培,也不过是滋养这个树根罢了。"

这个小情境告诉我们,孟源之所以不被其他人喜欢,是因为他有自以为是、爱好虚名的毛病。自以为是是傲慢,爱好虚名是虚伪,傲慢和虚伪是人生的两个陷阱,掉得越深,越难爬出,最终心灵将永处黑暗中。

领导者该如何按照王阳明心学理论做到谦逊呢?王阳明大致提出了这样几种方式。

第一,心有敬畏。所谓敬畏心,是敬畏人的良知。王阳明说,人人皆有良知,人人皆可为尧舜那样的圣人,既然人人都是潜在的圣人,那从人格上而言,每个人就都是平等的。

所以阳明心学的"人皆有良知"理论告诉我们,领导工作中万不可傲慢,因为你和你的下属是平等的,你的人格没有比别人高明多少。王阳明对有些人的傲慢尤其警惕，而且恐惧如洪水猛兽，他说："人最大的毛病就是一个'傲'字。做儿子的如果傲慢一定会不孝，做臣子的如果傲慢一定会不忠，做父亲的如果傲慢一定会不慈，做朋友的如果傲慢一定会不诚。如果大家都傲慢，那这个世界就乱套了。"

有人会认为，我只是觉得自己比别人高出一等，然后又小小地表现了一下，就会有这样的灾难？

王阳明举例说，舜的弟弟象就是个傲慢的人，所以他对哥哥舜总是不敬，嗤之以鼻。正是因为有了这种意识，所以才不停地谋杀舜，一辈子就那么荒废了，只留下恶名。

所以，要想让下属追随你，首先就是敬畏人的良知。人都有良知，人人都可以通过致良知来成为圣人。你只有懂得尊重他人，欣赏他人，受到尊重和欣赏的下属才会致良知，发挥他的潜能和自主性。

如果你傲慢，就会失去他人的追随。傲慢不仅会给同事带来伤痛，更会给自己带来危害。王阳明说，傲慢是千罪百恶的罪魁祸首。傲就是总把自己放在高处，俯瞰众生，即使知道对方比自己高明，可死都不承认，这就给自己造成痛苦。而解脱痛苦的唯一办法是承认人人皆有良知，人人都是平等的。但对于傲慢的人来说，他会拒绝这个办法，于是嫉妒仇恨的情绪油然而生，这些情绪会严重影响他的身心，使人常处于走火入魔中，变得心胸狭窄、过度敏感。

第二，放下你的身段。领导者端身段是常有的事，但要想把身段端起来而又不会受到别人的憎恶，唯一的前提是你要有实力。否则，你就必须放下身段，和下属成为同一层面的人。你要做到主动倾听不同意见，广泛地多元化学习。

其实对于权力拥有者，他很难放下身段。王阳明说："人的气质之所以很难改变，都是虚伪自大的习气在作怪，因而不能放下身段，以致自以为是、自欺欺人、掩过饰非、滋长傲气，最终变得凶恶粗鄙。所以说，世上那些为人子女却不能对父母孝顺的，为人弟却不能对兄长恭敬的，为人臣却不能对帝王忠心耿耿的，起因都是不能放低身段，而这都是虚伪自大的习气导致的。如果我们能够服从天理，就不至于放不下身段，虚伪自大的习气也就没了，于是天理就能畅行无碍。"

王阳明的弟子们去传道，回来后唉声叹气，对王阳明说："为何传道如此难？"

王阳明心知肚明："你们拿个圣人的模样去传道，人家一看圣人来了，全都吓跑了，哪里还敢听你们说话！"

弟子们问："那该如何传道？"

王阳明回答："放下你们的身段，别把自己当成是圣人，也不是什么传道者，以愚夫愚妇的模样去和他们谈，自然就拉近与他们之间的关系了，人家发现你和他们一样，自然就听你们的话了。"

人生的痛苦中有一种痛苦，那就是总认为别人不重视自己，总觉得受到了别人的轻视和侮辱。事实恐怕也的确如此，有些人就喜欢轻视或者凌辱别人，但更多的时候，别人对自己的不屑和侮辱，问题都出在自己身上。

你没有放下身段，当别人强迫你放下时，你就认为受到了不公的对待。

不能放下身段的原因有两点。

1. 我们给自己和别人贴了许多标签，比如我是圣人，你们是凡人；我是君子，你们是小人；我是总经理，你们是低贱的下属。

一旦贴上了这些标签，就很难摘下。你端起了圣人、君子、总经理的架子，当别人不认同你的标签时，你就感觉受到了挑衅。

2. 人在职场中生存时，难免会沾染上虚伪自大的毛病，这毛病日积月累，便会根深蒂固。我们明知自己自大、虚伪，却不肯改正。为了掩饰自己很多不美好的地方，只能强撑着端起架子，放不下身段。当被人戳穿虚伪自大的问题时，便会恼羞成怒。

当我们不能放下身段的时候，我们自然而然就会自以为是、自欺欺人、掩过饰非、滋长傲气，最终变得凶恶粗鄙，连自己都厌恶自己。

由以上论述可知，所谓放下身段就是把"有我"祛除，把良知许可的"无我"呈现出来。这是最简易之道。

在和下属交流过程中，我们如何把"无我"的简易之道实实在在地下沉为术呢？

（1）拥有正确和下属交流的态度，你要在语言的组织上暗示或者明示下属，我和你交流，是想和你一起解决问题，不是我要命令你，也不是责备你；（2）发现和欣赏同事的优点，人皆有良知，人皆有优点，看到对方的优点后要从心底接纳，尤其重要的是，你要表达出来，人和人之间最实在最简易的交流方式就是，让人知道你对他们有好感，所以必须勇于表达；（3）适当示弱，请求他们帮助你解决一些小问题，这会让对方觉得自己受到了你的重视，人都喜欢受到重视；（4）搞清自己的念头，和下属相处，如果想把下属变成敌人，那就用傲慢去对待他。如果想把下属变成知己甚至是兄弟，那就要时刻谦虚。

第三，谦让，领导者必须有牺牲精神，为了团队利益不计较个人得失。让利，让功，让权，让名。谦让是作为领导者必须具备的品质，没有这个品质，不可能成为优秀的领导人。只要你稍稍留意人类历史上那些优秀的领导者，就会发现他们大多时候都懂得把功名利禄让给下属。而那些和下属争功的领导，全被历史洪流拍死在沙滩上。

王阳明曾说，如果事情是你应该做的，那你就该只把这件事做成，事之利润当然要计较，但不是为你本人计较，而是为团队计较。王阳明在平定宁王朱宸濠后，几次三番向朝廷要赏赐，有大臣认为他太贪，可王阳明却说，我索要的是你们应该给的，你们应该给的却不是我想要的，而是我的下属要的。

王阳明在《辞封爵普恩赏以彰国典疏》中这样写道：人受到灾祸，肯定要聚齐四种因素。这四种因素就是我们心中的贼：祸害、罪孽、邪恶、耻辱。而祸害没有比贪求上天功绩更大的，罪孽没有比掩盖他人优点更深的，邪恶没有比抢夺下属功绩更大的，耻辱没有比忘乎所以更重的。四者都具备的话那就必定会有灾祸降临（夫殃莫大于叨天之功，罪莫甚于掩人之善，恶莫深于袭下之能，辱莫重于忘己之耻）。

华为公司在任正非的主持下，持股者达到8万多人，这是个雷霆万钧的数字，也是很多企业领导人最厌恶的事实。任正非本人只有1%的股份，但华为公司无论在高潮还是低谷时都能上下保持着狼一样的冲劲，和这种股份分配有极重要的关系。

谦让，是让出利益，而不是让出权力，所以任正非虽只有1%的股份，却能完全掌控华为。事实上，一个以良知为导向的领导人，他的着眼点绝对不在功劳和金钱上。能做出重大成就的人，可能并非眼光长远之人，但绝对是以良知领导团队之人。

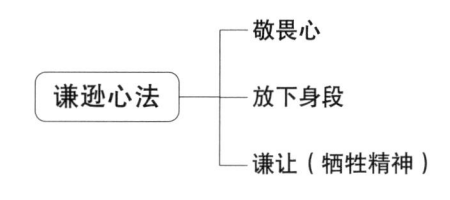

谦逊心法
- 敬畏心
- 放下身段
- 谦让（牺牲精神）

图1-9

谦逊、谦和是与内心坚硬，对使命的傲骨嶙峋二合一的，它类似于中国传统思想中的"外圆内方"——外圆是圆润，内方则是"这件事就是只有我能做到"的狂妄。

你如果能做到外表谦和，内心坚硬，别人就会追随你。

07

用良知开启自知模式

> 良知即是独知时,此知之外更无知。
> ——《答人问良知二首·其一》

若要让人追随你,你必须追随自己的良知,因为只有用良知铸成的领导力才牢不可破,不会树倒,即使树倒猢狲也不会散,你仍有卷土重来的机会。

所谓良知铸造的领导力,当然指的是追随自己的良知。除了各种你致良知时所拥有的品质外,还有一点至关重要,那就是以良知认识自己,用王阳明的说法就是"慎独"。"慎独"直白而言是独处时也要克制自己的情绪,节制自己的欲望,言谈举止要有度,做到内外合一,人前人后一个样。

但"慎独"还有另外的心学意义,那就是要反求诸己。反求诸己不是被动地反省和心中求,而是主动地检讨自己,认识自己。作为领导者,这一检讨程序极为复杂,它们包括(1)性情:你是个什么样的人；（2）知识：你知道什么；（3）经验：你做过什么；（4）能力：你做对了什么；（5）关系：你认识谁；（6）直觉：你感觉到了什么。

若想成为被他人追随的领导者，你必须清楚这六个问题的答案，只有回答了这六个问题，你才能创建自己的团队，成为一个受他人追随的领导。

我们依次分析。

1. 性情：你是个什么样的人。人和人之所以不同，全在性情（西方所谓性格）。在王阳明看来，性情与生俱来，它包含了你是善人的"人性"和你可善恶的"情感、情绪、情欲"。人的性大体相同，人的情感也大体相同，而人和人的不同恰好就是在对待"情"的态度和处理"情"的方式上。

我们很容易辨别出马云和乔布斯在"性情"上是两种人。从"性"上看，两人都属于意志坚定、拥有大志，肯为事业付出一切的善人。但在"情"上，两人泾渭分明——马云乐观、随和，善于表现，极接地气；乔布斯则内敛、严苛、暴躁、曲高和寡。

单纯拿出两人在"情"上的特征，你肯定会选择马云这样的人做领导，但有些人则更愿意追随乔布斯而不是马云。

各路学派从性格角度把人分为无数种，不过在王阳明看来，从性情角度来分，人只有三种。第一种是率性而为的人。因为人性是善的，所以率性而为就是行善，至少不主动作恶。不过始终围绕着"人性"打转的人，固然是好人，却不一定是出色的领导者。第二种人是用情感推动人性。他们对事情充满激情，能听命于良知，不达目的誓不罢休；第三种人则是风风火火，敢想敢干。他们看上去胆识过人，其实很多时候在撞大运。

那么，身为领导者的你或即将成为领导者的你，应该仔细审视自己的性情，最后得出结论：你到底属于哪一类。

2. 知识：你知道什么。王阳明乃至于中国古代思想家其实并不看重"知识"，虽然有"知识"这个词汇，然而真正的"知识"不是超越现实社会的，比如孔子让人读《诗经》，他的目的还真不是让你多识草木鸟兽之名，而是让你在和他人谈判时能脱口而出一些《诗经》中的话语以灵活应对。他让你学习《春秋》也不是让你掌握历史知识，而是让你知道什么是善什么是恶。

所以，在王阳明看来，"知识"应该是为人处世中的智慧，还包括一些你即将从事的领导工作中的专业知识。你知道什么，归根结底是你知道哪些是善，哪些是恶。

3. 经验：你做过什么。人在没有工作之前是不可能有工作经验的，正如人在没有领导他人前是不可能有领导经验的。王阳明在上战场之前没有任何战场经验，当今时代名动天下的那些企业大佬在开创企业前，也没有任何领导力经验。但他们都成功了，所以"经验"（你都做过什么）绝对不是我们平时认为的经验，这个"经验"在王阳明看来，指的是对人心的理解、洞察以及精准判断的经验。这种经验，人人皆有，区别只是丰富或肤浅而已。像乔布斯当年为了让他特别看好的百事可乐总裁约翰·斯卡利加入苹果，对他说，"你究竟是想一辈子卖糖水，还是希望获得改变世界的机会？"

这就是洞悉人心，约翰·斯卡利能坐到百事可乐总裁的位子上，其对金钱的渴望已麻木，剩下的欲望只是想万众瞩目，重要的是可以被自己瞩目，这就是人心。乔布斯只是抓住了对方的心理而已。后来的事实证明，乔布斯没有看错，两人在后来的一段时间合作愉快，苹果向成功迈出了重要的一步。

你在人生的前半期，是否洞察过人心，是否真的读懂了人心，这很关键。因为所有的领导力工作其实都是在领导人心，没有这个经验，你的其他经验越是丰富，就越会限制你通往领导力的高峰。

4. 能力：你做对了什么。在阳明心学中，这个问题的答案不是你把某些事做对了，而是你做了哪些对的事。好比你手中有把刀，心学中的"能力"不是指你用刀杀了什么东西，而是指你的刀是否用对了地方，是杀鸡还是杀人。

让人追随你的前提是，你必须做对的事，而不仅仅是把事情做对。只有做正确的事才能把事情做正确，才能拥有未来。人们跟随你，无非就是希望得到未来。所以审视你自己，你都做了哪些对的事，而不是你做对了哪些事。

很多人在人生中可以把事情做正确，但很少问自己：这件做正确了的事，是不是正确的事。**所谓正确，是追随自己良知，首先认为事情是正确的，其次是大势所趋，最后才是乘风破浪。**

5. 关系：你认识谁。要领导一群人做一件事，你不能心血来潮想做就做，这等于是闭着眼睛跳悬崖。你不但要知道这件事的大致情况，还需要知道谁会帮助你。也就是说，针对你即将担任领导者这件事，谁会为你指点迷津、保驾护航。

任何行业中都有顶级大佬的存在，你最好是认识这些人，并且能得到他的指导，他不一定让你少走弯路，但会尽可能让你早点走上正道。除了寻找专业人士，你必须有一到两个死党，他们会永远在你左右，为你排忧解难。无论你处境多么艰难，他们都不会离你而去。

窝囊废刘备能三分天下，是有两个死党和一个诸葛亮，"一个好汉三个帮"永远都不过时，找到与你志同道合的人抱团出发，要远比你单枪匹马顺利得多。

6. 直觉：你感觉到了什么。任何人做任何事前都有个模糊而又清晰的感觉，就是这件事很有可能做成。你感觉越强烈，这件事就越容易成。心想事成不是什么童话故事，按照王阳明"心即理"原则，当你对一件事的感觉特别强烈时，那说明这件事和你有缘。西方人认为这是吸引力法则，其实它的道理很简单：只有感觉来了，才能让自己超常发挥。永远别去碰你没有感觉的那些事，因为直觉在很大程度上是良知，良知没有感觉的事说明它不属于你。

追随自己的良知 —至关重要→ 以良知认识自己（主动认识自己的程序）— 性情 / 知识 / 经验 / 能力 / 关系 / 直觉

图1-10

以上六方面是良知自知的模式，你在进入领导工作前必须开启它。对自己的了解越深刻，对他人的判断就越迅疾和精准。他人追随你，归根结底是追随你的良知，所以你必须打开良知自知，不要自欺欺人。唯有不自欺才能看透他人之心，才能在良知的指引下做出正确行动，让人追随你。

第二章

树立权威,让人先正视你的职位

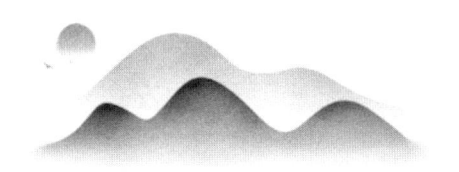

01

明示下属，你是老大

乾坤由我在，安用他求为？

——《长生》

领导别人的能力简称为领导力，它有很多种定义：比如影响他人的艺术——通过说服或者示范使他人遵循一系列的行为；还比如为了保持控制他人和获得权力的努力；再比如激励和协调组织以实现目标的主要动力。

哲学家罗素曾说过，世界上有两种人，第一种人是移动或改变物体的形状和位置，第二种则是指使第一种人移动或者改变物体的形状和位置。显然，第二种人拥有影响他人的力量，也就是领导力。那么，影响别人的力量来自何处呢？你凭什么命令别人移动或改变物体的形状？

领导权力的来源主要有两种，一种是平台赏赐你的；另一种是你自己累积和奋斗得到的。平台赏赐你的权力如果没有你自己的累积和奋斗，也只能昙花一现。所以，若想拥有改变万物的领导力，你必须依托平台树立权威，搞定团队所有人。

所以第一步就是让人知道你才是老大，并且要他们知行合一：知道你是老大，然后服从你。

这不需要阴谋，只需要阳谋：用各种方式光明正大地告示他们，我是你们的老大。

让我们先从王阳明的故事来谈如何宣示自己是老大。

1519年，朱宸濠叛乱的消息传到中央政府，皇帝朱厚照素来喜欢动刀动枪，但苦于没有机会施展才华，如今听到这样的好消息，朱厚照心花怒放，带着中央军和一批走狗急如星火南下，声称要亲自讨伐朱宸濠。

但他才过黄河，王阳明就已把朱宸濠平定。朱厚照气急败坏，他身边的红人张忠、许泰和江彬看破他的心思，极力鼓吹南下。朱厚照就让他们三人先行一步，到南昌城去探查。

张忠、许泰和江彬三人带领部分中央军进入南昌城时，王阳明正在其他地方扫荡朱宸濠余党。扫灭残敌后王阳明回到南昌城，然而形势对他已明显不利。

王阳明在南昌城的团队已被张忠等人打压得不敢抬头，稍有点良知的人早早离开，剩下的人虽然还承认王阳明是他们的领导，但在压力下已畏首畏尾，甚至已有人开始暗中投靠张忠团伙。

王阳明是以御史的身份巡抚江西，巡抚只是个差事，但政府默认的规则是，御史巡抚哪里，那他就是那里的最高军政长官，所以王阳明是当时江西省的最高军政长官。他若想保全江西南昌城的百姓不受张忠等人祸害，就必须重新建立本属于自己的权威，再造团队。

回到南昌城的第二天早上，张忠团伙就派人来通知王阳明，让他来江西督察院办公室。

御史巡抚各地，没有专门的办公室，他的办公地点要么是省长办公室，要么就是督察院。张忠一行人来南昌，皇帝朱厚照没有给他们新官职，所以他们的品级远远低于王阳明。

王阳明意识到这是立威的好机会，他穿戴整齐，施施然地来到了江西督察院。换作从前，王阳明还没有到督察院，就已有人小跑着过来迎接，但现在所有江西省官员因为慑于张忠团伙的淫威，早不把上司王阳明放在眼里了。

王阳明也没有讲任何排场，孤身一人走进督察院办公室。他看到张忠和许泰高高在上，坐着主位和次位，江彬则坐了第三把交椅，看到王阳明，三人扬扬得意。

从前跟随王阳明平定朱宸濠的那些人，现在低眉顺眼，没人理会他。此时，若好言好语，以德服人，无异于痴人说梦。王阳明采取的方式简单粗暴，他指了指坐在督察院院长位子上的张忠，格外严肃地说："下来，那是我的位子！"

张忠惊骇得险些没从椅子上摔下来，他不敢相信自己的耳朵，怀疑地问了句："你说什么？"

王阳明早已三步并作两步走到他眼前，一字一句地说："你好大胆子，敢坐江西巡抚的位子！"

张忠脸色煞白，正要说话时，善于辩论的许泰先说了，他冷冷地看着王阳明，说道："这是督察院院长的位子，怎么就成你的了？"

王阳明不温不火地说："我是江西巡抚，乃江西省最高军政长官，由于宁王之乱，都察院没有院长，所以我就是都察院代理院长，这个主位就应该是我的。诸位虽然是皇帝身边的红人，炙手可热，但我是巡抚，从二品，官位比诸位要高，所以无论从哪一方面讲，都应该是我坐那个位置。"

江彬跳起来说:"我们是皇上特别委派的专员,是代表皇帝来的,你怎么敢如此放肆,用品级压我们!"

王阳明说:"你们是特派员不假,不过你们应好好查一下特派员的权利和义务,我虽然有协助你们办事的职责,但在江西,我的品级比你们高,你们都是我的下属,还不赶快把你们的屁股挪开!"

不仅是张忠团伙傻眼,其他曾跟随王阳明的官员也都傻眼了,但张忠团伙傻眼后,只能不情不愿地从椅子上站起来,而那些曾经跟随王阳明的官员傻眼不久后就开始暗暗叫好,他们的良知又重新追随起了王阳明。

事后,王阳明对弟子说:"我并非是争名夺利的人,做出这样的事来,是担心一旦默许他们的权威比我高,将来我就会受制于人。若受制于人,我这个巡抚就不好干了。所以我必须让他们知道,谁才是老大!"

大多数人都乐观地认定,领导力是领导者和团队成员之间的一种伙伴关系,二者之间首先应该是朋友,其次是要共同承担责任,最后是团队成员心甘情愿地追随。在这样的伙伴关系中,领导和团队成员可以无所顾忌地进行意志交换,团队成员可以提出反对意见,双方都能为失败负责,团队成员对他们的领头人绝对忠诚。

这是理想状态,它能成立的必要前提是,领导者和团队成员都能"致良知",能交换良知。然而,当团队成员不能"致良知",良知就无法完成交换,领导者只能自己唱独角戏。在这种情况下,唯一的办法就是使用平台给你的力量,来强硬地树立你的权威,不管团队成员怎么想,你要不容商量甚至是粗暴地警示他们:我才是老大。

王阳明明示他人自己才是老大,既保住了他的权威,又使其团队成员回归,可谓一箭双雕。领导者声明自己是老大,很多时候就是杀鸡儆猴,警告一些不服自己的人。这是牵一发而动全身的高超手段,自然是领导者必备的领导力之一。

而宣示自己是老大的前提是，要有平台制度的保驾护航，为王阳明保驾护航的是大明帝国的官职规定，他敢向名义上的下属张忠等人宣示自己的主权，就在于他的品级比张忠等人高。所以，告诉别人自己是老大的前提，必须以制度为基础。

1995年，格力公司的营销队伍集体辞职，当时正在外开疆拓土的董明珠被格力总部调回，担任格力的经营部部长。这是个尴尬的职务，收入少而且得罪人。

董明珠上任后就发现，格力内部当时极为混乱，没有具体的规章制度，所以腐败问题非常严重。一些领导拉帮结派，侵蚀企业健康，逐渐形成了极其恶劣的企业氛围。各团队的日常工作极懒散，许多人没事时喝茶聊天，有事时也喝茶聊天。董明珠深感危机四伏，她第一件事就是确立制度，把每个岗位的标准都挂在墙上，然后成立内部纪律检查委员会，监督员工们的行为。

董明珠搞得风风火火，员工们却根本没放在心上，因为长久以来的习气已使他们不具备恐惧制度的良知。况且，他们也根本没把一直在做销售的董明珠放在眼里。所以他们习惯不改，照样我行我素。这是领导权威在受到极限的挑战，董明珠接受了挑战。

董明珠制定的规章中，有一条是上班时间不许吃零食，可有人照吃不误，而且吃得很欢。董明珠趁机捉住了几个嘴馋的人，当众宣布按照制度罚款。几个人还有点不服气，认为董明珠是拿着鸡毛当令箭，可没想到的是，董明珠真就从他们的工资中扣钱，而且宣示自己的价值观：在我这里，绝不允许有不遵守纪律的人。

大部分员工开始在董明珠面前收敛，然而总经理的一个手下却还没有进入状态，明知故犯，董明珠把他的职位降了一级。

第二天，格力总经理就找到董明珠，他说："你处罚得太严厉了。"董明珠回答："我觉得他既然是跟你的，就更应该严格要求，我要是权力够大，会开除他。不是我跟你作对，是他和你作对，我维护企业的利益，就是在维护你的利益。既然你让我来做部长，我就有必要让所有人知道，我是部长。"

董明珠后来以"霸道总裁"名动江湖，其实早在她还没有成为格力老大时，就在领导力上表现得非常霸道了。这霸道是必需的，任何一个企业领导者都要时刻放在心头。

乔布斯再次回到苹果研发手机时，很多人都认为以他那自私、蛮横的性格还是会离开，所以开始时没有人把他的话当回事。乔布斯对设计有着变态的要求，每次看到设计图纸时都会说是"狗屎"，次数一多，自然引起许多设计师的愤慨。有人就故意怠工，或者是阳奉阴违。

乔布斯决心改变这种现状，几天后，在大庭广众下，他把一个设计师骂得狗血喷头，还威胁说要让他卷铺盖滚蛋。设计师终于爆发，臭骂他是"狗屎"。乔布斯毫不犹豫地签了辞退书，虽然这需要给对方很多赔偿款，但乔布斯毫不在意，他就是想告诉他的团队：在这里，我是老大，我说你做！

后来他对其他设计师解释说，一个产品如果因设计而失败，你们承担的责任只是冰山一角，我承担的责任却是整个冰山。因为我是老大，你们是老二、老三、老四。为了让我们都不承担责任，你们必须承认我是你们的老大，如此，才能共进退。

乔布斯的话说清楚了一点，那就是：为什么领导者必须向团队宣示自己的职位，从而让人知道自己是老大。因为做老大没那么容易，若想让团队众志成城，在还没有发挥你的良知影响力的前提下，这是领导团队的唯一快捷方法。

名实相符的前提，一定是先名后实。

1526年，官员杨一清进入内阁，王阳明在老家浙江给杨一清写了一封信，这封信很好地诠释了领导者的无奈和必须用平台树立权威的做法的原因。先是领导者的无奈："朝廷这艘大船的掌舵手并非只有您一人，您又怎能随心所欲地控制它的快慢和方向呢？遇事时不能独掌操舟之权，败事时却要共同承担翻船的罪责，这就是鄙人认为天下太平很难实现的原因。"

许多中层领导面对的正是这样的问题，即使是高层领导，很多时候自己也无法乾纲独断，而是会受制于其他人的意志。领导人"不能独自掌权，而又要共同承担责任，那还不如预先躲开这个职位"。可问题是，有些人的领导岗位是被时势推上去的，一旦具备了领导者的素质，那就身不由己了。王阳明接着说："既然无法躲开，又不能独自掌权，那就只好想办法逃避罪责了。"

但这对于许多有情怀的领导而言，是不可能的事，真正的领导人也不会尸位素餐、明哲保身。所以王阳明说："只有以一身之力承担天下祸患的人，才能掌握天下之权；掌握天下之权，才能解除天下祸患。没有权力时，要想获得权力很难；而当别人把权力交给您时，掌握起来就比较容易了。众人之所以争着做朝廷这艘大船的掌舵手，全都是因为有利可图。可一旦遇上狂风大作、波涛汹涌、前途叵测，众人身处惊慌失措、魂飞魄散之时，逃命都还来不及，又有谁会抢着掌舵呢？这时候如果您挺身出来掌舵，众人便会有所依靠而不再害怕，危难也会得以解除。可如果您也跟着萎靡不振，众人便会相继落水而亡。"

为什么"当别人把权力交给您时，掌握起来就比较容易了"呢？根本原因是，在任何一个组织中，你权力的源泉就是上位者的授权。

你必须把这个权力快速展示出来，先不管下属是否心服口服，你得先做好自己的权力展示。

接下来才是从心出发，从品德出发来扩大权力的影响力，也就是君子完全获取权力的原则：（1）以至诚之心为本，培养自己的品德；（2）展现出自己无所不容的气量，以安定人心；（3）扩充自己与世无争的心态，以使人心平气和；（4）昭示自己坚定不移的气节，以使人端正志向；（5）运用自己深不可测的计谋，以震慑奸邪；（6）显示自己可靠的智慧，以让人相信自己；（7）扶持善良之人，以增加自己身边的帮手。

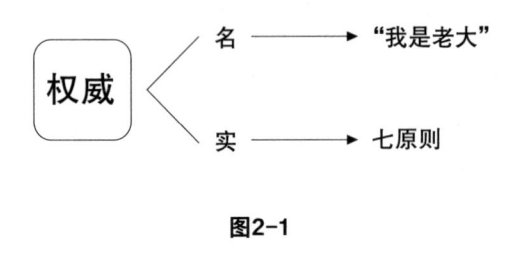

```
              名 ——→ "我是老大"
    权威  <
              实 ——→ 七原则
```

图2-1

当一个领导者坦诚地做事，因为甘居下位而得以占据上位；谦逊地做事，因为甘居人后而得以占据先机。如此一来，功盖天下而无人嫉妒，恩泽万物而无人争功。

一个残酷的事实是，有权威的领导人在遇到困难时，团队成员会紧密团结在他周围，齐心协力帮他渡过难关，但一个有权无威的领导人在遇到困难时却会遇到树倒猢狲散的尴尬局面。现实的领导工作中，不仅要关注如何获得权力、如何使用权力，还要懂得如何在权力的基础上树立威信，如何去影响和感召自己的团队。

但第一步，一定要宣示自己代表权力的职位，让人知道你才是老大！

02

人欲即天理

> 天理人欲不并立，安有天理为主，人欲又从而听命者？
> ——《传习录·徐爱录》

领导者树立刚性权威的第一步是让别人知道你是老大，第二步就是必须搞清楚什么是天理，什么是人欲。

天理和人欲是新儒学（理学和心学）讨论的最重要的概念之一，其被重视的程度仅次于知和行、义和利。那么，什么是天理，什么是人欲呢？

小米的雷军说，人欲即天理。这五个字的确来源于王阳明。王阳明曾对弟子徐爱说过这样一句话："天理人欲不并立。"这并不是说我们心中有许多天理，又有许多人欲，双方泾渭分明，你死我活。所谓"不并立"指的是在我们心中，天理过了或者不及就是人欲，人欲恰到好处就是天理，所以说，人欲即天理。

我们该如何理解这句话呢？这是一个比较枯燥的哲学问题，但必须要说。王阳明认为，我们与生俱来的心是分成两部分的，一部分是人性，比如同情心、同理心、是非心、恭敬心；而另一部分则是七情六欲，比如喜、怒、哀、乐、爱、恶、惧的情感和求生、求知、表达、表现、舒适、男女等欲望。

理学大师朱熹认为，人性是善的，所以是符合天理的；而七情六欲是可善可恶的（其实是他找不到方式来控制），所以不符合天理。但王阳明却认为，无论是人性还是七情六欲，都是我们与生俱来的，它们都是善的，都符合天理。所以，七情六欲即天理。

那么，七情六欲和人欲的区别在哪里呢？人欲就是过了或者不及的七情六欲，比如遇到悲伤的事，那就顺其自然悲伤，可你不能悲伤欲死；比如求生欲，有什么就吃什么，不要高估自己的经济基础而吃大鱼大肉，这都是七情六欲的过火，自然而然就成了人欲。

由以上论述可知，人欲是过了或者不及的七情六欲，王阳明为什么会说，人欲也符合天理（人欲即天理）呢？

我们可以用下图来说明：

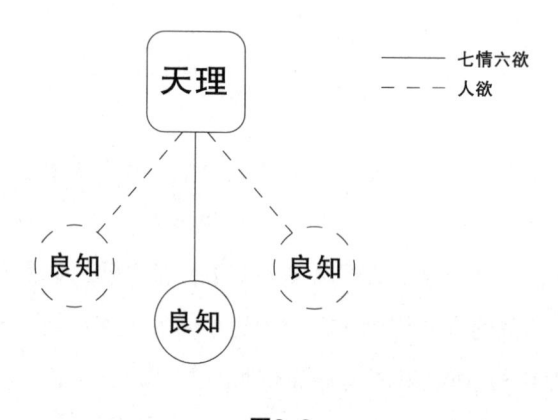

```
          天理
         /  |  \
        /   |   \
     (良知)良知(良知)
```

———— 七情六欲
- - - - 人欲

图2-2

这是一个虚拟的钟摆，实线是七情六欲，虚线则是人欲。钟摆的摆动永远以实线为中轴左右摆动，假设它摆动到左边是"过"，摆动到右边是"不及"，那么，回到实线处就是七情六欲，也就是天理。由此可知，并非是有个符合天理的七情六欲以及两个不符合天理的人欲与其共存。来回摆动的钟摆，无论是在中间还是左边或者右边，它都是七情六欲，只不过是过了的七情六欲。由于良知即天理，所以当七情六欲过或者不及时，良知自知，我们要做的就是把它摆回到七情六欲这里。于是我们就可以得出：七情六欲即天理，人欲即天理。

当领导者明白了王阳明这个论断后，接下来就会明白，人欲是人人皆有的，如果想打造一支强大的团队，你必须满足下属的人欲，也就是利益。画大饼、喊口号，都是扯淡的事，情怀和愿景是你自己的事，你不能指望所有人都和你一样，为了你个人的愿景而付出努力却得不到应有的回报。领导者一定要发自良知地认识到这样的问题：**凡是不满足团队的利益，而处心积虑地让团队为自己服务的行为，不仅是耍流氓，而且注定竹篮打水一场空。**

领导者满足他人的人欲，会让团队成员感觉到发自内心的满足。身为领导者，你如果能让员工感觉到满足，这个团队就已被你牢牢控制了。因为你控制的不是看得见、摸得着的团队，而是看不见、摸不着的世界上最神奇的力量——团队成员的心。

回到雷军的"人欲即天理"的问题，雷军做小米之前已经很富有了，所以他其实不太在乎钱，做小米是由他的梦想驱动的，就是他想做一个特别伟大的公司，一件特别伟大的事。这件事肯定不是他一个人可以完成的，于是他要组建团队，而他常常放下姿态，和团队成员在一起聊天，他想知道这些人怎么才能被满足，于是他听到各种"人欲"。有人说，我要像你一样有很多钱，有人说我要像你一样在企业圈中有名气，还有人说，我要名利双全。

雷军满足他们，给予他们参与感和成就感，采用合伙人制，有钱了大家一起分，而不是领导者一个人分大蛋糕，而其他人可怜兮兮地分小蛋糕。

这种利益激励模式，会让人彻底在人欲上得到满足，而我们都知道，"利以养身，义以养心"。**当"利"满溢出来后，已经无法让人感到持续的满足，所以这时候良知就会发挥作用，让人欲的钟摆摆回到天理这里**。天理就是"义"，"义"是心的适宜，此时，快感如潮，永不退去。

王阳明1510年到江西庐陵上任后发现，庐陵县的官员工资低得可怜，而且有时财政拨款缓慢，官员只好贪污，不贪污的也整日无精打采。王阳明当机立断，跑到上一级政府那里，凭借自己的影响力，调来一些钱给官员发薪，而且还有滞纳金。

有弟子就疑虑地问："人之欲比天高，得陇望蜀，这有用吗？"

王阳明回答："关键在于，你要相信人皆有良知，衣食足而知荣辱。"为什么衣食足就知荣辱呢？因为物质条件只能让人一时爽，而良知所渴求的荣誉才能让人一世爽。你若想让人跟随你，必须先满足人家的衣食，不能一上来就谈情怀和荣誉，这是下三滥领导人才做的事。

王阳明在庐陵一年余，在他的领导下，官员齐心协力，庐陵大治。

王阳明的这番话，恰好是对上图（图2·2）的清晰解释：人欲并不可怕，它只是属于天理的七情六欲的暂时脱离，可怕的是你找不到方法把它还原为七情六欲，还原为天理。优秀的领导人要做的就是将人欲还原为符合天理的七情六欲，让"人欲=天理"这个公式成立。

很多人一谈到人欲时就如遇到洪水猛兽，往往避而不谈，迫不得已时就走向另一个极端，比如朱熹就说要"存天理，灭人欲"，而王阳明则说"存天理，去人欲"。一个"灭"字，一个"去"字，云泥之别。

如果朱熹是一个团队的领导人，他一定只和你谈天理，比如情怀、比如996，比如工作是上天的福报。他只字不谈人欲，因为在他看来，所有人都不应该有人欲。

如果王阳明是一个团队的领导人，那他会承认你的人欲，然后先用物质把你的人欲去掉，于是，你人欲的钟摆自然而然就会摆回天理的位置。

二者相较，高下立判。这也就是为什么以朱熹为代表的理学家无法成事，而以王阳明为代表的心学门徒都出类拔萃一样，因为凡是不正视"人欲即天理"的人，都是傻瓜，但领导者的智商都不低，因此大谈天理情怀的人，恐怕都是伪君子。

雷军曾说，想要成为王者的人，要能够正视一个人的能力与欲望、承认别人的价值、有成就他人之心。这个成就，其实就是用物质来满足人的欲望，然后将其拉回到符合天理的七情六欲中来。

任正非则说，钱给多了，不是人才也能变成人才。有人问马云：你的人为什么要离开你？马云的回答是："钱，给少了；心，委屈了。"马云创业失败过多次，直到后来组建十八罗汉（合伙人制）才终于成功。从前的失败固然有时势和能力的原因，但一个更重要的原因是，马云没有看透他人的人欲，没有满足他人的人欲。

人欲即天理，归根结底是讲究个"中"——钟摆的正中位置，过和不及都不是"中"，所以领导者在领导团队时，要保持住这个"中"：理解善恶，包容善恶。王阳明说，"从欲就是恶"，但如果你能够对团队成员的这种恶加以诱发和引导，顺从其欲望，满足其欲，就能成就最大的"善"。

格力领导人董明珠在员工宿舍问题上有这样的见解：很多员工每天受房子问题困扰，影响工作的热情，为了公司的凝聚力与向心力，她特意给员工涨薪分房。而同样是面对员工的住宿问题，阿里的马云则认为，如果一个人连住的地方都找不到，那只能证明他不是人才，也不是阿里需要的人，所以阿里是不提供住宿的，但阿里提供丰厚的薪水。在这一点上，华为的任正非同样如此，员工的福利可以让人眼前放光。

事实上，对于普通人而言，人生就是四个字：养家糊口。上班工作不为别的，就是希望领导对自己好一点，多拿钱，少受委屈。这是基本的"人欲"，倘若领导能满足这种人欲，没有人愿意离开你。

员工各不相同，但从人欲的角度来概括，无外乎三种。第一种是关注事情，事情完成得好就是他的人欲；第二种是关注你的情感，他希望能得到你的赞赏；第三种是关注物质，他希望能用事换利。

然而不论是哪一种，人欲之根基就是物质，只要满足了这一人欲，再更上一层楼，满足其第一种或第二种，根本就不是什么难事。

不过，正如马云所说，阿里注重的是才能，满足他人的"人欲"必须以他人的能力为缘由。企业领导者不是招财进宝的财神爷，不能无所顾忌地满足没有能力的人的人欲。

如何评价一个人的才能呢？其实很简单，那就是看他的功劳，而不能看他的苦劳。春秋时期，鲁国人宓子贱出任单父县县长。这人整日在县衙弹琴，偶尔开个会，几分钟就散。但单父县却被他治理得好得出奇。

鲁国国君得知他的奇才后，就把他调到中央做官，继任的巫马期来到单父县后，披星戴月，累得死去活来，单父县才算是井井有条。

后来，巫马期被调回中央任职，但职务比宓子贱低。

巫马期愤愤不平道："宓子贱整日无所事事，而我累得直吐血，纵然有高低，也应该是我高他低才对。"

鲁国国君闻听此言后，说："升你们的官，是因为你们都有成绩。而你低他高，是因为他的潜力比你大。我既看重你们产生的效果，也会看你们的潜力。"

巫马期觉得国君对自己很薄，他总认为自己付出那么多，领导者却不感动，可见，天下的领导者都是浑球儿。

传说，有位古罗马皇帝凯旋，论功行赏时，有位士官什么都没得到。他很不服气地对皇帝说："我应该得到封赏，因为我跟您参加过十次重大战役了。"

那位罗马皇帝指着拴在周围的驴子说："你看它们，至少参加过二十次战役，可它们仍然是驴子。"

这可能是个笑话，但背后的意思却是，不管你干了什么，有成果才算数，没有成果，你所有的努力都是灰尘。而且还会被人家误会你特别蠢。

史玉柱曾说，如果有一个项目，给两个团队执行，其中一个团队执行到位，另外一个团队没有完成，但付出了无数汗水，你会奖赏这个一事无成却辛苦努力过的团队吗？

他的答案是，不会。

理由是，只有功劳才对公司有贡献，而苦劳对公司的贡献是零。

那些老黄牛似的，却无法创造价值的人，永远都应该是领导人第一个放弃的目标。大唐皇帝李世民的团队中，有能征善战的李勣、尉迟恭，他们是开疆拓土的人物，无人可以替代；还有房玄龄、杜如晦这种谋略型人才，也是无可替代；再有就是能联络各个集团的长孙无忌，更是无可替代。

他们大体是一个组织中最重要的角色，另外一种人就是没有功劳只有苦劳的老黄牛。

他们对公司和领导者，永远忠诚，希望得到领导的认可，和领导搞好关系，不要被炒。但最终，领导最先放弃的就是他们。

任何一个略有智商的领导，都不会放弃为他们打江山，为他们做战略的人物，也不会放弃给他们拉各种关系的人，而轻易放弃的就是那些能被随意替代的没有功劳只有苦劳的人。

王阳明说，别跟我提你良知多光明，你多么知行合一，拿出一件事给我看。否则你静坐一百年修心，也只是个废柴。

一切良知的光明与否，必须以呈现出来的为最终目标，这就是功劳。"人欲即天理"这句话，只有在有功劳的员工那里才成立，领导者应该谨记！

03

赏罚：直指人心的领导力

> 古之人君执其赏罚，坚如金石，信如四时，是以令之所播如轰霆，兵之所加无坚敌，而功之所成无愆期。
>
> ——《升荫谢恩疏》

两千多年前，子贡问孔子："有一言可终身行之者乎？"孔子回答他："其恕乎！己所不欲，勿施于人。"五百多年前，有人问建立赫赫功勋的王阳明："有一言可让王师奋勇乎？"王阳明回答："赏罚而已！"

对于所有领导者而言，"赏罚"这两个字实在过于耳熟能详，但真正能理解其内涵并恰到好处运用的，屈指可数。身为领导的你如果没有其他树立权威的方法，那只需要一种即可——"赏罚"。

赏罚的本质是对人与生俱来就拥有的"得失心"采取的一种加减行为，它直指人心，立竿见影。在王阳明心学中，人类所具备的一切心理，诸如荣辱心、利害心、羞耻心等都屈居于得失心。人能搞定（格）

得失心，天下事则无往而不利。领导者倘若能明白管理就是管心，管心就是管好得失心的阳明心学真谛，那树立权威就水到渠成了。

王阳明带领过无数团队，取得了无数光辉成绩，常常以少胜多，以弱制强，"赏罚"是他成功的密钥之一。如何用阳明心学来进行赏罚呢？这就是我们下面要谈到的问题。

第一，赏罚要出于公心。1519年，王阳明彻底平定了江西等地的山匪，有一天，他备好酒菜请弟子们吃饭，并且说："这桌饭菜是为了感谢大家。"学生们都很诧异。王阳明说："我刚做官的时候，每次要行赏论罚，不敢不谨慎，经常怕亏待了大家。和大家相处久了后，还是觉得此前的赏罚愧对大家，总想改正弥补过失。不过，直到这次在军中处理公务，与大家见面时发现，我们之间的感情并没有什么变化，才稍感心安。这都是大家对我的帮助和支持，所以说不是什么事都要嘴上说出来的。"

这段话的意思已经很明了，那就是，赏罚必须出自公心，要敬畏赏罚这个武器，不能私用。只有出自公心，内心才不会有愧，才能服众。所谓出自公心，就是要严格照章办事。用阳明心学的良知理论来解释就是，做一件事必须先正念头，以公心赏罚才是领导应该做的，而以私心赏罚就不是领导者该做的。

在"霸道总裁"董明珠心中，奖罚必须有明确规定，绝不能按领导的私意来，简单而言就是，领导绝不能凌驾于规章制度之上。所以她在制定奖罚机制时会做出明确规定，哪些行为是公司的红线，坚决不能触碰，一次都不行，比如腐败、侵占公司利益、失信于人等行为。另外就是对员工基本行为的规定也极为明确，比如迟到，第一次罚50元，第二次罚500元，第三次就卷铺盖走人。

第二，赏罚要言出必行，绝不能虚晃一枪。王阳明在《升荫谢恩疏》中说：真正聪明的君主（领导）施行奖罚，应该像金石一样意志坚定，说奖罚什么就奖罚什么，雷打不动。同时要像四季轮换一样守信，说出去的奖罚无论如何都要做到。如此，诏令能像响雷一样传播，兵之所向无坚不摧，胜利自然到来（人君执其赏罚，坚如金石，信如四时，是以令之所播如轰霆，兵之所加无坚敌，而功之所成无愆期）。

员工最怕的就是领导朝令夕改，对赏罚常常虚晃一枪，玩嘴上功夫，这种领导注定会被人抛弃。中国历史上的秦王国能灭六国统一中国，全在于商鞅变法为其积攒下了其他六国难以望其项背的财富。商鞅变法前，为了得到百姓支持，就在咸阳城南门竖一根轻木，声称谁若能搬到北门，就赏十金。但老百姓都认为这是玩笑，最终他把赏金提到五十金，终于有人大胆地将木头扛到北门，而且更大胆的是居然敢来要赏金。负责此事的官员觉得这是商鞅搞恶作剧，搬个木头就能赚五十金。但商鞅严肃地告诉他，必须赏赐，因为我已经说了。秦国正因此而取信于民，为后来统一六国奠定了基础。

彼得·德鲁克深谙赏罚之术，他说当你在赏罚中言出必行时，信任就出现了。我们之所以用赏罚，无非就是为了取得团队成员的信任罢了。

第三，赏罚尤其是赏要及时。王阳明指出，聪明的赏罚应该是这样的：不会过了时候才给人奖赏，也不会事后才给惩罚。过了时候才奖赏，跟没有奖赏是一样的；事后才惩罚，跟没有惩罚一样。无论是赏还是罚都要在对方情绪最高涨时进行（古者赏不逾时，罚不后事。过时而赏，与无赏同；后事而罚，与不罚同）。

2013年时任正非曾提出这样一个观点：年终奖是最落后的制度，过程奖、及时奖才是激励的王道。"比如应有50%幅度的过程奖在年终前发完，没有发完的，到年终就不发了，不给你了。这样就逼着各部门及时奖。"

Facebook领导人扎克伯格在奖赏上也和任正非大致相同。Facebook员工的薪酬很高，扎克伯格很看重过程，在项目开发中，奖金灵活变化，根据每个员工负责工作的不同，发挥效能的不同，项目奖就很不一样。这些奖金都是实时发放，不会积攒到一起发。

把奖励放在过程中，才能不断刺激到员工，公司才能不断加速，如果不能及时奖赏，员工就会丧失积极性。王阳明说，人虽有成为圣人的潜质，但大部分人都是目光短浅，希望付出尽快有回报的。这是人性使然，西方心理学上有一种效应叫延迟满足，实验中把糖果分给两组小朋友，哪一组最后吃到，哪一组就是胜利者。最后第二组的小朋友没有坚持下来，先吃了糖果。实验人员于是在十几年中观察第一组的小朋友，发现他们在社会中的成绩都要比先吃了糖果的第二组小朋友好很多。

不过，延迟满足和人生成就的关系并不大，因为它违反人性；即使延迟满足的实验结果是正确的，领导者也不能傻乎乎地相信，领导者唯一应该相信的就是人性——希望付出立即就有回报，无人可以例外。这就是为什么很多人喜欢玩网络游戏，因为网络游戏的奖赏会即刻兑现。

这也就是为什么有人明知是恶却还要去做，为什么有人明知是善却不去做，因为赏罚不会那么快来。中国人讲"善恶到头终有报"，这个"终有报"就好像年终奖，虽然知道它有，但它姗姗来迟，当它来时，早已让人无法提起兴趣。

第四，赏罚是做给人看的。王阳明说，如何让善的更善，让恶的不敢为恶？两个字足矣：赏罚，只有赏罚得当，才能劝善惩恶。劝善惩恶的规则必须明明白白，光明正大，一视同仁，如此才能安定，这既是局势更是人心（夫刑赏之用当，而后善有所劝，恶有所惩；劝惩之道明，而后政得其安）。

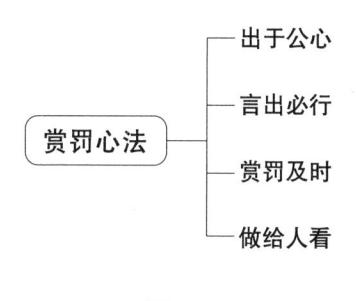

```
                    ┌─ 出于公心
                    │
                    ├─ 言出必行
      赏罚心法 ─────┤
                    ├─ 赏罚及时
                    │
                    └─ 做给人看
```

图2-3

由此可知，在王阳明看来，惩罚和奖赏目标人员固然是目的，但绝对不是唯一目的，甚至可以说只是个手段，赏罚目标人员的更大目的是让其他人不敢偷懒，积极进取。

董明珠在对违反规章的员工罚款后，私下又把自己的钱给了那名员工，董明珠对她说，罚你款是公司制度，这是规矩，但我给你钱是情分。员工说，那不如不罚我。董明珠的回答是：不罚你一个，会冒出来千万个。

这句话无疑就证明了王阳明的论断：**赏罚是做给别人看的，让非赏罚目标收敛，不敢违反制度。**

王阳明在鄱阳湖大战朱宸濠时，几个中级指挥官面对强敌不敢冲锋，王阳明就以违抗军令为由找出两个在船头斩首。这种惩罚对于死掉的两个军官毫无意义，但对还活着的军官就意义非凡。

同时，王阳明还主张要奖赏微小功劳的人，惩罚和你亲密的人。奖赏微小功劳的人，那么想立功的人就会更加努力；惩罚和你亲密的

王阳明领导力心法

人,那么有罪的人就会更加警醒(赏及微劳,则有功者益劝;罚行亲昵,则有罪者益警)。

《水浒传》中的宋江就是这方面的高手,他在梁山最亲密的人非李逵莫属,三打祝家庄时,李逵因失误而损失了一点兵马,宋江当着众人的面把李逵骂得狗血喷头,还要砍他的脑袋。而后来的时迁只不过偷来了一张敌人的地图,其实梁山已有,就被宋江大加表扬。

这两种行为正是王阳明所说的"赏及微劳,罚行亲昵",它最重要的目的就是做给别人看的。

王阳明说,赏罚是一种直指人心的领导力。理由如下:

第一,人要生存,必须有物质基础,大多数人的物质基础都需要从工作中获得,所以人的内心深处需要物质,而物质只能通过工作中领导者的奖励获取。

第二,人是通过心灵来感受幸福感的,心灵平静时是不悲不喜的,赏罚恰好能让人心波澜起伏,制造快感和痛苦,这才是人生。因为永恒的幸福根本不属于人类,人心之感受恰好是如心电图一样的过山车,赏罚能满足人的这一潜在欲望。

第三,人心自足,与生俱来。如果不和世界接触,那人心将永远平静,但一旦和世界接触,就会有失去有获得。领导力心法就是:既要让人失去(罚),也要让人获得(奖),如此才是符合天道之行径。

曾国藩说过这样一句话:**带兵打仗,一是稳扎稳打,二是奖赏,除此,无他。**

奖赏,人人都懂,但正如王阳明所说,知道如何行动却不去行动,就不是真知,自然谈不上知行合一。为什么很多领导者都无法运用好奖赏这个领导力武器呢?我们可以从中国历史上最失败的领导人之一项羽谈起。

项羽之所以会败给刘邦，原因一箩筐，最大的原因就是，他和刘邦相反，敌人越来越多，朋友越来越少。他团队中的许多能人比如韩信全都跑到了刘邦那里。项羽对有功之臣赏赐起来，相当吝啬，据说他迟迟不给人家大印，以至于把印角磨平了。

刘邦曾问韩信，为什么不跟着项羽？

韩信一语中的：项羽惩罚人毫不手软，但奖赏时却像个吝啬鬼，没有人愿意跟着这样的领导。

刘邦是人类历史上稀有的领导者，项羽才是为数众多的那一类领导。为什么有的领导不肯赏赐下属？根本原因就在于，他们的私欲如野火，熊熊不灭。金钱是好东西，人人皆知，一个人通过剥削、压榨他人的剩余价值而获取的金钱，更让人痴狂。金钱对于大多数领导者而言，一方面是贪欲，另一方面则证明他比别人聪明。这是人心之痛，也是人心之自然。

但鼠目寸光、贪欲十足的领导者永远不会注意到这样的天理：在中国，少量的金钱属于个人，太多的金钱则属于天下。天理即人心，中国五千年来的人心始终向往的是均贫富，而不是你吃肉我吃树皮。领导者有太多的钱，而且又不能把该给下属的奖赏执行到位，这不是福报，而是灾难。

姜子牙曾说，天下乃天下人之天下，非一人之天下，金钱乃天下人之金钱，非一人之金钱。所有的金钱终将会走上唯一的道路：重新分配。你不分，自然会有人帮你分。

04

制定符合良知的章法

> "礼"字即是"理"字。理之发见可见者谓之文,文之隐微不可见者谓之理,只是一物。
>
> ——《传习录·徐爱录》

有人问任正非,华为的核心竞争力是不是人才?

任正非却回答:人才不是华为的核心竞争力,对人才的有效管理的能力才是企业的核心竞争力。

凡是大致了解华为的人,都知道任正非给华为的四条核心价值观——以客户为中心、以奋斗者为本、长期艰苦奋斗、坚持自我批判。任正非认为,若要实现核心价值观,就得建立行之有效的制度,华为的制度建设心法就是那句话:对人才进行有效的管理。华为的所有制度建设全建立在这条心法之上。

2019年任正非宣布华为的制度建设已入化境,这个境界就是老子所说的"太上,下知有之"。任正非曾很认真地说,"我在华为是没有权力的人，权力不在我手里，权力在公司的流程里。我只是提出些建议，至于执行者用不用，我无权干涉。"虽然是这么说，但不可否认的是，任正非仍然是华为最有权威的领导人。

华为的制度建设并非一蹴而就，而是在漫长的即知即行、即行即知中逐渐完善，逐渐定性。任正非通过制度建设树立了自己的权威，制度本身又让他的权威更加厚重和凌厉。华为的制度始终隐藏在其文化中，所以很难被模仿者使用，但董明珠在格力确立的制度以及张瑞敏在海尔所制定的制度，却可以让我们有迹可循。

在董明珠看来，格力持续发展的成功之道，就在于对制度的标准化、规范化，而非人性化的高度重视。在长期的领导工作中，董明珠把自己修炼成了一位"爱憎分明、不留情面"的领导人。她从不为了迎合员工而隐忍，而是直面问题、大胆解决问题。她对制度的心法有三条：

第一条，制度就是标准。所谓制度就是标准，意思是领导人不是标准，但反过来，制度是由领导人制定的，所以制度标准，仍然是领导人对团队的标准，只不过从"人"转移到了"事"（制度）上。如果制度是标准，那靠制度管理就能创造效益。格力2011年利润6%，6年后，在制度的保驾护航下，利润率已经达到了12%，这就是制度的力量。制度是标准，更是管理的抓手与核心。

第二条，制度的大忌就是"人性化"。董明珠曾说过，**管理只有一种，那就是制度，不分男女，不分职务高低**。简单来说，制度必须建立在一视同仁的基础上，领导者在制定和执行制度时，绝对要避免情绪化，一就是一，二就是二。

董明珠刚管理格力时，有个中级领导肆无忌惮，拿制度当空气。董明珠清理他的账目后发现了重大问题：有经销商给了钱，但他不给发货；有的经销商没有给钱，他却给发货。所以董明珠马上确立了一条制度：开票的人没有权力决定给谁发货，收到财务发货给谁的通知才能开单。这个制度无形之中就约束了某些居心不良的人，使他无法作假，更不能乱搞关系。

第三条，制度建设必须雷厉风行，不容半点迟缓。董明珠在格力做制度建设时，有人好心提醒她，人员的工作要慢慢来，要注意一点。意思是，你这种行为恐怕会得罪人。董明珠反击说："我不是做人员的事情，我是做企业的制度建设，制度建设怎么可以慢慢来！不出所料，第二天一早我就被叫过去了。我跟老总讲，我没有跟你对着干，我做这件事情是维护企业的利益，也是维护你的利益。"

第四条，制度建设要不停地调整。世界上没有一劳永逸的事，制度建设也是这样——如王阳明所谓的事中磨练。格力的银行贷款利息都是七八分甚至更高，董明珠后来琢磨，既然要付利息给银行，不如把钱回馈给经销商。随着返利政策的不断完善与提升，同样又出现了新的弊病，销售额做得越高，返利越多，董明珠反思说："我觉得这个不公平，然后我们再进行调整，所以说我们制度的建设，仅仅是今天设定的制度，明天未必是好的，所以要不断去完善、改变，废除一些不合理制度，再设定一些更好的制度。"

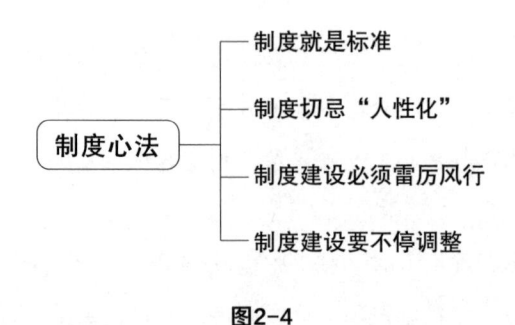

```
                    ┌── 制度就是标准
                    │
                    ├── 制度切忌"人性化"
    [制度心法] ─────┤
                    ├── 制度建设必须雷厉风行
                    │
                    └── 制度建设要不停调整
```

图2-4

格力电器成功的地方恐怕就是其制度建设。而这一切看似是制度在运行，其实让制度良性运行的永远是领导人。

把领导者的权力隐藏于制度中，这是高明的领导人树立权威的一种方式。但制度也需要创新，当今时代，变化一日千里，领导者在制度上的建设也应该与时俱进，不停追赶时代的列车。

号称"组织管理理论之父"的马克斯·韦伯曾总结说，传统的企业管理模式主要是层级结构的官僚制，该模式是"金字塔"型：普通的员工在底座，逐渐向上，依次是低级管理人员、中级管理人员、高级管理人员，塔尖则是最高领导者。

马克斯·韦伯死于1920年，他在那个时代的精辟总结没有问题，事实上，他所总结的这种管理结构影响了人类管理近一个世纪。它的优势在于，凭借拥有权威的领导者在上发号施令，经过直线传播后到达最底层，最底层可以马上贯彻执行。无论是动员能力还是效率，这种制度模式都有着得天独厚的优势。

但是，老马没有见过互联网。互联网的诞生改变了宇宙（时间和空间），消除了距离。在互联网时代，老马的那套制度模型成了废品，因为它太慢了：底层人员知道了用户需求，逐层上报，上面做决策后再通过一层一层传达下来——完全和市场割裂。

所以，睿智的领导人会把最大权力授予一线员工，因为只有亲临市场的人，才能在知道用户需求后，马上创造用户需求，至于在他之上的领导人则变成资源提供者。

正如德鲁克所言，每个企业和其领导人都必须回答三个问题，第一个，你的客户是谁；第二，你为客户创造的价值是什么；第三，你给用户创造价值之后你的价值又是什么。这些问题其实很难回答，但海尔领导人张瑞敏却给出了完美的答案。他毫不犹豫地改变企业制度：去中心化和去中介化。"去中心化"就是把以领导为中心的组织架构变成以员工为中心，让每个人都成为中心，使每个人掌握的市场资源实现充分共享。"去中介化"就是消灭中层，让员工和用户无距离接触。

具体到制度上，就是建立"人单合一"制：企业平台化、员工创客化、用户个性化。用张瑞敏的话来说，这是对传统企业制度的颠覆，首先是企业本身的颠覆，把企业从金字塔结构变成平台化组织；其次是对"顾客"的颠覆，把产销分离制变成了个性化需求；最后是对员工的颠覆，从原来的雇用者、执行者转变成创业者、合伙人。

如此一来，张瑞敏的海尔就没有中层领导，只剩下三类人：一类人叫作平台主，他们为其他人提供最合适的土壤、水分、养料。一类人叫作小微主，也就是小型创业公司的领导，他们随时找寻机会创业。最后一类人叫作创客，他们让企业从原来制造产品的加速器，变成孵化创业者的加速器。这种制度建设正如张瑞敏所说，符合互联网企业的特征。互联网企业最大的特征是一个生态系统，不分企业内外，只要是和企业有关的人员都可以结合在一起，共同创造价值。

无论是任正非还是董明珠，抑或是张瑞敏这些企业领导人，他们的制度建设虽各有千秋，但灵魂却是相同的，那就是，制度都建立在他们本人的良知之上。

王阳明的学说，只是"致良知"三字。致良知，就是依良知做事，一切好的制度，都应该建立在良知基础之上，凡是不发自良知所制定的制度，就是坏制度。

无论你多么英明神武，全凭自己好恶制定出的制度都有缺陷，制定制度唯一的妙法就是"民之所好好之，民之所恶恶之"，此为致良知。

所以无论是任正非的"把权威藏在制度中"还是董明珠的"制度

不能人性化",更或是张瑞敏的"人单合一",都有个灵魂,这个灵魂就是"民之所好好之,民之所恶恶之"。

董明珠试图通过强硬的制度来提高权威,张瑞敏认为可以把"民之所好"落到实处,使权威从民之心底油然而生,任正非的做法更具冲击力:把权威藏在制度中,久而久之,制度和权威合二为一,企业成为任正非,任正非成为企业——虽然任正非说自己只是制度下的一个小兵,但人人都必须承认,按照良知所制定的制度,其本身就是拥有良知的领导者的化身。

制度没有优劣,只好善恶,民好之即是善,民恶之就是恶。

05

在制度中渗入符合人性的小花招

> 昔人有言：事之无害于义者，从俗可也。
> ——《与胡伯忠·癸酉》

一个出色团队的制度设置，必须是高大上的，让人敬畏的，能让人知道自己的前进方向，避免走错路的。但越是高大上的事物，即使它符合良知，偶尔也会无法执行。原因在于，很多制度没有考虑人心，所谓的"考虑人心"，不是考虑人们心善的一面，而是考虑心恶的一面。

所以，领导者应该刻入骨髓的一个思维就是，制度中必须渗入符合人性的一些小动作，让人为了他自己的利益，不得不遵守制度。

1510年，王阳明到江西庐陵做县令。前任县长和其交接时，神情疲惫，好像是被霜打残的茄子。该县长指出，庐陵这地方的百姓实在太难治理，险些把我搞死。他们最喜欢的事情就是打官司，狗被偷了来敲鼓，鸡少了根毛也来喊冤。他对王阳明的前途感到悲观。

王阳明问他，有冤可以打官司，但没有冤情打官司就是胡闹，你应该出台政策严禁不符法理的官司啊。

县令流下眼泪说，政策出台了一箩筐，可还是阻挡不住刁民对诉讼的狂热！

若想明白百姓为何不遵守制度，必须先琢磨制度是否合理，是否符合良知。倘若制度的确合理，完全符合良知，那剩下的问题就是检查百姓是否真有困难。

王阳明在检视了制度的合理性后，就对百姓的诉状进行分门别类，发现除了一些控诉苛捐杂税的之外，剩下的全是鸡零狗碎的事情，根本没必要走诉讼程序。

王阳明要做的就是健全制度：百姓没有客观困难的情况下，为何还要打官司、做刁民？

这就要触及最终极的人心问题了。人心有符合善的人性，但也有可善可恶的情欲。如何让情欲走向正面而非负面，这是有史以来许多思想家和领导者都想解决的问题。

以刚硬的态度让人致良知，固然有成效；用权威打压不遵守制度的员工，也能有收获。但这两种方式无法尽全功，王阳明认为，你要在制度上动点小花招，搞点小动作，这些小动作和小花招必须是直指其心的。

王阳明用心分析后得出这样的人心结论：百姓大都不识字，打官司只能找讼师，讼师按字数来赚钱，所以把状子写得洋洋洒洒，如同大部头小说。于是王阳明规定：首先，一次只能上诉一件事；其次，内容不得超过两行，每行不得超过三十字；最后，你认为可以私下和对方解决的事，就不要来告状。如果有违反这三条的，我不但不受理，还要给予相应的罚款。

"内容不得超过两行，每行不得超过三十字"就是制度上的小花招，它让讼师无利可图，于是拒绝给百姓写状子。很快，这个小花招产生奇效，庐陵的诉讼案如同熊市的股票一样直线跌停。

当我们认真分析这个案例时，你会发现王阳明在制度上渗入的小花招，其实直指人心中的恶——讼师的利益。只要通过悄无声息而不是大张旗鼓的方式遏制人的欲望，顺其欲望（利益减少而不会做），就能斩草除根，就能让人老老实实地服从制度，不再和制度作对。

领导者只要能玩好这种小花招，明码标价的制度就不会被人违反，权威自然而然拔地而起。

华为任正非在这方面堪称老谋深算的高手。华为的制度有很多这种小动作、小花招。比如华为规定，一个团队的最高领导人被免，老二不能接班。这制度看上去有点古怪，其实恰好在人心上做到极致：团队的突飞猛进需要靠合作，尤其是老大和老二的合作。老二如果始终盯着老大的位子，就不可能真心实意帮助老大，他可能还会对老大阳奉阴违，落井下石，但如果规定，即使老大走了，老二也没有机会上位，那他就会认真辅佐老大。

在各个团队领导者的接班问题上，任正非先是规定团队老大要培养接班人，可下面没有人响应，任正非发现这是人心之恶，因为老大培养好了接班人，那他就没有安全感，这等于自掘坟墓。任何一个活生生的人，都会反感这种规定。于是任正非玩了个小花招：团队最高领导人必须给团队老二培养接班人，于是所有人都奋不顾身，把本事倾囊相授。因为老大最担心的是老二某天撂挑子。隔层培养接班人，就规避了这种危险。这一小花招，其实还是对人心的直捣黄龙。

某伟人曾说过，好的制度能让坏人变好，坏的制度能让好人变坏。问题是，我们评判制度好坏的标准是什么呢？

中国古代思想家始终认为，人性是善的，最低限度，人性是可以向好的方向改善的，每个人都有向善之心，所以人人都会自主修行，使自己成为善人。这种思路的致命缺陷在于：它忽略了人心不但有善的一面，还有可善可恶的情欲。而很多时候，情欲才是主导人行为的最大动力，也就是说，人可以善可以恶。而如果不能靠自发地致良知达到善，祛除恶，那只能在制度上动手脚，让人行善，使人去恶。

然而，中国人始终鄙视那种冷冰冰的制度，或者说，中国人始终相信，即使有制度，它也应该为人心服务，而不是脱离人心。这就是我们上一节所讲的，制度必须有良知。

所以，评判制度好坏的标准只有一条：好制度会激发你的良知，遏制你的恶；坏制度恰好相反。怎样深刻理解这句话，我们必须以例子来说明。

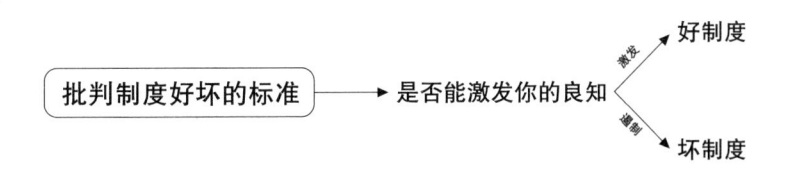

批判制度好坏的标准 ⟶ 是否能激发你的良知 激发→ 好制度 / 遏制→ 坏制度

图2-5

很久以前，英国政府雇用私人船只运送犯人，结算方式是：船里装的人数越多越赚钱。然而这显然会产生弊端：为了多装运犯人，许多船主不顾罪犯死活，所以死亡率非常高。虽然罪犯死有余辜，但政府还是不希望罪犯这样死去，官员们不停训诫船主，船主们为了利益，根本无动于衷。后来政府官员绞尽脑汁地搞出了一个规定：改变给船主的结算方式，由以上船的人数结算改为下船的人数结算。

如此一来，罪犯的死亡率立即下降。这个制度的特点在于，激发了船主良知的判断力：我如果不好好对待罪犯，那就没有利润。

二战期间，负责给美国空军制造降落伞的厂家交付的降落伞的合格率为99.9%，这意味着如果有1000个士兵跳伞，那肯定会挂掉一个。美军方要求厂家必须让合格率达到100%。厂家负责人一脸无奈地说，这根本不可能啊，因为万物皆有残缺。军方于是改变检查制度，每次交货前从降落伞中随机挑出十个，让厂家负责人亲自跳伞检测。奇迹出现了，降落伞的合格率很快达到了100%。

让厂家负责人亲自跳伞测试降落伞质量，其实就是在激发他良知的判断力：这件事如果做不好，自己老命不保。如何激发一个人的良知，不可能全凭大道理，你必须让对方知道，如果不致良知，那后果就全由他本人承担。一个人如果真的致了良知，那恶就不会再现，不是不想呈现，而是成本太高，不敢呈现。

古代盗墓都需要两人，两人挖到坟墓后，其中一人被另一人用绳子拴住放下去，取到财宝后，上面的人用绳子把财宝拉上来，但上面的人经常在拿到财宝后把下面的人抛弃。于是，诞生了这样的制度：下去的人用绳子拴住财宝，只有等他被上面的人拉到地面后，他才把财宝拉上来。可这种规定仍然无法保证下面的人的安全，因为上面的人会要挟他，必须先拉财宝。如果你在下面不同意这种方案，只能活活饿死。

再后来，盗墓团伙父子齐上阵，但也发生过儿子扔下墓里亲爹的事。最后终于形成行规：儿子下去取货，老子在上面拉绳，从此，再没发生过把人扔在墓坑的事。

父子之间，父亲对儿子的爱肯定更深，这是人性。所以这一制度上的小动作只不过是顺应人性而已。

在我们的日常生活中，制度的小花招随处可见。比如两人分蛋糕，拥有拿刀切蛋糕权力的人，肯定会给自己分割大的一块，但如果规定：有权切蛋糕的人必须让无权切蛋糕的人先选，问题自然迎刃而解。

也就是说，授权必须和监督同时存在，你当然要相信人性本善，可你更要相信人心中不仅有人性，还有情欲。授权是相信你人性的善，监督则是让你的情欲不要变成恶。

一个团队领导者必须懂得如何顺应人心来确立制度，更要在制度上动些小心思，使其不仅仅慑服于你的权威，更要慑服于他自己的良知。

事实上，很多冠冕堂皇的制度在一个组织中到底能起多大作用，这是未知的。很多真正起效的制度，可能都是些小花招。王阳明特别推崇周公，认为中华成为礼仪之邦，是周公的丰功伟绩。周公为中华贡献了"礼乐"，但周公玩了很多制度花招，比如酒礼。他明文规定不允许酗酒，可没人听。于是周公就搞了些小动作，比如规定喝酒时，每喝一次酒，宾主之间就要行许多礼节，要相互拜一百次之后，一杯酒才能喝掉。这样喝酒喝一晚上也不会醉，自然就不会酗酒闹事。

王阳明在庐陵当县令时，恰好遇到瘟疫。王阳明认为虽然瘟疫是天灾，但人祸也起到了推波助澜的作用。这些人祸就包括百姓不注重卫生，不锻炼增强免疫力，从而使病毒乘虚而入。于是他颁布制度，要求每人每天必须洗浴、锻炼身体。

但没有人遵从。于是王阳明就用"乐"的方式来辅佐制度的推行。他宣布说，庐陵发生瘟疫，是因为得罪了恶神，我们要搞驱神活动。驱神活动是老百姓喜欢的，但驱神之前必须沐浴更衣，这就解决了卫生问题；还要吃大蒜、葱等辛辣食物，这是消毒。驱神活动中，百姓要又唱又跳，这无疑锻炼了身体。

驱神就是"乐"，百姓们在不知不觉中执行了王阳明"要讲卫生，要锻炼身体"的制度。

所以，领导者的权威固然是来自刚性的制度设置，但制度设置的目的是让人执行遵守，在员工遵守的过程中，还是需要一些小花招、小动作。这看上去是"阴谋"，其实恰好相反，是悄无声息的"阳谋"，因为它的念头是激发人良知、遏制人作恶的。

06

此时正是修心时

> 诸君只要常常怀个"遁世无闷,不见是而无闷"之心,依此良知,忍耐做去,不管人非笑,不管人毁谤,不管人荣辱,任他功夫有进有退,我只是这致良知的主宰不息,久久自然有得力处,一切外事亦自能不动。
>
> ——《传习录·黄修易录》

王阳明竭力主张的"人皆有良知"多次遭受挑战,有人就从社会现象着眼,一针见血地质问王阳明:"如果人皆有良知,为什么会有恶人?"

王阳明也只能回答:"恶人也有良知,只不过被遮蔽了。"

良知被遮蔽的意思是,恶人也知为恶是坏事,可他不听命于良知为善去恶,于是成为恶人。

我们不必分析王阳明的解释是否有道理,只需要肯定一点,王阳明也认为这个世界上有恶人,而且还很多。他们游走在社会中,随时准备作恶。无须怀疑的是，在企业中也有这样的人。他们在组织中消极工作，最要命的是私底下或者明面上抱怨个不停。

领导者若想树立绝对权威，肯定要向这些人开刀，通过惩罚使其离开，或是老老实实服从领导的所有安排。然而，这一切可能暂时能树立你的权威，却绝不是长久之计。冷酷的打压，只是猫盖屎。

于是，阳明心学中的"只在心中求"思路就派上了用场。所谓"只在心中求"，是遇到事后的自我反思，在王阳明心学思想中，任何事若是没有顺利进行，达到预期，那最大的问题可能就出在自己身上，只有一小部分原因出在对方身上。但只要解决了问题的大块，剩余的小块就会自然而然消失。就如存了天理后，人欲就消失一样。

王阳明认为，领导者在工作中最重要的一个东西就是念头。王阳明一直让人格物，也就是在事情上正念头，对于领导者而言，若想管理无碍，就必须先在自己作为领导者这件事上正念头。

王阳明指出，真正的领导者为的是行道，只有无能的领导者在工作时才会想到自己的利益。什么是行道？行道就是为下属服务，为员工服务。一旦领导者有这样的念头，就能在危难处境中不改心志，他只关心道是不是得以弘扬践行。而如果以对自己有利为管理的目标，自然就会苟且偷安，趋利避难。

所以，"行道还是谋利"不但是检验领导者自身素养的一个分水岭，还是领导工作能否顺利进行的唯一指标，更是领导者树立柔性权威的重要方式。

如果以行道而不是以谋利为领导目的，那么领导者自然而然就会立下为组织贡献全部心力的志向。一旦这个志向确立，就如王阳明所说的"有志于道德的人，功名不足以拖累他的心志；有志于功名的人，富贵不足以拖累他的心志"。人在有志向时，就不会感到心累。

明白了这一点，企业领导者树立权威的第一条就是要有担当精神。第一章中，我们简略谈到担当精神，现在我们详细谈论。

1508年，王阳明在今天的贵州修文县悟道。他悟到了三条：一是"心即理"，所有人心中都有天理，能彰显出自己的天理，就能认识到别人的天理，就能如未卜先知一样，知道别人的心；二是"知行合一"，任何人都应该按照良知的指引去行动；三是"佛道之非"。

而第三点，就是王阳明始终提倡的担当精神。他曾对弟子毫不留情地说道："佛道不可以治天下，因为它们弃人伦遗物理。"所谓"弃人伦"，就是放弃了"君臣、父子、兄弟、夫妇、朋友"这五种伦理关系；所谓"遗物理"，就是对社会上的一切采取逃避态度。有弟子曾向他请示说，想去深山老林中修行，王阳明教训他，人生到处都是修行场，何必去深山老林？

王阳明这样说，是他对儒家"入世精神"的高度赞扬。在他看来，人来到这个世界上必有其使命，这个使命是"修身、齐家、治国、平天下"。人只有为社会做贡献，才是真正的人，我们必须做事，必须为天下贡献力量，才不枉此生。这就是一种担当精神。作为一个组织的领导者，倘若没有这种担当精神，那无论你能力多强，智商多高，都不可能管理好你的企业。

王阳明悟道不久，同乡毛应奎便把他办公之余休息的地方称为"远俗亭"，还请王阳明写篇文章纪念。王阳明毫不客气地为他作了一篇记。

王阳明说："俗习和古道互为消长。在这居所中，远离人世间那些纷扰喧嚣、混乱污浊的俗念，自然就会生出高洁、清明、旷达的情怀，这是毛先生命名'远俗亭'的缘由。但是，毛公你的官职是负责全省教育，并且还兼管监狱诉讼以及军赋，为了科举考试做的文章，乃是俗儒的学业；处理文书政令等烦琐事务，乃是俗吏的日常事务，这二者都是你避免不了的。如果要丢下所从事的工作而谈什么'我要远俗'，那么，俗未必远离了，为官的职责倒是真的丢掉了。君子的德行，不能疏远忽视细微处，这样才能汇集成就大德，成就伟大的事业。所以说，多读圣贤书，多向圣贤们学习，以此培养自己的品德并运用于各个方面，这样的话，即便是做科举文章，也可以对圣人之学有所得，这就是远俗。处事公正，决断英明，待人宽厚，那么，即便是每日处理一些烦琐俗务，却能对古代圣王们的为政之道有所心得，那也是远俗。如果内心猥琐粗鄙，却假装闲散豪放，自以为'远俗'，其实跟远俗并没有什么关系。程颐先生曾经说过：如果要做的事情不伤道义，那么从俗也没什么不可以。君子怎么可以轻易绝俗？但是必须得是不伤道义的事情，才能从俗而为，在这方面，是不能随便对待的。所以说，那种随随便便就从俗，并且还自以为通达的，并不是君子行为，而为了标新立异而远离俗习，也不是君子应有的思想。"

这篇文章可以看作是王阳明对担当精神的最佳诠释。中国古人讲"在其位谋其政"，你在什么样的位置就应该做这个位置要求你做的事，身为领导者，就必须毫无保留地承担起领导者的责任，这个责任就是为组织和员工服务，倾尽全力行道，而不是谋个人利益，耍领导者的威风。

那么，是不是佛道就一定是错的呢？浙江衢州西安县人郑德夫曾向王阳明请教："佛学和儒学有什么差异？"

王阳明回答道："你别管它们的差异，只管学习它们讲得对的地方。"

郑德夫问："对与错怎么分辨呢？"

王阳明回答："你别管他讲的是对还是错，只要听从你自己内心的判断，如果讲的东西能让你心安，那就是对的。"

郑德夫问："我们的内心怎么能判定是非呢？"

王阳明回答："没有是非之心就不是人。和春秋名厨易牙一样，我们普通人的口舌也能辨别甜苦；和视力超好的离娄一样，普通人的眼睛也能辨别美丑；和圣人一样，普通人的内心也能辨别是非。如果我们的内心不光明了，对是非的辨别，就不如口对于味道、眼睛对于色彩的辨别那样真切，于是私欲就得以将内心遮蔽。所以你一定要立诚。你只需要担心你的内心对是非的辨别是不是像口对于味道、眼睛对于色彩的辨别那样真切，又何必担心它能否辨别甜苦美丑呢？"

郑德夫疑惑地问："听您这样一说，难道《五经》《四书》的内容都没用吗？"

王阳明的回答是："怎么会没用呢？它们所记载的内容就是告诉我们，什么是甜苦美丑。如果你没有以真诚恳切的心去看这些内容，只是在谈论味道和色彩，又怎么能知道真正的甜苦美丑呢？"

这段对话很重要，它告诉我们，你听到和理解的东西如果能让你心安，那就是对的。你躬身入局，不畏惧任何艰难险阻，对待任何管理上的困难，没有心烦意乱和怀疑，而是心安，那就要勇敢向前。

在组织管理工作中，难免会遇到困难，这个时候千万不要气馁。王阳明有个叫李邦辅的弟子离京到广西柳州上任，王阳明写下一篇赠别文，说柳州是荒蛮之地，很多官员不愿意去，李邦辅的内心深处也是这等意思。但你想过没有，太平之境，纵然十倍努力也难见光芒；困苦之处，稍一用力，即见彩虹。

正如他的心学宗旨"人必须在事上磨练，才可有人生成就"一样，最好的修行场和修行时间正是那些艰难困苦之地和艰难困苦之时，越是处于困难的管理环境中，行道的志向就越要坚定，这才是真正的领导者，也是真正的圣贤。

领导者若是真有担当精神，以行道为管理目标，那在领导者眼中，下属和员工就没有坏人，因为当你以行道为目的时，天地万物是一体的，所有的员工和下属只不过是你身体和心灵的一部分，在一篇送友人去偏远的岭广做官的文章中，王阳明这样说道："如今做官的人，如果能以行道为目标，有怀古之心，能通达地看待天下，岭广之地虽然地处偏远，也会觉得和自己家乡一样，会觉得岭广的百姓都是自己的子弟；会觉得这个地方，就是自己父兄宗亲所居住的地方；会觉得这里的山川道路，都是自己亲人的葬身之地。这样的话，岭广之地的老百姓，也会把我看作父兄，看作亲人，会拥护爱戴我，会舍不得我离开这里，所以，我又怎么会怕在这个地方做官呢？"

能得到员工的爱戴，前提是你的念头要是行道而不是谋利，你要有担当精神，这才是王阳明心学所要求的真正的领导者。

管理到底是什么？有人说是制定、执行、检查和改进。西方管理学家认为管理的唯一工作就是决策，还有人像煞有介事地说，管理就是"一将功成万骨枯"（通过他人达到自己的目标）。王阳明的看法是，领导者就是亲民和明明德的合二为一。重点在明明德上，但必须去亲民中实现。

1509年，王阳明到卢陵县（今江西吉安）做县令，前任县令对他说，此地百姓全是刁民，各种惹是生非，尤其喜欢打官司。你就等着痛苦吧。王阳明微笑着回复他，这才是修心时啊，如果为官一任，毫无痛苦和压力，那说明你没有用心亲民。

王阳明用了半年时间，把卢陵整顿得人心大振，秩序井然。这期间，他几乎是废寝忘食，但丝毫感觉不到疲倦，虽然劳心劳力，却乐在其中。用他的话说，这么好的修心机会，怎么可以错过？

那么，王阳明是如何管理吉安的呢？

先来看一个故事：王阳明的弟子陆澄跟随他在南京鸿胪寺居住，突然收到家书，说儿子病危，陆澄十分担心、郁闷。

王阳明就对他说："此时正是修心的好时机，如若放过这个机会，平时讲学讨论又有什么用呢？人就是要在这样的时刻多加磨炼。父亲爱儿子，是十分真切的感情，不过天理告诉我们应当适度，超过合适的度就是人欲。许多人在这种时候往往认为按照天理应当有所忧虑，于是就一味地忧愁痛苦，却不知道如此已经是'过度忧患，心绪已然不正了'。大致而言，人有七种感情，感情流露得太多即是过度，流露得太少则是不够。才超过一点就已不是心的本然状态了，所以必须通过调节，使得心绪中正平和才可以。以子女哀悼父母的丧事为例，作为孝子，难道不想一下哭死以纾解悲痛之心？然而圣人却说'哀伤不能害了性命'，这不是圣人要强人所难，只是天理的本来状态就规定了一定的限度，因此不能超过。人只要能够认识心的本来状态，自然一丝一毫都不会有所增减。"

这个故事所体现出的思想正是王阳明心学的精髓之一，也就是人应该在痛苦时刻修行，修行的法门就是适度。领导者的任务是发现问题、分析原因、解决问题。这是个特别复杂的过程，在复杂的过程中，我们往往会在情绪上发生问题，即超越了一个度。

陆澄因为儿子病危而无法回家探望就哀伤。领导者也会因为发现了组织中的问题而焦虑痛苦。此时才是领导者修行的时候，他必须冷静下来，把那些负面情绪控制在一定范围内，然后认真分析问题，最后解决问题。领导者在面对问题时，绝不能逃避，或者把责任推给员工。

领导者的任务就是决策，在决策过程中，肯定会得罪一些员工，而由此受到毁谤和暗箭。很多时候，有些领导者会退缩，但这个时候更是领导者的修心时。

梁启超撰写的《李鸿章传》是一部经典，其开篇第一句话更是经典中的万王之王，这句话就是：惟庸人无咎无誉。

大意是说，只有平庸的人，才很少有赞誉和毁谤。只要你不是庸人，或不甘心平庸而想创建事功，那赞誉和毁谤必然蜂拥而来。

李鸿章就是这样的人，他官居极品，做了很多受人称赞和诟病的大事，临死前，还因世人不理解他而懊丧。极少的人赞誉他为王朝的中兴名臣，绝大多数人骂他是卖国贼、奸臣、贪污犯，凡是你所能想到的"屎盆子"都扣在了他的头上。

梁启超圆睁怒目，拍案叫道："李鸿章是伟人。"

如今我们已对李鸿章有了清晰的认识，他是那个时代最有能力，也最心甘情愿出力的人。他从未因毁谤而不去做事，他有所为，迥然有别于那些不作为的饭桶官员。

人，只要做事，就是个人。反之，浑浑噩噩度日，离人就会越来越远。

在中国历史上，毁誉参半的人不胜枚举：商鞅、王安石、张居正、曾国藩、李鸿章，当然，也包括心学宗师王阳明。

他们有个共同点：心中抱定一个伟大的信念，矢志不移地去行动，不惧人言，只问事情的走向。

在人类历史上，那么多无咎无誉的人，你一个都没有记住，就是因为他们没有在做事。不做事，就如一尊佛像，你能指摘出它什么来？

有人问王阳明："如何避免毁谤？"

王阳明回答："毁谤是外来的，连孔子那样的圣人都无法避免，何况是我们。"

那人再问："那就实在没有办法了吗？"

王阳明回答："有啊，只要你把别人对你的毁谤看作是对他人的毁谤就行，正如你见到有人欺负弱小，虽然很生气，但也不会被气死。"

那人笑了："这是啥方法，逃避吗？"

王阳明叹息道："其实应对毁谤，哪里有那么容易。不过，若想把外来的毁谤不当回事，首先要做的是把外来的赞誉不当回事。倘若你对外来的赞誉很当回事，那你肯定会把外来的毁谤也当回事。如果你对外来的赞誉一笑置之，那你就能在应对外来毁谤时做到不动心。"

人这种动物，就是喜欢别人的赞美，不喜欢别人的毁谤。这就是典型的欲——好善恶恶。

你喜欢某些东西，就肯定厌恶某些东西，如果你什么东西都不喜欢，那自然就什么东西都不厌恶。

所以，应对毁谤有两种方式：一就是浑浑噩噩地活着，少做事；二就是对赞美不要动心，自然对毁谤无所谓。

这就是无善无恶，不对善意动心，自然不会对恶意动心。

当毁谤来时，正好练心，这是王阳明心学的基调。

当然，我们也做如是想：正因为有毁谤来，才证明了我在做事，而不是尸位素餐。**无论是在多大的组织里，凡是那些无誉无咎的人，绝对是很少做事的老油条；凡是那些有誉有咎的人，一定是想要做事的杰出之人。**

毁谤之来，大多在生态环境。当一个生态环境中的很多人都对自己的言行不负责，没有良知，只有私欲时，那些真正做事的人，就很容易受到毁谤，当然也有赞美。

不过，毁谤比赞美要来得多，来得更猛烈。

唯有在毁谤的大风大浪中坚持信念，遵循良知，才能立于不败之地！

说起来容易，做起来难，关键是，你如果真是个做事的人，连事情都做不过来，哪里还有心纠缠于毁誉上？

第三章

用知行合一取得他人的认同

01

修身是最光明的领导力

> 亲吾之父,以及人之父,而孝之德明矣;亲吾之子,以明其明德以亲民也,故能以一身为天下;亲民以明其明德也,故能以天下为一身。夫以天下为一身也,则八荒四表,皆吾支体,而况一郡之治,心腹之间乎?
>
> ——《书赵孟立卷》

让他人臣服你最简易明快的方式是权力,但让他人从心底认同你的方式只有一个,就是认同你的良知。于是,若要得到他人的心,你只能用自己的良知作为武器,不但要全力以赴,更要全心全意地致良知,做到知行合一。

在前面章节中,我们已大致明白了知行合一的意思:遵循良知的指引去行动。在王阳明的思路中,大家都有良知,那么所思所想上人与人之间差别不大。我喜欢吃肉,大多数人也喜欢吃肉,我喜欢美色,大多数人也不会喜欢丑女。我的价值观和大多数人的价值观固然在细节上有不同，然而大体上，大家的价值观是相同的。

所以王阳明认为，良知是可以交换并且共享的。也就是说，当我的良知判定一些事物是善或者恶时，别人的良知对此事物的判定也大致如此，由此我们就可以得到这样的结论：知与行本是一体，领导之法就在你的心中。

先来看一个故事。王阳明在浙江时，有个叫朱子礼的人担任诸暨县长。上任前，他来向王阳明讨教领导之道，但王阳明却跟他谈修心，并没有谈及关于领导力的问题。

王阳明对他说，领导之道就是修心之道，而修心只能从心上求，从你自己心上，而不是从心外的那些被领导者上求。

王阳明具体说了以下六点：1. 克制自己的愤怒（惩己之忿）；2. 窒塞自己的贪欲（窒己之欲）；3. 把自己的个人利益抛在一边（舍己之利）；4. 警惕自己的轻慢之心（惕己之易）；5. 改掉自己身上的毛病（去己之蠹）；6. 彰明自己的本心（明己之性）。

朱子礼到任后，就严格按照王阳明这六个修心办法来管理县城百姓。他本来是半信半疑的，因为这六点好像和管理八竿子打不着，但用心行动后，他发现，这六点的确是管理真经。

我们现在一一来分析：

首先，克制自己的愤怒（惩己之忿）。在任何组织内，领导者眼中都有一些不着调的员工，他们应付工作，有组织无纪律，对组织没有认同感，好像是游荡在组织之外的孤魂野鬼。管理者遇到这种员工时，肯定愤怒。可如果管理者能克制自己的愤怒，冷静下来分析他就明白员工为什么会对一些事情那么厌恶。他们厌恶的事情有很多，但归根结底是工资不高，待遇不好，这就需要管理者在工资和待遇上想办法。

第二，窒塞自己的贪欲（窒己之欲）。每个人都有贪欲，管理者也不例外。如果管理者能窒塞自己的贪欲，你就能明白员工为什么会喜欢一些东西。其实他们喜欢的也是你喜欢的，他们喜欢荣华富贵，喜欢不劳而获，这一切都是贪欲在搞鬼，那么，知道了这点，你就应该以身作则，对不该得到的金钱和诱惑等贪欲有一个节制。当你这样做时，无形之中就会给下属树立一个榜样，下属也会或真或假地这样去做。

第三，把自己的个人利益抛在一边（舍己之利）。人们追求个人利益无可厚非，但如果你是组织中的管理者，那个人利益就应该让位于集体利益，管理者有责任为自己的下属争取最大权益，而不是时刻损害下属的权益。对于下属而言，集体利益固然重要，但个人利益应该更重要，分工的不同决定了对个人利益的看法不同。管理者通过把自己的个人利益抛在一边，知道个人利益是什么后，自然就会知道下属追求的是什么，如同你是个有责任心的管理者，就应该在合法合规的情况下满足下属的追求。

第四，警惕自己的轻慢之心（惕己之易）。很多管理者站在高位时往往会自以为伟大，而不能警惕自己，慢慢就会产生轻慢松散之心。通过警惕自己的轻慢之心，就会明白下属粗心的原因，你在哪里有轻慢之心，在什么时候有轻慢之心，你就明白下属为何会粗心了。另外，你千万不要朝令夕改，否则会让下属无所适从而轻慢你，不把你的话当命令。

第五，改掉自己身上的毛病（去己之蠹）。人无完人，管理者同样如此。管理者的身上也会有这样那样的毛病，但群众的眼睛是雪亮的，你的毛病永远在下属眼里无处可逃。如果你能改掉这些毛病，你就会明白下属的灾祸是什么。下属的灾祸就是他们身上也有和你一样的毛病，这些毛病害人不浅，如果要让他们改正，那就先从你自己开始。

最后,彰明自己的本心(明己之性)。任何人的本心都是向往光明和幸福生活的。当你彰显了这种本心后,你就会知道下属所认同的企业文化是什么。任何一个企业的文化,都必须以善和光明为指导思想,凡是黑暗的、恶的,都要从企业文化中扫除。

据说,朱子礼用这种修心方法在任上修了三个月,居然大获成效。他欢喜地跑来向王阳明道谢,顺便请教修心之道。这一回,王阳明没有和他谈修心,而是和他谈管理之道。

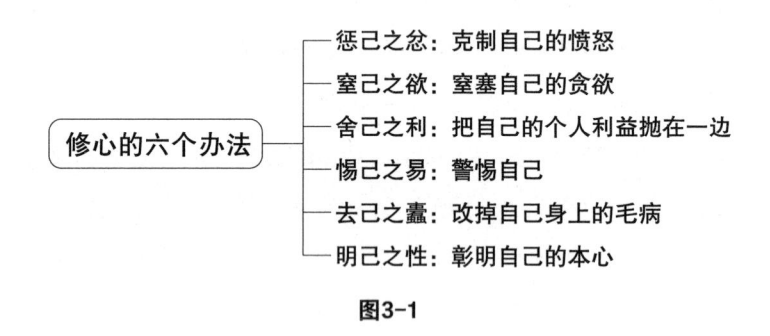

修心的六个办法
- 惩己之忿:克制自己的愤怒
- 窒己之欲:窒塞自己的贪欲
- 舍己之利:把自己的个人利益抛在一边
- 惕己之易:警惕自己
- 去己之蠹:改掉自己身上的毛病
- 明己之性:彰明自己的本心

图3-1

王阳明的管理之道也有六条:1. 治理那些让百姓讨厌的问题(平民之所恶);2. 做那些让百姓喜欢的事情(从民之所好);3. 顺从老百姓的追求(顺民之所趋);4. 对老百姓所忽视的问题加以警惕(警民之所忽);5. 帮老百姓解决困难(拯民之所患);6. 明白老百姓认同的是什么(复民之所同)。

朱子礼开始用这六条在任上进行管理,他通过治理那些令老百姓讨厌的问题,得以克制自己的愤怒;通过做那些让老百姓喜欢的事情,得以窒塞自己的贪欲;通过顺从老百姓的追求,得以让自己把个人利益抛在一边;对老百姓所忽视的问题加以警惕,得以对自己的轻慢之心也有所警惕;通过帮老百姓解决困难,让自身的一些毛病得以改正；明白了老百姓认同的是什么，因而让自己的德性得以彰明。

一年后，诸暨大治。朱子礼感慨地说："我现在算是知道了，治政之道也有助于修身。"再后来有一天，他又向王阳明请教管理和修身的要点。王阳明就告诉他："明明德（修身）和亲民（管理），两者是统一的。古人明明德从而能够做到亲民，同样，亲民能够让人明明德。所以说，明明德是体，亲民是用。而止于至善，不做到极致不罢休，就是要点。"

朱子礼最后总结说："我现在是知道了，修身为什么有助于治政，治政为什么有助于修身，这都和阳明先生所说的良知学说有关系。我信了，止于至善的确是最重要的。"

这里所谓的"止于至善"，就是用心修身，用心管理。管理和修身本就是一回事，修身、修心才是最光明的领导力，这领导力可以点亮人心，使人心所向皆是你。自然而然，你就会获得他人的认同。

日本经营之神稻盛和夫和高管开会时，多次谈到这样的问题：如何让员工认同你这个人，而不仅仅是认同你的职位。他给出的建议是要努力抑制自私的本能，有意摒弃私利。

我们看他人的话语千万不能只看表面，比如稻盛和夫说的"抑制自私的本能"，这是修身，但绝对不是目的，目的是在抑制自私的本能时，知道什么是自私，也就是知道员工的自私是什么，知道了员工的自私是什么，你就能很好地应对它。

稻盛和夫还说，要做到信赖自己的员工，予以尊敬，并且赞赏他们、鼓励他们，给他们一种亲切感，如此才能取得他们的认同。这当然也是从自己修身层面来得出的真理。每个人都希望得到别人的信赖，得到他人的鼓励，更喜欢和那些亲近的人交往，这就是人心，就是良知所使。懂得了这点，就会明白孔子"己所不欲，勿施于人"的真谛，也就知道了该如何做才能得到他人的认同。

稻盛和夫还说："居于人上的领导们需要的不仅是才能和雄辩，而是以明确的哲学为基础的'深沉厚重'的人格。包括谦虚、内省之心，克己之心，尊崇正义的勇气，或者不断磨砺自己的慈悲之心——一言以蔽之，就是他必须是保持'正确的生活方式'的人。"

"正确的生活方式"就是正确、光明的领导力，因为这种力量的源泉正是领导者的良知，能将这种良知付诸实践，就是知行合一。

玻璃大王曹德旺在一次采访中被问到"你对员工如何"的问题。曹德旺毫不犹豫地回答道："我的员工，我都把他视同为孩子一样。"

曹德旺是这样说的，也是这样做的。曾有员工家属患了重大疾病，急需一笔钱救命，曹德旺二话不说，立即无偿捐了200万元。这种方式不仅仅是慈善，更是一种修身。曹德旺经常从自己出发，他会这样想：人在得大病后没有钱，简直可以憋死。所以，他毫不犹豫地拿出钱给这位员工，这就是一种王阳明所谓的修身先从己出发，只要是发自良知的内省，正确判断，你就知道该如何在对待员工上知行合一，取得他人的认同。

我们谈到领导力时，常常会提到移情能力，简单而言就是站在他人角度考虑问题。问题是，如果不从自己修身角度出发，明白对方的问题有多严重，即使站在他人角度考虑问题，也只是个形式。所以，要获取他人的认同，就必须知行合一：先从自己的内心出发，知道对方的心，这才是阳明心学要求的领导力。

在王阳明心学体系中，知行是合一的，天理人欲是合一的，动静也是合一的，看似八竿子打不着，甚至是冰火势不两立的事物居然都能合一，所以，对外的工作和对内的修行，也是合一的，即是说，自我修行是工作，工作就是自我修行。

让我们来看看王阳明是如何解释工作即修行的。他的弟子南元善在担任绍兴知府时，曾和他有过一次工作与修行关系的讨论。和朱子礼一样，南元善也希望王阳明能教他完美的管理之道。

王阳明告诉他："管理的要点在于亲民（为人民服务）。"

南元善就问："如何做到亲民？"

王阳明回答："在于明明德。"

南元善又问："如何做到明明德？"

王阳明答道："在于亲民。"

这看着像是个绕口令，南元善大为不解地问："难道明明德和亲民是一个意思？"

王阳明的回答是："你说得对。明德的意思是，与生俱来、禀受于天的那种人的本性，是明明白白地存在于每个人心中的，是不会看不到的，而做人的万般道理，都出自这个本性。这个本性就是良知。对于自己的父亲，没有人不知道孝顺的；对于自己的兄长，没有人不知道恭敬的。人们对任何事物的感知，都能够自然而然地明白，这是因为人的这种本性明明白白地存在于每个人心中，自古以来对于任何人来说这一点都没有什么不同，也没有谁会看不到，所以叫作明德。但是，人心中的这种明德，可能会被人的私欲蒙蔽。'明'的意思是，祛除心中私欲的蒙蔽，使这种明德，也就是人的本体得以彰明，仅仅如此，并不是说就能使人的本体有所增益。"

南元善再问："那么，明明德的要点怎么是在于亲民呢？"

王阳明回答说："如果你什么都不做的话，心中的明德是不会被彰明的。一个人如果想彰明心中的孝德，那他一定要对父母孝顺，做到了这一点，然后他才会明白地看到他心中本来就有的孝德；一个人想彰明心中的为弟之德，那他一定要对兄长恭敬，然后他才能明白地看

王阳明领导力心法　115

到心中本来就有的为弟之德。君臣之道、夫妻之道、朋友之道，都是这个意思。所以说，要想彰明心中的明德，要点一定在于做到亲民，亲民就是他能明白地看到心中的明德的原因。所以说，明明德和亲民是一个意思。"

南元善说："亲民可以明明德，可以帮助一个人修身，但是，对于齐家治国平天下来说，亲民也有这样的作用吗？"

王阳明回答说："人是天地之心，与天地万物为一体；'民'的意思是，世间万物对你来说都可以叫作'民'；能以天地万物为'民'，天、地、人三才之道当然也就可以兴盛起来。所以说，像对待自己的父亲一样善待天下人的父亲，那么天底下的父子就没有不亲善友爱的。像对待自己的兄弟一样对别人的兄弟也恭恭敬敬的，那么天底下的兄弟就都能够恭敬友爱。君臣、夫妇、朋友，乃至鸟兽草木都亲善待之，为的是尽力按照心中的天性来为人处世，使自己心中的明德得以彰明。这样去做的话，就可以说是使自己心中的明德彰明于天地万物，自然也就家齐国治天下平了。"

南元善问："那么，为什么要止于至善呢？"

王阳明的回答是："过去有的人想明明德，但往往会失于虚妄空寂，对于家国天下没有什么实际的用处，是因为他不知道明明德的要点在于亲民，像佛家道家的思想就有这样的问题；而有的人的确是想亲民的，然而最终却不过是弄一些智谋权术，没有什么仁爱善良的诚心，这是因为他不知道亲民是为了明明德，像春秋五霸那样的功利之徒就是这样的。他们之所以会这样，都是因为不知道止于至善。所以'至善'是明德、亲民的终极原则。人禀受于天的本性是极为纯粹的至善，它那种灵明不昧的特质，就是至善的生发显现，这就是明德的本体，也就是我们所说的'良知'。至善的生发显现，表现在肯定对的、否定错的，这都是我们心中天然自有的，不容许有些微的人为的设计、考量、增益减损。如果稍微有一点设计、考量、增益减损，那就是有了私心和耍了一些小聪明，就不是我们所说的'至善'。可是有的人就是不知道至善之心就在自己内心，而向外去耍一些小聪明，所以才会蒙蔽了内心的是非准则，以至于至善之心奔腾决裂，人欲肆虐，天理灭亡，明德亲民的学问也就变得混乱不堪了。所以，止于至善对于明德亲民来说，就像规矩画方圆一样，就像尺度量长短一样，就像权衡称轻重一样。方圆如果不止于规矩，就失去了准则；如果长短不止于尺度，丈量就会出错；如果轻重不止于权衡，重量就不准确。如果只知道明明德和亲民，却不追求'止于至善'，那就失去了明明德和亲民的原则与宗旨。这就是所谓的大人之学。大人，就是以天地万物为一体的人。只有对明明德、亲民以及止于至善有了正确的认识，才能做到以天地万物为一体。"

南元善最后感慨地说："太妙了！大人之学原来是这么简易。我今天算是知道了天地万物为一体是什么意思了。我今天算是知道了，天下是一家，中国人是一人！'世间哪怕只有一个人没有感受到上天的恩泽，那我也会觉得自己正在苦难中受罪。'伊尹说的这句话算是说到了我的心坎里了。"

亲民和明明德就是一回事，明明德必须去亲民上呈现，如此才能合二为一。**很多管理者在做管理时，恰好忘了管理的要义不是管，而是服务**，如此则会不顾员工的感受制定各种让员工高不可攀的规则，让员工抓耳挠腮，愤愤不平。倘若管理者真能做到明明德，也就是以良知来制定规则，以良知来为员工服务，那就是止于至善，就是将亲民和明明德合二为一，修行就是工作，工作同时也是修行。能拥有这种意识，并能辅助实践，纵然是平天下这样的事也能做到，何况是一个小组织呢!

有个叫赵仲立的官员也向王阳明请教管理之道,王阳明说:"管理一方的职责,以亲民为要,如果不懂得亲民,就不可能治理好一方。"

赵仲立问:"怎样亲民?"

王阳明回答:"明明德可以做到亲民。"

赵仲立继续问,"怎样明明德?"

王阳明回答说:"亲民可以明明德。"

赵仲立问,"明明德和亲民是一回事?君子治理一方,难道像您说的这样就行?"王阳明说:"当然,如果你像对待自己的父亲一样对待别人的父亲,那么孝德就得以彰明、弘扬;弘扬内心中善良光明的德行,像对待自己的孩子一样亲民,就能一心为天下百姓着想;亲民,弘扬了光明的德行,所以能以天下为一身。一旦能以天下为一身,那么八荒四表都是我身体的一部分,何况是一个郡县的治理,难道不更是在心腹之中吗?"

中国古人常称那些地方官员为"父母官",其实正是希望管理者能做到亲民。唯有亲民,才能有意识地为人民服务,才能用真心换真心,才能和员工做到良知的交换。把员工当成自己的亲人去对待,就没有做不好的管理。

领导者在工作中的修行,其实就是在服务员工中进化自己,从而让组织不停地进化。这既是领导力的高超表演,也是获取他人认同的最立竿见影的方式。

02

授权——让下属品尝权力的味道

> 人君端拱清穆，六卿分职，天下乃治。心统五官，亦要如此。今眼要视时，心便逐在色上；耳要听时，心便逐在声上。如人君要选官时，便自去坐在吏部；要调军时，便自去坐在兵部。如此，岂惟失却君体，六卿亦皆不得其职。
>
> ——《传习录·陆澄录》

关于授权，企业谈得最多，如同祥林嫂一样。关于如何授权，几乎所有的企业领导者或是道听途说，或是闭门造车，或是拿来主义，都在半真半假地行动着。

然而，绝大多数领导者都知行不一，他们内心有着无尽的私欲。比如授权可能会失去对团队的控制；一旦被授权人做不好，他还要浪费时间解释、指导和纠正；失去控制后会焦虑，产生压力。对于一个完美的领导者而言，授权一旦出现无法预想的结果，就会让其陷入负面情绪的海洋中，要么降低自己的标准，要么会浪费时间指导和纠正,与其这样不如拒绝多此一举,自己干。

不授权的领导绝对不是好领导,而且也绝对不会得到他人的认同。授权之所以重要,有两个原因。第一,领导者可不必事必躬亲,节省大量时间和精力去做最重要的事;第二,人人都有权力欲望,授权可以满足他人的欲望,如此,才能最大限度获取他人的认同。

我们可以从阳明心学的角度来解析授权。在王阳明看来,不会授权的领导注定事必躬亲,事必躬亲的领导其实是心在逐物。他举皇帝的例子说:"真正可以获取他人认同的君主只是垂拱而坐,六卿各司其职。心统摄五官,也要如此。如果眼睛要看时,心便在追逐颜色上;耳朵要听时,心便在追逐声音上。就好比君主要选任官员时,便去吏部;要调用军队时,又去兵部。如果这样,不但君主失去了君主的体统,六卿也无法各司其职。"

看到没有,领导者授权就像任命六部最高长官,让他们按照法律和良知去做。而领导者不授权,就变成了领导者既是皇帝,又是六部长官。据说蒋介石当年作为中国最高领导,居然会直接指挥军队中的营级长官。如此做的后果就是,你累个半死不说,被你侵占权力的人还非常不高兴。

王阳明所谓"逐物",说的就是企业中那些不肯授权、事必躬亲的领导者。任正非说过,领导者被他人认同的最大源泉不仅仅是有处理问题的超级能力,还会让下属也感受到自己有处理问题的超级能力。人的能力一旦得到释放并被肯定,自然而然会由衷地感谢授予他权力的人。

所以说,授权是取得他人对你认同的最有效、最明快的方式之一。按照王阳明"知行合一"的理论来讲,你的良知喜欢用权力为自己获取价值,你自然要想到别人的良知也是如此,满足他人就是行动，是为知行合一。

当然，授权不但是门技术活，还是一门心法。如何正确、精准地授权，使组织运转如飞，得到下属的认同，领导者必须处心积虑，像狐狸一样狡猾，再像豹子一样迅疾精准，才能心想事成。

西方管理界的大师级人物德鲁克在谈到领导者授权时说："每个领导者无论大小都在抱怨没有时间，或时间被别人占用，而没有带来真正的效益。其实领导者的时间，天然不属于自己，而是属于组织。"这段话非常老到，一方面说明了领导者必须授权，才能产生真正的效益；另一方面则暗示，领导者授权给下属是天理，因为领导者的权力不来自领导者本人，而是来自组织，领导者的权力绝不是自由独立的，它是组织永远的孩子，它始终在组织中流动。**蠢材领导者和聪明领导者的区别就是：聪明的领导者让它流动（授权），蠢材领导者则堵截它，或者据为己有。**

王阳明的军功中有一项是南赣剿匪。南赣地区的山匪横行百年，中央政府屡屡派人去剿，有的无功而返，有的小功不计。王阳明后来总结了这些剿匪司令无法成功的缘由——授权问题是最大的问题。

中央政府派到南赣的剿匪司令（南赣巡抚）并非官职，"巡抚"是个差事，所有剿匪司令的职务都是御史，御史的权力微乎其微。皇帝在让御史来做这件事时，御史本人只能得到皇帝私下授予的权力，其职务本身的权力几乎没有，比如独立的军权，剿匪司令就没有，他进行任何军事行动前都要和各地军政长官商议，而不是命令。

王阳明后来就指出，皇上授权必须遵循一些原则，第一，确保任务和最终的成功标准是明确的，也是可以量化的。当时皇上授权某御史到南赣剿匪，成功标准不明确，也不能量化，似乎只要去和土匪打几场仗，就算是完成了任务。王阳明说，剿匪成功的标准是彻底平定

王阳明领导力心法

匪徒，让匪患不再死灰复燃，如果有这样的标准，那才符合授权的第一条原则。

授权的第二条原则是，当你授权给某人或者某团队时，一定要让他们自己清楚明白地告诉你，他们认为的结果是什么！王阳明虽然认为人皆有判断精准的良知，可大多数人的良知没有那么光明，所以你绝对不能指望你说了什么，他们都可以听明白。

授权的第三条原则是，你所授权的对象必须有能力和资源来完成你交代的工作。在许多组织中，领导者授权常常所授非人，不但把事情搞砸，还会让那些有能力却没有得到你授权的人心灰意冷，如此，没有人会认同你，自然也不会追随你这个窝囊废领导。

所以，现代企业组织对授权对象的摸底是重中之重，领导者在授权给目标时，一定要对目标进行全方位无死角的判断，比如业务水平、工作业绩、应变能力、人品等，而人品又是重中之重，特别是在中国社会，任何组织都重视人品，也必须重视人品，这是传统文化中的"学以成人"的要求。当你授权给人品上乘的人时，会让其他人认可你的授权行为，也会认可你的人品。

王阳明之所以能建立超级事功，就在于他具备反向思维，他认为皇帝应该授权给他的原则是什么样子，比如其中有一条就是，领导者应该给授权对象提供必要的帮助，但不要时时干预。当授权对象寻求帮助时，最聪明的领导应该是先让授权对象提出解决方案，如此既能让他们从中学习，又能让他们刷存在感。这就是授权的第四条原则，用王阳明的说法是：勿忘勿助，"勿忘"是应该提供帮助；"勿助"是不要时刻干预，就像树苗，浇水灌溉免不了，可每天浇灌几十次，树苗就会被你活活整死。

授权的第五条原则是，你要授权给下属有意义的工作，如果授权只是帮你订个蛋糕，找个娱乐场所，或者是打扫一下你的办公桌，这不叫授权，这叫作践下属，当然也是在作践自己。但凡有点良知的人都有上进心，他们希望能在你的领导下快速提升能力，让他们对自己的人生有个交代，但琐碎的事无法让他们成长，他们会认为你把他当成了只能擦桌子的仆人，如此，不但不会跟随你，反而会离你而去。

授权的第六条原则是王阳明所谓的"天理人欲两全法"。被授权人必须感觉掌握了天理——你授予的权力对他而言就是天理。拥有天理的人必须尽到存天理的责任，最后得到人欲。用今天的说法就是"责、权、利"必须三合一：给人以权力，必须让他明白自己只有尽了责任，最后才能得到利益。另外，提醒授权对象：不要越权，只有在许可的权力范围内尽你之责，才有好处，一旦越权，就会有惩罚。

授权的最后一条原则是控权。权力固然是流动的，但毕竟是从你这里流出去的，所以你必须掌控权力之流，不要让它泛滥成灾，给自己和组织带来灭顶之祸。

控权不是像盯贼一样盯着授权对象，只有当出现授权对象无法解决的困难时，你才站出来。另外就是出现异常的人员变动、资金异常、质量事故、效益下滑、不能如期完成等情况时，授权者一定要及时过问，听取汇报，这就是控权。

领导者遵循控权原则，说明权力虽然流出，但源泉仍然在你手中。所以千万要明白一点：你授予他人的是权力，而不是你本人应负的责任。中国古代有句格言叫：兵熊熊一个，将熊熊一窝。说的其实就是，凡是你的授权对象搞砸了，只能说明你是个狗熊货色，根本怨不得别人。

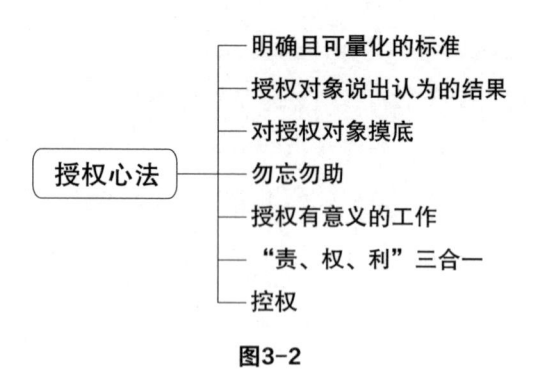

```
                    ┌── 明确且可量化的标准
                    ├── 授权对象说出认为的结果
                    ├── 对授权对象摸底
        授权心法 ───┼── 勿忘勿助
                    ├── 授权有意义的工作
                    ├── "责、权、利"三合一
                    └── 控权
```

图3-2

若想让下属认同你，团队从心底把你当成真正的领导者，你在授权的同时必须有担当责任的勇气和良知。

在王阳明心学的思路中，领导者授权给他人，其实是良知的转移。人对权力的欲望是无穷的，而且有时候不择手段也要获取，根本原因在于，权力可以改变他人的意志，权力可以决定他人的生死（企业中其实也是如此残酷），权力可以不需要倾听。

让他人品尝到权力的滋味，就像是把一块晶莹剔透的水果硬糖放在了蚂蚁鼻子前，蚂蚁必趋之若鹜。要他人品尝自己喜欢的东西，这就是良知判定下的符合天理的行动。

有人曾问联想的创始人柳传志："您和任正非的区别在哪里？"柳传志回答："我不如他的地方就是，任正非比我敢冒险，他确实从技术角度一把敢登上，他是走险峰上来的，他摔下来的时候会很重。我基本上领着部队都是行走五十里，安营扎寨，大家吃饭，再接着往上爬山。"

话里话外，透露着一股子不服气。但柳传志所谓的"冒险"其实不能从字面意义上来理解，任正非的"冒险"是敢于授权，他不懂科技，却敢把科技大权全部授出去。这就是授权的好处：按良知行动，收获必多!

最后,我们回到王阳明的那段关于"逐物"的比方。你终究会发现,做领导人是件特别辛苦的事,只有那些体力好、意志力顽强、心中有光明良知的人,才能把一个组织带上巅峰。而大多数领导者在人类社会最终只是混个脸熟,根本原因在于,在享受权力带给自己的各种花式按摩后,他很难真心实意地遵循授权七原则,一方面他觉得自己是最牛的,即王阳明所谓的"傲慢";另一方面是,有的花式按摩让人痛并快乐,领导者既看到了痛又看到快乐,所以他不相信别人能享受快乐而不迷失,更不相信别人可以承受痛苦。

所以,愚蠢的领导者都一副忙得四脚朝天的样子,什么事都要参与下,团队成员跟随他就好像是一群工具,而不是人。"逐物"就是如此,像是个在小区中翻找垃圾的人,到处翻、到处搜,最后连自己是谁都忘记了,眼中和心中只有垃圾。

03

有效沟通——交换良知而不仅仅是事实

（弟子）为先生道途中讲学，有信、有不信。

先生（王阳明）曰："你们拿一个圣人去与人讲学，人见圣人来，都怕走了，如何讲得行？须做得个愚夫愚妇，方可与人讲学。"

——《传习录·钱德洪录》

让他人认同你的最简便方式是，让他们把你当成自己人。如果要让对方把你当成自己人，你就必须将自己的想法很好地让对方接受，如果对方不明白你在说什么，或者是认为你讲话虚伪、模棱两可，他们就不会认同你。所以，有效沟通是领导力的硬性指标。领导者如果没有有效的沟通能力，那很难让人追随并认同你。

从字面上看，"沟通"一词由"沟"和"通"两个字组成。务农的人都知道，庄稼地要有垄和沟，高为垄，低为沟。干旱时节，若要让水在地中流通起来，"沟"必须是平的，不能忽高忽低，这就说明，沟通的本质，是把沟通对象的意见和自己的意见形成一条直线，如此才能发生有效沟通。

曾经的万通董事局主席冯仑对于沟通有这样的见解：作为领导者，你必须掌握四种语言：学术语言、官场语言、商场语言和江湖语言。见到什么样的人说什么样的话，如果对方和你谈学术，那你就要用学术语言来沟通；如果对方是政府领导，那你就采用官场语言来对付他；如果跟外国人谈生意，就应该用商业语言来交流；如果和兄弟瞎侃喝酒，那就用江湖语言。

这就是沟通的原则。王阳明说，良知是"易"，"易"就是变：随情景而变，随不同的人而变，但前提是你要坚守自己的良知。这个良知就是：在无伤大雅的情况下，我们可以尽情尽心沟通，让对方和自己处于同一水平线上。就像是你和沟通对象在山的两边挖洞，必须不停地和他沟通，才能使山洞最终沟通。

在这一点上，王阳明当然是沟通高手中的高高手。《传习录》中记载了这样一个故事：弟子王艮出门归来说："我看到满街都是圣人。"王阳明郑重地说："你看满街都是圣人，满街的人倒看你是个圣人了。"

而弟子董云外出归来，也说了和王艮一样的话："我看到满街都是圣人。"王阳明却轻描淡写地说："这不过是平常事，有什么好奇怪的？"

同一句话，王阳明的回答大大不同，根本原因在于说话的人不同。王艮是个有锋芒和棱角的人，他的"满大街都是圣人"充满了惊奇，对从前的傲慢有所警醒，所以王阳明才说，满大街都是圣人，你也是圣人，这正常。王阳明的思路是，别让王艮矫枉过正，把自己看轻了。

而董云愚笨，恍然有所领悟，所以王阳明只是轻描淡写，意思是满大街都是圣人只是常识，你还需要努力！

王阳明的许多弟子到民间去传播阳明心学，回来后垂头丧气，因为许多人都不信。王阳明一语道破他们的沟通心法有问题："你们一个个都扮作圣人去跟人讲学，别人看到圣人来了，都害怕逃走了，怎么能讲得通呢？必须扮作愚夫愚妇的模样，才能与人讲学。"

然后，重点来了！有弟子拍他马屁说："如今要分辨人品的高下最为容易。"

王阳明问："何以见得？"

马屁弟子回答："先生好比眼前的泰山，如果有人不知道仰望先生，大概就是不长眼的人吧。"

王阳明回答："泰山不如平地广大，平地有什么值得仰望的？"

这段对话看似是讨论圣人和庸人，其实讨论的是沟通艺术。我们在沟通时千万别高高在上，自命不凡，如同泰山一样，人人都看得见你，可你要知道，泰山再大，也没有地球表面上的平地大。和平地沟通，搞成泰山那样，非但不能完成沟通，反而会适得其反。

领导者在和他人沟通时，千万要有这样的意识：你和对方交换的不仅仅是事实，甚至不是命令，而是良知。**良知理论认为人人平等，人人都应该和对方站在平等的位置上进行交流沟通。**人类这种有情感的动物，很多时候无法接受理性建议，却能接受情感，而良知就是直指人心的情感。

被王阳明誉为第一圣人的孔子，对沟通心法了如指掌。他曾经坐车出游，马突然脱缰啃吃了路边的庄稼。庄稼的主人很恼怒，捉住马要宰掉吃肉。孔子指挥车夫去谈判，但弟子子贡非要一展身手，孔子只好由他去。一会儿工夫，子贡垂头丧气而回。孔子让车夫上阵，车夫和农夫聊了一会儿,农夫就把马还了回来。

子贡大惊说:"一个车夫居然有如此力量?"

孔子告诉他:"村野之人是听不明白大道理的,这就如同用敬神的供品去让野兽享用,用最肃穆高雅的《九韶》乐曲去让飞鸟快乐一样。"这句话其实还可以这样理解:钢琴家不能对猪谈交响乐,浪费时间不说,猪还不高兴。若要和猪沟通顺畅,你自己先要变成一头猪。

王阳明和孔子的故事告诉我们,当我们和别人沟通时,不仅在语言上,还要在身份上和对方处在同一平等位置上。你必须和对方的频道一致,才能产生沟通效果,否则,就是鸡同鸭讲。

在任何一个组织,尤其是企业中,大大小小的领导者在与人沟通上花费的时间至少是其工作时间的一半以上,领导者需要和团队中各种各样的人打交道。所以,领导者一定要懂点沟通心法。

普通人的沟通心法和领导者的沟通心法大相径庭。由于领导者负有领导团队的责任,所以其99%以上的沟通其实是说服团队成员,令其让步、服从和改变。简单而言,就是领导者必须具备所向披靡的柔性说服力,调动团队成员的执行力,为组织服务。

按照王阳明心学理论,任何人绝对不可能被他人说服,如果他人被你说服了,只能有两种情况:一是口服心不服;二是他自己的良知说服了他。

领导者必须避免第一种情况,尽力掌握让第二种情况出现的心法。

第一,寻找共性。你如何快速赢得他人的基本信任?只需要让他感觉到"我也是这样的"。你可能喜欢喝酒,而当你把自己的这个爱好说给喜欢喝酒的人听时,他就会产生"啊,我也喜欢喝酒",如此就拉近了距离。人性中有这样一条与生俱来的天理,那就是,所有人都喜欢那些喜欢自己的人。作为领导者,你要抓住机会去说服那些喜欢你的团队成员，重点强调你和他的相似之处。西方心理学把这种行为称为寻找共性（与他人的共同点）。王阳明则认为，这是良知在某些情境下的自然流露，等于说，当你和对方有共同点时，你们各自的良知就开始了流动交融。

第二，类似性榜样。正如孔子让车夫去说服农夫而大功告成一样，大多数人都喜欢和自己类似的人，这种"类似"在团队中主要表现在身份的平等：员工对员工，副主任对副主任，等等。当领导者要说服一个人时，挑选与说服对象同等身份的人会有奇效。人们之所以在平凡人中树立雄伟的榜样，原因就在这里——大家很容易受到类似自己的人的影响。

第三，让他自己说出来。几乎所有人都希望自己的承诺和行动是一致的，尤其是他的承诺公之于众后，他们会发自真心地坚守承诺付诸行动。所以说服一个人时，必须让他暴露在众目睽睽之下，让他对着所有人许下承诺，逃无可逃。

第四，动用你的能力权威。服从权威是人类的共性。许多人都能听从专家的意见，这缘于人类从良知出发，对知识和思想的信任。当你无法说服一个人时，能力权威就能派上用场，而且也只能在能力权威上动脑筋。当然，这一招心法用起来肯定有效，但不能经常用，否则就会让人误解你没有人情味，卖弄能力。

第五，少即是多。古语云，物以稀为贵，所有人都希望更多占有自己缺少的东西。倘若你能让被说服对象意识到某种正在争夺的资源在迅速减少，那么，你就完全可以以此为说服的筹码，让他缴械投降。

这五种方式，我们称其为心法而不是技法，原因在于王阳明所谓的"你不可能说服别人"。别人被你说服，心服口服，只是他们的良知中本身就有你要说服的内容，因你之"启发"，所以其良知迸发出光芒，同意了你的意见。

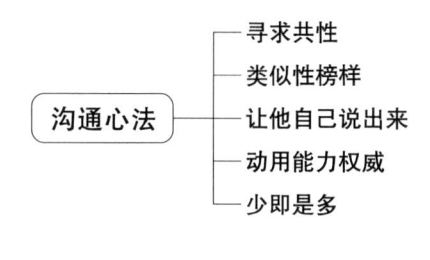

```
                ┌── 寻求共性
                ├── 类似性榜样
     沟通心法 ──┼── 让他自己说出来
                ├── 动用能力权威
                └── 少即是多
```

图3-3

最后要说的是，按照王阳明心学中人心分为人性和情感两部分的理论，领导者需要明白的是：沟通的核心固然是事实（人性），但润滑剂却是情感（良知）。

没有了基于良知的沟通，纵然得到了想要的结果，别人也只会口上屈服，内心不服，因为你们没有进行良知的交换、流通。

04

把有趣的灵魂注入团队

> 王汝中、省曾侍坐。
>
> 先生握扇命曰:"你们用扇。"
>
> 省曾起对曰:"不敢。"
>
> 先生曰:"圣人之学,不是这等捆缚苦楚的,不是妆做道学的模样。"
>
> ——《传习录·黄省曾录》

人生是痛苦的,若想坚持到最后,必须有快乐的调料。这调料就是灵魂要有趣,即是说,要做个拥有有趣灵魂的人。王阳明曾说,良知是活泼的,致良知就好像是鱼儿在水中跃出水面,这就是有趣。人人都喜欢和有趣的人在一起,他能给你那死水般的人生以刺激,让你的心灵受到喜悦的震撼和滋润。

对于一个领导者而言,若要取得他人心底的认同,就要把有趣的灵魂当成领导的必修课。相比普通人,领导者不但要自己有趣,还要把有趣的灵魂注入团队中，使你所带领的团队变得有趣。

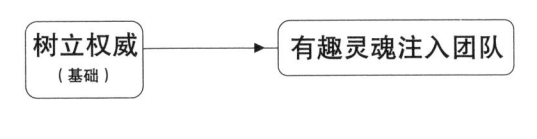

树立权威（基础）⟶ 有趣灵魂注入团队

图3-4

然而作为领导者的第一戒是，倘若你还没有树立起绝对权威，有趣的你可能会成为团队成员中的"小丑"，所以把有趣灵魂注入团队的基础是你必须拥有权威。雷军未创建小米时已闻名江湖，实力万众瞩目，所以他能把自己的有趣轻松地注入团队，使小米团队看上去像个高深莫测的"马戏团"。

从思想史角度来说，以朱熹为代表的理学家和以王阳明为代表的心学家在有趣的灵魂上形成鲜明对比，理学认为人生应该绝对严肃，不苟言笑，而心学家则认为人生应该有趣，因为"有趣"才是良知的基本内涵。王阳明和弟子们常在一起探讨学问。有弟子穿得一本正经，正襟危坐，由于天气太热，那人满头是汗，却不肯擦拭。王阳明就递给他一把扇子说，请用扇。

那名弟子诚惶诚恐，急忙摆手说："不用不用。"

王阳明就看了看天说："哎呀，这天可真是热，你就不热吗？"

弟子回答："热啊，但我觉得在老师面前挥舞扇子，有点不敬。"

王阳明笑道："圣人不是这等捆束样子的，太过正经，就是伪了。"

第二天，那名弟子穿了罗汉衫，摇着把蒲扇就来了。

王阳明又说："你这有点矫枉过正了。"

弟子说:"那我到底该怎么办?"

王阳明哈哈大笑说:"关键在'格物',要正念头,这个念头就是自然而然,当你自然而然时,有趣自然就呈现了。"

从王阳明的话中可以大致猜测出,所谓"有趣",其实就是真实,率性而为。但所谓真实,其反义词并非虚伪,而是"人为"痕迹。

谈到西汉帝国军界风云人物,大家都会想到卫青、霍去病,更会想到李广,但很少有人会想到一个叫程不识的军官。程不识和李广是同时代人,都是名将。但显然,程不识的名气远不如李广,两人在领导力上是两个极端。

程不识管理军队过于严谨,他的部队绝对是纪律部队,指挥系统严格,安营扎寨章法周密。行军过程中,纪律严明,甚至规定上茅房的时间。程不识善于防守,当他扎营后,前后左右排兵布阵都有严苛规定,士兵稍有溜号,立即会受严惩。所以在程不识手下做事,毫无快乐可言。

李广则大大不同。他和士兵打成一片,大家都是兄弟,只有在战斗中,才有指挥官一说,平时管理涣散,好像是散兵游勇。可一旦打起仗来,个个争先,人人奋勇。许多人都喜欢跟着李广,对程不识敬而远之。

李广和程不识都是盖世名将,但李广在后人心目中的影响力远高于程不识,原因很简单,匈奴经常和李广打架,但很少去招惹程不识,因为匈奴人知道程不识纪律严明,防卫强大。

那么,问题来了,领导者该向谁学习呢?司马光一针见血地告诉我们:学习程不识,虽无功,犹不败;学习李广,鲜不覆亡。

意思是,程不识容易学,但李广难学。然而,司马光有一目了然的局限性。首先，他从军队领导人的角度来审视李广和程不识。孙子说过："兵者，国之大事，生死之地，存亡之道，不可不察也。"所以，领导军队肯定要学程不识，但如果做企业领导人，尤其是现代企业的领导人，程不识不可学，只能学李广。

很多人都说商场如战场，可商场毕竟不是战场，战场上要么肉身死亡，要么让别人肉身死亡，属于不是你死就是我亡的决斗。商场就要温和许多，从来没听说哪个企业倒闭了，企业领导人和团队就必须死的事情。所以，企业应该是充满趣味的一个组织，而绝不能是一丝不苟、板着脸的军队。

另外一点，当今时代的员工绝不可能接受板着一张死脸、如同机器一样的领导者，即使是殡仪馆的领导人，也没必要如此。现在的人都很有趣，所以他们喜欢那些有趣的领导，自然更喜欢那些可以把有趣带给团队的领导人。阿里巴巴的马云就是这样的领导人。

仅从外观审视，马云就是个有趣的人。在日常生活中，你会发现有趣的人都有个一致的特点，那就是能说会道。马云的口才相当了得，然而却一本正经地说自己是个笨嘴拙舌的人，这就是他有趣的地方。

马云初创业时，纠集了十八个伙伴，称为"十八罗汉"，乍一听不像是做企业，而是要闯荡江湖替天行道。创建阿里巴巴后，马云命令每个员工都要有个江湖绰号，这些绰号都来自以金庸为主的武侠小说。江湖绰号必须是正面的，此时的马云可能真就把自己当成了扶弱惩恶的大侠，而阿里巴巴的所有人都是批量生产的英雄豪杰。马云自封为大侠风清扬，现任掌舵人张勇则成了逍遥子。

这些绰号不是可叫可不叫的，进入阿里巴巴的每个人有了这样的绰号后都需要上报给人事部，人事部的同事会把绰号输入公司系统，

王阳明领导力心法　135

同事之间都以绰号相称。所以阿里巴巴企业中，你经常会在同事互相称呼时感觉像是穿越到了古代江湖。——实际上，"阿里巴巴"这四个字就是个很有趣味的名字，它让人联想到四十大盗，联想到很多有趣的人和事。

和现实完全脱节的各种"绰号"给阿里巴巴人增添了无数趣味，如果要问阿里巴巴的文化特点是什么，那从取"绰号"这件事情上就可以得出这样的结论："有趣"就是阿里巴巴的企业文化。

王阳明肯定是个有趣的人，从他对学生举止穿着的指点就可以判定。1519年他和朱宸濠在鄱阳湖上决战时，前线血肉横飞，湖水惊涛拍岸。他在前线指挥了一会儿，突然跑回办公室，邀请还没有吓傻的学生来听他讲课。

有弟子说道："都什么时候了，您还要授课，好大的瘾。"

王阳明却说："我刚才看到朱宸濠在他指挥舰中露了下头，马上就缩回去了，颇有乌龟神韵，我看他必败无疑，咱们先庆祝他失败，赶紧听课。"

他讲课的内容是：良知是自由自在飞翔的鸟、良知是活蹦乱跳的鱼、良知是有趣的心灵。

这种讲课方式很有江湖大师的风范，所以弟子们都没有认真听。不过王阳明说"良知是有趣的心灵"这个论断，却能给领导者以深刻启发。

王阳明心学是让人打开心境的一门学说。很多人都会受流行于人世的概念、理论以及成规的限制，不敢突破心境，最终把自己活成了半死不活的模样。

什么是心境，王阳明说心外是无物的，你所见所闻甚至是所思所想其实都是你心内之物，你心外什么都没有。其背后逻辑是：人万不可受外在的概念、理论和成规的束缚，你必须从心出发，从良知出发来破除外在的概念、理论和成规。

"企业"就是个概念，从这个概念中引出其理论：企业是以有规章，以盈利为目的的组织。自有"企业"以来，无数人给它制定了许多成规，成规反过来控制了无数企业家。这些成规就包括：企业就应该是有等级的，人人都应该以工作为目的而不能以享乐为目的，它拒绝趣味，厌恶游戏，似乎有趣味后，企业就会倒闭。

如此，很多企业家都把企业当成了盈利的工厂，员工则成为工具中的零件，而零件根本不需要趣味。

站在王阳明心学的角度来谈企业趣味，那就是，企业也只是个组织，凡是人类在其他组织中可以享受到的乐趣，在企业中也应该存在。优秀的企业家绝对不能让"企业"这个概念捆住自己，而是要突破这个概念。

倘若认可了这样的理论，那么领导者给自己团队注入有趣的灵魂，就是再容易不过的事情了。

比如纳入制度的年会。年会可分两次，年中一次，年末一次，每次年会都要让员工以各种方式表演和工作有关的节目，这些节目必须以讽刺为主，而且必须吐槽老板。

再比如设置各种规定，星期五下午所有人不允许讲话，交流要通过邮件；让员工轮番邀请自己的父母来公司给其他人做菜；给员工提供音乐、美术、跳舞等课程；每个季度结束后与他人随机调换座位；把公司布置成不像公司的模样。

当然还有阿里巴巴的绰号制度，也很值得学习。人的名字其实就是标签，但这种标签是你父母给的，公司给员工标签，会让员工产生公司似乎是再生父母一样的感觉。

王阳明领导力心法

有趣的灵魂源于内心,它不是郭德纲雕刻出来的相声段子,更不是自以为幽默的黄色笑话,它是人类在紧张中而不是紧张之余放松的最佳方式,这是一种心灵的放松,也是良知的展现。企业领导人不能不知。

05

你不能指望所有人都认同你

> 恶人之心，失其本体。
>
> ——《传习录·陆澄录》

王阳明虽提出"善即良知""人皆有良知"，可当有人问为何世间还有恶人时，他也只能说，恶人是失了心之本体，这里的心之本体就是良知。此"失去"应该指的是良知的功能失去了，但良知还在。

十恶不赦的人也知道什么是善什么是恶，可他知道却不做，这就是典型的知和行背道而驰，知行不一。按照这种思路，王阳明把人分为三种，**第一种人本身就是火，他可以自我燃烧；第二种人是木头，必须靠别人来点燃；第三种人是石头，很难燃烧，若要燃烧，必须用三昧真火，耗费精力之大，难以想象。**

在任何一个组织中，都有这三种人，西方人玄玄乎乎搞出了个"262法则"，意思是，组织中有20%的人是肯和你奋斗的精英；60%的人是中间派；最后20%的人则是"烂泥"。这和王阳明对人的三种分法大致相同。

→ 和你奋斗的精英

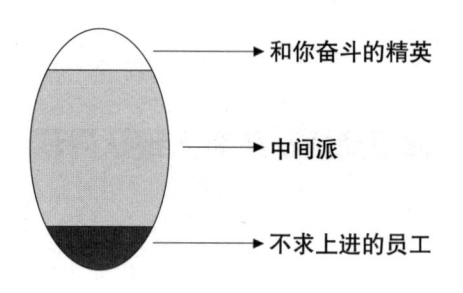

→ 中间派

→ 不求上进的员工

图3-5

领导人不可能得到团队所有人的认同，所以高明的领导人惯用的方略是，照顾好肯和你奋斗的20%，争取那不上不下的60%进入这20%中来，剩下的20%可以忽略。

领导者应该通过精准的观察力对这三种人在企业中的特征进行素描。

头部20%的人大多是这样的：他们自愿遵从企业的各项规定，明白企业制度的职责所在，并谨守其意义；亲身体验必须由其决定的具体情况，做到知行合一；始终追随领导的脚步，把工作当成使命，在工作中保持着人性化和有益性。

腰部60%的人是这样的：他们始终服从领导的命令，但没有自我奋斗激情，好像是领导者的傀儡，从企业成绩的角度而言，他们按部就班地为企业创造了价值，可也只是按部就班而已。他们看上去很勤奋，没有远大理想，工作只是混口饭吃。无论是对企业还是领导者，他们的评价永远都是"还可以吧"。他们为企业和领导者奉献的永远是冰山一角，庞大的冰山本体绝不会出现，不是他们不想，而是找不到理由说服自己呈现冰山本体。

尾部20%的人就是非常奇葩的存在了。他们的内心被空虚感和无意义感占领，变得懒散、肤浅和生无可恋。对于他们而言工作就是坐满办公时间。他们要是发现谁工作很积极，那就会不遗余力地嘲笑。他们办事犹犹豫豫，能拖就拖，把所有事情都弄得含含糊糊。他们总是消除困难，而不是解决困难。让人等待、推迟、回避、拒绝是他们的拿手好戏，你经常能听到他们对企业的恶劣评价，好像不这样，就显示不出他们的存在意义。

很多时候，当我们知道问题在哪里，而且把问题很清晰地表达出来后，事情其实已经成功了一半。按照王阳明的"知行合一"理论：把问题清晰表达出来就是"真知"，"真知"必能"行"。

对于头部20%的员工，他们本身就能自我燃烧，领导者只需要静静看着他们做事，在适当的时候赞赏他们即可。而对于腰部60%的员工，领导者就要拿出适宜的激励措施来让他们挤进头部员工阵列，至于尾部20%的员工，有人认为最简单有效的方式就是开除。

但卓越的领导者即使开除员工，也必须具备一定的功力，至少在表达上不要显得那么咄咄逼人。华为的任正非开除平庸员工的理由是：优化企业内部结构，所以必须先从优化员工结构开始。

然而，仅仅对尾部20%的人一开了之，恐怕还不能从根本上解决问题。因为按照"262法则"，你开除了尾部20%的人，组织内还会产生20%的人，这是一个在运动中稳定的态势，不是人力所能改善的。

所以，聪明的领导者一方面用开除的技法，另一方面还是要使用改善"262法则"的心法。

心法一，先要正视"262法则"，即是说，你摆脱不了这种法则，此乃天命。领导者必须看到事物的真实情况。虽然面对现实可能是痛苦而令人恐惧的,但如果领导者拒绝这样做而学鸵鸟把头插入沙土中,就无法在精神和实践层面行使自己的职责,做不到知行合一。

心法二,王阳明所谓的善恶,指的不仅仅是在行为和世俗意义上的善恶,这里的善是中庸,恶是过或者不及。员工中的恶大都是不及,对工作的热情不足,对组织毫无认同感,好像他们天生对工作和领导者不敏感,如同僵尸。有人问王阳明,如何对付恶人。王阳明的回答是,不要激发他的恶。这句话并非是指我们对恶不闻不问。在王阳明看来,恶人也有良知,既然有良知那就有羞耻心,比如你对一个强盗说他是强盗,他的羞耻心会被激发,肯定羞愧难当,然后就会释放更大的恶。王阳明对待恶人的方式是做好自己的事,只要你做好自己的事,就能"兵来将挡水来土掩",恶人见到君子,会自发产生恐惧。尤其是在组织中,恶人看到出色的领导人,在自惭形秽时往往会躲避你。所以,千万不要把怒气和精力放在恶人身上,因为这不值得。

心法三,把头部20%的人和尾部20%的人调整到一起,人数比最好做到2∶1(头部2,尾部1),你不需要给他们立什么规矩,也不必担心尾部的人会带坏头部的人,你只需要让他们按照平时的行为方式继续进行就好。用王阳明的思想来说,人皆有良知,他们会从别人身上发现这点,然后自发地去效仿。倘若两个月后,尾部的人中还有"烂泥",那就使用必杀技——开除。

心法四,腰部60%的员工才是你应该主动争取的对象。他们可善可恶,把精力放到他们身上,才更能让人快速发现你的领导力,才会让更多的人认同你。理由很简单:点燃一根木头付出的成本要远小于点燃顽石的成本。当然最重要的还是头部的20%,任正非有句名言叫"给火车头加满油",就是要把钱砸给牛人,砸给绩效考核最好的那批20%的头部员工。这种方式的优势在于：当头部20%的人拿到的钱是其他人的5倍，甚至10倍时，自然会让后面的人羡慕，他们肯定会玩命干。火车头动力大了，整个火车自然也就跑起来了。

中国的圣贤和佛有个很大的不同之处，圣贤虽然主张对所有人进行道德教化，但有个亲疏意识，先易后难。佛则不同，佛似乎专门喜欢教化那些拎着屠刀的恶人。按照王阳明的说法，只要让一部分良知还没有彻底泯灭的人存住一分天理，天下就会少一分人欲。认清现状，把精力放到最有良知潜力、最容易成功、最能转化最大价值的人身上。这就好像炒股，必须选择头部股票，偶尔选择下腰部股票，只有傻子才先去选尾部股票。又如产品，一个企业必须把全部力量用到销售最好的产品身上，持续不断地为其赋能，而绝不是大锅饭般的平均主义，无论是好产品还是坏产品，都投入同等精力和物力。

这并不是投机取巧，而是提高效率。人永远不能把精力放到"烂泥"身上，真正聪明的领导会把所有精力放在优秀的人身上。企业不是佛门圣地，没有义务教人为善去恶。企业是把善最大化的组织。所以，领导者一定要有这样清醒的认识：不要指望所有人都是头部那20%，无论你的企业是名动天下的华为还是享誉全球的阿里巴巴，内部的员工结构都被"262法则"掐得死死的。

由此，卓越的领导者可知，不能指望所有下属都认同你，你又不是人民币。你只需要做到让头部20%的人和腰部60%中的一部分人认同你，你就已经是伟大的领导者了。

王阳明说："世人毁谤我又如何？看我弟子团团围坐，我将那些人的不认同当成浮云。"

无论是任正非还是马云，抑或是西方的企业哲学家们，都认为带团队是件特别耗费精力的事，会让领导者陷入泥潭不能自拔。据说，

王阳明领导力心法 143

领导者在团队成员身上花费的时间要远远多于花费在产品研发上的时间。或许，这些世界上最聪明的领导者还是没有搞明白一点（也许只是假装不明白）：无论是人生还是组织，都是"好事多磨、美中不足"的。

06

道、术、德、仁、食、俭：领导者的步步生莲

良知即是《易》。

——《传习录·黄以方录》

领导者若要取得他人发自内心的高度认同，一方面与领导者的个人素质相关，但另一方面也不能忽视技法。一定要明白的是，领导力不是一门科学，也不是一门技术，而是一门艺术。这个艺术的魂就是"变"。王阳明说，良知就是"易"，"易"就是变。能理解变的真谛并愿意变，这就是知行合一。

看中国特质最鲜明的两个企业的领导者——华为的任正非和福耀的曹德旺，你就会发现，他们在企业中的领导力方式始终在变，通过领导方式的变化来适应外界的变化，让他们和下属融为一体，也和企业融为一体。

在王阳明看来，任何组织无论大小，都应以"无为"为最高之理想，以足食为基本治术。和大多数儒家知识分子一样，王阳明崇尚三

皇五帝和夏商周三代时期的统治，在王阳明看来，三皇五帝的统治属于道的层面，如同北辰，居其所众星拱卫之。三皇五帝垂衣裳而治天下，靠的就是道。这个道就是，垂衣裳是上衣下裳，代表着君臣尊卑，同时只要穿着衣裳坐在那里，天下就能大治，这是"无为"。

用领导者个人品质和树立起来的权威治理企业，就是最高的领导力，就是"道"。现在，很多企业家都做到了这点。任正非说，华为不需要他指点就可以正确向前。曹德旺说，现在企业中即使是制造玻璃的最底层工人都能和他从前一样认真地制造玻璃，不需要他监督。

两人其实说出了道的概念。所谓企业之道，是企业发展到一定程度和规模并走上正轨后，领导人的领导力与制度的完美结合。企业中的所有人把领导者和制度当成了空气：看不见摸不着，但你不得不呼吸。

"无为"不是不为，而是不化，即：不要在组织发展过程中去刻意变化。这似乎是个初心的问题，即是说，你当初想做什么，就一直做下去，不要东一榔头西一棒子地掺和各种项目，哪怕它能让企业财源滚滚。任正非一门心思搞技术，对于房地产不屑一顾，认为没有一点技术含量；曹德旺死盯着玻璃，把玻璃做得让别人无路可走，他好像根本不知道世界上还有其他赚钱项目一样，始终遵循企业的初心——自然发展之道。

王阳明说，最高领导人以身作则，用尊卑和无为示范天下，天下人自然会效仿，渐渐成为习惯，最后他们不知谁是领导者，却仍能安分守己，成为尧舜之君下的尧舜之民。

三皇五帝的甜蜜岁月很快结束，随之而来的是夏商周三代，"道"不能行，只能以"术"治天下。为什么三皇五帝时代所施行的以道管理突然不行了呢，是不是百姓不行了？王阳明的答案是，不是百姓不行了，而是领导人不行了。

在这个世界上,领导人不行的事情数不胜数,在用"道"无法管理企业、树立权威后,只能采用"术"。

"道"看似虚无缥缈,不可掌握,但在王阳明看来,"道"的法则是自然。人吃两个馒头就可以饱,这是经过无数人实践过的,所以人对食物的要求就应该是两个馒头,这就是自然,让百姓顺应这个自然,就是"道"。但在让百姓顺应这个自然前,领导者自己要先做到。领导者应师法天地,天地所生的一切比如土地、空气、森林、山水等都是天地的财产,而天地生成这些财产,并非为了据为己有。所以领导者纵然是万民的首领,也没有资格把这些财产据为己有,三皇五帝时代的领导人,只有分配土地给百姓的权力,没有纳入自己囊中的权力,这就是效法自然。

企业原本是以盈利为目的的组织,但它绝对不是只为企业家本人盈利的,所有参与企业建设的人,都应该分得肉羹。"道"之所以不行,全在于领导者把企业当成了只为自己盈利的组织。

尧舜时代,尧舜能做到;可大禹时代,大禹就做不到了。最先破坏"道"的就是大禹本人,他私自积累粮食,划分给家族最好的土地,建立城堡,于是私有开始。

这种情况下,"道"无用,只能用"术"。三代的领导们建立军队、法庭和监狱,来统治万民,这是以各种法术来让万民安分守己。可老子说过,民如果不畏惧死亡,军队、法庭和监狱根本毫无用处。

制度存在的根基事实上不是制度本身,稻盛和夫就说过:"没有人性化渗入制度中,制度只是个摆设。"所谓"人性化"即是企业领导者的个人品质和权威,所以,看似制度严密、能打胜仗的企业,只是纸老虎,因为当群龙不认同那条最大的龙时,制度越是无懈可击,就越是囚笼,所有的龙都成了乌合之众。

一些聪明的领导人注意到了"硬来"不如"软化",于是在"术"之后,就有了"德"。王阳明指出,此"德"非道德教化,而是一种巧妙的洗脑。领导者发现自己的贪婪会让百姓贫穷,百姓贫穷不是问题,三皇五帝时代,老百姓都很穷。但当百姓发现他们吃糠咽菜时,领导者却在大鱼大肉,这就形成了鲜明的对比,老实的百姓会抱怨,胆大的百姓则会造反。

领导者解决这个问题有两条路:第一,恢复"道"的统治,这显然不现实;第二,给百姓洗脑,让他们无欲无求。于是,德治在统治者那里应运而生。统治者们大力宣传人活着只需要一日三餐,吃什么不是吃啊,吃饱就可以,同时,统治者还神化自己说,我是上天之子,来统治你们,你们不要作妖,要安分守己,我向你们收取工作的赋税,你看似在为我工作,其实是在为自己工作。

但是,老百姓不信。领导者只能拿出第四种统治方式——"仁"。仁是与生俱来的生生不息的美好品德,领导者教导大家,只要遵守这种美德,就能生万物,你就能获取到更多利益,但取得利益的途径有适宜和不适宜之分,所以要让大家讲究适宜地取得利益,也就是"义"。

"义"出现后,很多人都大义凛然,做那些自认为适宜的事,难免有粗鲁莽撞之嫌,于是领导者又提倡礼,做人做事必须有个尺度,这个尺度就是"礼"。礼秉承规范,让人很多时候施展不开手脚,所以统治者又提倡"智",要用智慧去守礼行义。智慧百出后,大家都全用智,巧取豪夺,各种鬼机灵层出不穷,所以领导者只好提倡"信",做人要守信用。

这一套仁(仁义礼智信)的方案,不但要让百姓遵守,统治者本人也要遵守。

在王阳明看来，仁的统治术，三代是最好的，但春秋战国时期，仁义礼智信就彻底沦落，成为大家的脚底泥。全中国无论领导还是百姓都不眠不休地上演着不仁不义、无礼无信的狡诈大戏。

按照王阳明的看法，当天下不仁不义的行为不胜枚举时，说明责任在领导人。如果领导人能本着忠恕之心，行推恩之政，天下百姓不会不仁不义。到了这种地步，任何的术，任何的严刑峻法已无能为力，可谓是扬汤止沸。

在一团乱糟糟之下，国计民生凋敝，领导者只能再退而求其次，用"食"和"俭"的招数。管仲说过，衣食足而知荣辱，只要让百姓过上衣食无忧的日子，百姓就不会胡闹。这种办法完全正确，民以食为天，食物是维持生命所必需，人欲之基本。只有解决了百姓食的问题，才能重回仁治、德治、术治和道治。

问题是，有些领导者空有此意识，却不能做到知行合一，他们搜刮天下之财，从百姓口中抠取食粮，进而导致百姓怨声载道。领导者再出奇招，也是最后的一招：要百姓知道节俭。事实上，这只能治标不治本，不开源而节流，流终有断的一天。

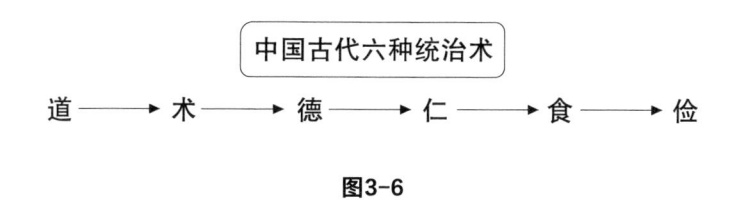

中国古代六种统治术

道 ——→ 术 ——→ 德 ——→ 仁 ——→ 食 ——→ 俭

图3-6

道、术、德、仁、食、俭，这六种统治术或统治境界，如果将其反过来看，就是一个组织脱胎换骨的秘诀。

组织初成时，领导者必须提倡节俭，节俭不仅仅是一种美德，还是组织在弱小期生存下去的重要方式，比如节约用电、节约用纸、节约办公用品。当然这只是形式层面的，节俭的内涵在于领导者的以身作则，从心中开始做起。领导者必须意识到，开源的前提是节流，节流的目的是为了开源。

在保证了节俭这一组织品质后，要给员工以食。在中国传统思想中，谈利总给人一种贪欲感，孟子就说，何必曰利，有仁义就足够了。但仁义不能当饭吃，若想给组织增添人才，提高竞争力以及持久力，必须能满足员工对薪水的诉求。当然，薪水不是越多越好，应该按其功绩来分配薪水。只有保证了员工基本的生活需求，他们才不会有后顾之忧，才能为企业贡献精力和智慧。一个初出茅庐的小企业，千万不要和员工谈情怀，也不要谈感情，谈感情是伤钱的。你可能用情怀和理想俘获了一批人，但对方没有得到任何实惠。况且，情怀和理想是你自己的，不是员工的。

"食"和"俭"贯穿组织的今生来世，应该从一而终。只有在这两方面都满足了，才能谈"仁""德"。

领导人先做到了"仁"，员工会群起效仿，而那些不效仿的员工，说明和你的价值观不符，这类人留也无用，不如让他早做打算。儒家各路宗师诸如孔子、孟子，包括荀子，以及后来的朱熹、陆九渊，再到王阳明，都主张仁义礼智信是我们人性中的客观存在，当你懂事时，只要身边的人略点拨，你就能懂。当你成人后，你也会清晰地意识到，仁义礼智信是你做人成事的道符，没有了这五种品质（其实它们还是智慧），你必将步履维艰。

如果仁义礼智信是我们与生俱来的人性特征，那我们只要向心内求取即可，当我们真心实意地呈现这五种基本美德时，自然而然会引起别人的共鸣，别人自然会来学。至于"德"，你绝对不能指望员工最先开发清静的心态。只有领导者先内心清净、毫无杂念了，员工才会受其影响，变得不急功近利，扎扎实实做好自己的工作。如果员工所思所虑的不仅仅是工作的事情而是惦记着诸如食粮（无论是物质食粮还是精神食粮）之类的其他事，那就说明领导失职了。

很多时候，组织领导者会遇到无法解决的困境，其实这个时候就是"有我"在作怪，要解决你的困境，先要解决别人的问题。

最后，才能正式进入"术"和"道"的境界。

"术"，是一系列制度。组织弱小时，情感就是制度，组织强大后，除了仁义礼智信，任何情感都要抛弃，必须有严格、谨慎、详细周密的制度，组织才能进一步发展。王阳明说，无规矩不能有方圆，规矩就是制度，确立制度后，绝对不能徇私，也不能脱离制度严打，完全按照制度行事，事半功倍。

而如何建立行之有效的制度，这要从你的组织的具体情况出发，我们前面已经讲过，宗旨是你所建立的制度必须是从良知出发。"术"的根本是护佑"道"，制度的根本是保护员工的利益，离开这一宗旨，制度无论多么先进，都不是好制度。

当然，制度是针对人心中的好逸恶劳等私欲产生的，人的好逸恶劳永远存在，所以遵守制度就成了件难事。没有自我管理能力的人，稍不注意就会违反。苏东坡的父亲苏洵就说，礼（制度）很难推行并让人们遵守，即使推行了，人们也遵守了，那不会永恒。所以，必须有方法来辅佐制度，以实现其易行而常守。

这方法大致有三种，第一种就是把制度当成文化，把文化神秘化。在这方面，中国传统文化中的《易》是最佳的武器。众所周知，《易》是门玄学，既然是玄学，那就是知者寡而不知者众。有些文化的提倡，必须有神秘感。如果一种文化尽人皆知了，那就没有了神秘性，没有了神秘性，所有人知道后就会不屑一顾。所以，真正聪明的组织领导人在制定制度、提倡各种文化时必须让一部分人听不懂，这一部分人就是底层员工。事实上，文化理念的推行，根本不需要底层员工懂，只需要他们的直属领导懂，然后拿出可行性方案即可。当员工发现领导人提出的文化理念高深莫测时，就会产生敬畏感，所以才会如宗教一般崇拜式地去做。

用神秘性推行文化制度是一个组织中最高领导者用的方式，但中层领导必须反其道而行。1510年阴历三月，王阳明结束龙场流放生涯，升任庐陵县令。当时王阳明身体不好，经常卧病在床，湛若水说他是"卧治庐陵"，但是庐陵在他的治理下却"百务具理"，因为他有一个秘密武器，就是发布告谕。

王阳明在庐陵县待了七个月，一共颁布了十六条告谕，这些告谕的主题涉及司法、教育、经济、民生等方方面面，对于现在的官员来说，尤其是搞宣传工作的，这些告谕有几点值得学习借鉴的地方：（1）以解决问题为目标，就事说事，通篇没有一句空话、套话；（2）指出解决问题的办法，思路特别清晰、细致，约定得清清楚楚，比如说，明确约定写诉状每行不能超过三十个字；（3）重视解决问题的效果，那就是讲人话，讲老百姓听得懂、听得进去的话。这样的话，宣传工作才能真正发挥作用，工作开展得也就特别轻松、高效。

无论是俭、食，还是德、仁，更或是术，最终其合力的结果都是奔向组织管理的终极——"道"。"道"除了以自然为法则、无为外，还有更重要的一条，那就是信仰。

三皇五帝时期，君主无为而治，没有教化，没有刑法，百姓却能各自为政，其乐融融。一个根本原因是百姓有信仰，百姓的信仰来自领导人。国家有信仰，人民有希望。组织有信仰，员工有希望。王阳明说，三代之前，中国人就相信人性本善，他们的信仰是不主动行善，只要不作恶就是善。这种信仰来自三皇五帝的自我展示，他们相信百姓都是人，人性本善，所以对他们放任自由，结果就是百姓不作恶。

真正的信仰不是信仰神仙上帝，中国人的信仰是人文信仰，信仰人是一切，信仰人性皆善。中国信仰人性，信仰善，他们的偶像不是神仙，而是道德圣人。

在中国本土、员工流淌着中华血液的组织，都逃不开这种信仰。所以，最好的组织，都有扎实的信仰：行善，而不作恶；此心光明，知行合一。

一提到"道"，很多人或许会认为它高深莫测，虚无缥缈，但在王阳明看来，"道"就在你眼前，重要的是你有没有发现它的眼睛。

有个叫诸偁的跟随王阳明学习很久，离开前请王阳明赠言。王阳明说："我们在一起相处了数月，你都没有和我讨论过什么学问，如今你就要走了才来问，会不会有点晚了呢？"

诸偁说："这几个月我不敢向您请教问题，是我知道先生不会对我有所保留，因而指望自己能有所收获；现在才来请教，是我发现自己实在是没有什么收获啊，所以我怕先生是对我有所保留。"

王阳明笑道："我哪有什么保留啊？'道'就像天上的星星和太阳那样醒目，你只不过是不用眼睛好好看，才会什么都看不到。那你这样又是追求什么呢？'道'近在眼前，你却要往远处找，事情本来简单容易，你却要追求复杂难做到的，这也是天下人的通病。你回去以后，要立下你的志向，睁大你的眼睛，如果还是什么都没看到，那才是我对你有所保留了。"

"道"在你的组织中，在组织的成员身上，那就是人性的善，知

王阳明领导力心法

道并懂得如何运用此善，就是悟道了。

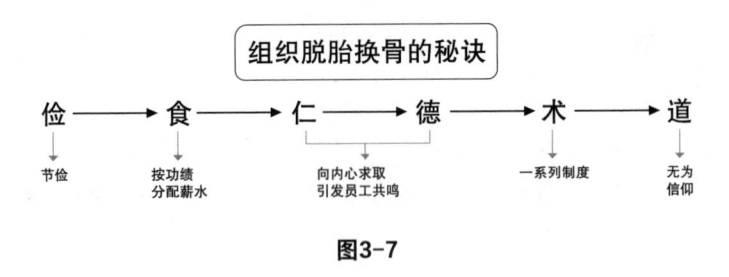

组织脱胎换骨的秘诀

俭 → 食 → 仁 → 德 → 术 → 道

节俭　　按功绩　　向内心求取　　一系列制度　　无为
　　　　分配薪水　引发员工共鸣　　　　　　　　信仰

图3-7

要想得到下属的认同，领导者需要根据自己和企业的实力采取不同的手段，在什么山头就唱什么歌。任正非说，制度很重要，但要看你的企业在什么阶段，如果是初创期，制度不但不是善反而是恶，此时，讲仁讲感情才是善。

当你的企业是小作坊时，大谈"道"是可笑的，为什么画大饼很多时候无效？因为所有人都看到你还没有资格垂拱而治。当企业受到万众瞩目时，如果你还是像从前那样和员工称兄道弟，搞什么亲和力的话，那是可笑的，因为"神秘性"可以为领导力带来加持。人们天生对神秘的事物充满了敬畏与好奇，而敬畏和好奇就是让他人认同你的源泉。

第四章

以良知做决策，
为他人赋能取利

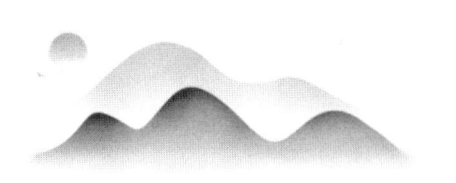

01

以终为始——让目标引导你的决策

善即良知。

——《答季明德》

著名管理与决策大师赫伯·西蒙说：决策是管理的心脏。简单几个字，道出了领导者决策的重要性。作为一名领导，你每天面临的各项工作实际上都是在不断地做出决策——对人如何决策，对财、物如何决策。从这个意义上说，领导者也可以被称为决策者。可以说，决策贯穿了领导活动的全过程。

王阳明在注解《大学》的"物有本末，事有终始"时强调说，事有"终始"，为什么不说事有"始终"呢？因为只有用"终"引导你，才能有好的开始，这就是典型的**用终点（目标）指导你的决策**。

决策的好坏或者说成败取决于决策者的经验、知识、对信息的掌握程度和在决策时所采用的思维方法的综合作用。不难理解的是，一个既定的决策者，经验、知识在一定时间内都是固定参数，无法改变。如此一来，要想做出高水平的决策，就要在信息和方法上下功夫。

在一定程度上，信息是受方法制约的，你的思维方式决定了你获得信息和处理信息的最终结果。

你如果要选一个人事总监，张三的老婆跟了他家隔壁的老王，李四下班后要回家去包饺子，这样的信息显然对你的决策无用，除非你想约他们中的谁喝酒谈工作。简单来说，这些信息跟你的目标不一致。你来分析这样的信息，只是占据有限的大脑内存和时间精力。

有一个很著名的"驴"的哲学故事——布里丹的驴子。有一头特别喜欢思考，没事总想做点决策的驴子，它的主人很宠它，喜欢决策，那就让你决策。于是在它面前放了两堆看起来一模一样的干草给它吃。可驴子被难住了，因为这两堆干草没有任何差别，它没法选择吃哪堆、不吃哪堆，还是先吃哪一堆、后吃哪一堆。结果，驴子饿死了，虽死犹荣，在哲学史上成了"名垂千古"的驴。

用这个例子来类比领导者的决策，有点太过庸俗，但大俗即大雅，更容易说明问题。作为驴，该吃饭了，饭（干草）来了，却死于犹豫不定到底吃哪个。它死得很惨烈，原因很简单：没有想好自己的目标。作为一头到时间该吃饭的驴，它应该很清楚，自己的目标就是填饱肚子，然后该干吗干吗去。面对两堆同样的干草，看似都一样，无法选择时，就随便吃一堆有什么不可以？反正你眼前的两堆草都没毒，也不是必须吃光所有干草，你的主人并没有给你这些规定。所以，驴最佳也最容易做出的决策就是：以吃饱为目标，随便吃，大口小口，从哪一堆开始吃，都随你，吃就是了。这个决策，多简单！

以终为始，这个"终"说的就是目标。想好目标，然后按照既定目标去做好每一步决策，对任何领导者来说，这都是最正确的决策方式。

"人要进步，就要一个小目标，比方说先挣一个亿。"——对有的人来说，王健林的话是在开玩笑，对有的人来说，他的话是真实的，无论真假，都让我们明白，牛人的伟业都是从设定目标开始的。

马云也有一句让人印象深刻的话："你没法统一人的思想，但可以统一人的目标。"在阿里，公司经理会设定一个目标，但到了马云那里，他会把这个目标翻三倍。每个人都会反击他，这不可能实现！但马云说，这完全可能！然后他就带领着他的经理们去寻找实现目标的方法。

好的、高水平的决策或决策集，一定以一个或几个清晰可表达的目标为前提。我们在既定目标下做决策，才能明确自己更需要哪些信息，屏蔽无用的，留下有用的，也能减少你在决策过程中所耗费的时间和精力。**很多时候，领导者的决策失败，往往不是决策本身的问题，而是在决策前没有花足够的时间去清楚、完整地定义自己的目标**。靶子都没立起来，就要开枪，就要数自己中几环，这样的话枪打出去也是浪费子弹。

从经验来看，领导者一般在决策时不是完全没有目标的，他们的问题在于目标的设定或者考量不够科学、合理，最终导致了决策的失误或者非最佳。

先来对号入座，看你在设定目标时是否存在下面的问题：

1. 只用了很短的时间，就确定了目标。这样的领导者大多自以为是，认为自己很清楚自己想要什么、需要什么。没经过更缜密的思考就确定目标，然后行事。等到事情的发展不尽如人意时，他们才意识到自己在开始时根本没有明确自己的目标，但为时已晚。

2. 目标比较笼统、不够具体，范围过大，如把目标设定为要开发新客户，至于开发多少新客户，在多长时间内开发新客户都没有涉及，这样的目标势必过于笼统。再比如你的目标是赚钱，任何企业都是以盈利为目的的，你定了这样的目标，接下来怎么做你知道吗？还是不知道。

3. 制定目标时考虑不全面，比如在开发新产品时只考虑了成本、可用性，而忽视了产品的易于操作性和创新性，如今商品极大富足，这样的考虑显然有失全面，产品即使开发出来了，也不能达成良好的市场占有率。

4. 目标脱离实际，一口想吃成个胖子，不考虑所处的现实条件所设定的目标，对日后决策的方向指引显然近乎无用。

一个合理的目标很少会突然乍现，更不会等你折腾半天然后一回头它就在灯火阑珊处。领导者要深入内心、自我反省，追随良知把它挖出来：

搞清楚自己真正想要的是什么！作为领导者，你要面对员工、社会对你的期望，无数日常事件等待你去处理，所以常有领导者很迷茫："我时刻被需要，但我到底需要什么，我到底为什么而忙？"

这就需要自我反省，向自己内心深处去挖，虽然很多人会对这一过程局促不安。但是，你越是能够透过无数杂乱找到本质、明确初心、找到目标，就越有可能在日后的决策和工作中少费精力、游刃有余。

你可以尝试着按照下面的步骤明确目标：

第一，俯瞰你的组织和团队，梳理你在决策行为过程中所要关注的所有事项。在这一步时，你不用担心自己事无巨细、杂乱无章，也不用去管哪些更重要或者比较重要，你只需要运用良知去审视、去找，就可以了。

在这个环节，你要时刻注意的是两个字：全面。其至可以为了全面而歇斯底里，不要担心自己只是用了不同的方式在描述同一件事情。因为不同的角度可能有助于你发现重要的细微差别。

第二，跟随你的良知，以第一步你所梳理出来的要关注的所有事项为基础，去梳理自己的愿望（目标）。你可以列一个目标清单，并想清楚列上去的每一个目标能给你带来什么快乐，比如实现营业额翻倍，你的快乐就是企业就能进入500强，你的员工就可以有更高的工资，这也能使你感到快乐并且达成使命。

第三，尝试着解释你所列的每一个"目标"的合理性。不合理，就不可能达成，如果你的任何决策都不能以它为终，那它的存在就没有意义。通常来讲，任何一个领导者，在这一环节都不能完全闭门造车，有些自己拿不准的目标，要"从群众中来，到群众中去"，研讨会、线上调研等形式都可以采用。

第四，将目标进一步显性化，挖出根本目标（终极目标）。前面已经列出了若干目标，也对目标进行了合理性的验证，接下来，就是揪出到底哪个或者哪些是真正的目标，而其他的所谓的"目标"其实都是为这些根本目标服务的，即它们只是达到目标的手段。

这一阶段的意义在于，化繁为简，至简至纯。辨别出简洁可描述的目标，才能进一步发挥你的想象力和创造力，为达成这一目标提供更多的选择。这就好比新车里配真皮座椅，这显然只是手段，真正的目标，是要提升车的舒适度、美观度。那么，要提升车的舒适美观，就只有配真皮座椅一个路径（手段）吗？当然不是，你还可以把手动挡换成自动挡，还可以搞个全景天窗，等等。

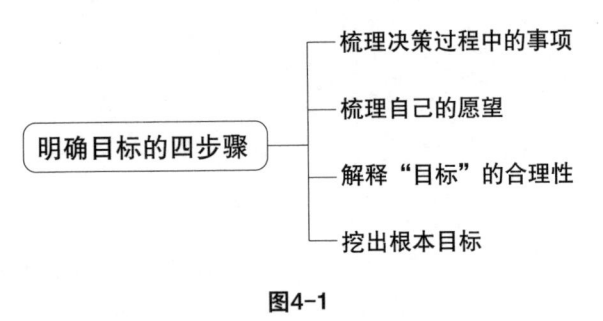

```
                                    ┌── 梳理决策过程中的事项
                                    │
                                    ├── 梳理自己的愿望
         ┌──────────────┐           │
         │ 明确目标的四步骤 │──────────┤
         └──────────────┘           ├── 解释"目标"的合理性
                                    │
                                    └── 挖出根本目标
```

图4-1

由此，我们可以看出目标和手段的最大不同：再简单的目标也可以通过多个手段来实现；再高明的手段也相对单一，要受目标的引领；深挖出根本目标，才能让你以后决策的备选集增大，开拓你的思路和创造力。

为了找到根本目标，你可以不断思考之前所列出的每个目标对你和组织的意义，其实也就是不停地追问这个目标到底意味着什么，到底为什么要有这个目标。

以上我们所说的目标，指的是一个组织或者团队具有的统领性、最顶层的目标。以终为始，说的也就是终极目标确定了，各层级的管理，都要以这个或者几个目标为最终的努力方向，再去具体细化、分解目标。这样，才能使决策始终为我们的终极目标服务，不至于脱轨。这里要注意的是，不论我们把目标分解为几级，都应该遵循目标管理的最基本的法则，比如目标要遵循SMART原则[1]，比如正视目标的周期性并及时修正和调整。

闻名天下的阿里销售铁军，其成功的秘诀是"三板斧"：定目

---

[1] SMART原则由彼得·德鲁克提出。S代表具体（specific），M代表可度量（measurable），A代表可实现（attainable），R代表相关性（relevant），T代表有时限（time-bound）。

标、盯过程、拿结果：

定目标——年初、季度初、月初、周初定下销售目标，并将目标分解到天；

盯过程——销售过程管控；

拿结果——有目标，有过程管控流程，成果是水到渠成的事！

"定目标"是三板斧中的第一斧，没有它，后面都是白忙活。

一旦经过深思熟虑，确定了目标，在一段时间内，除非环境发生了显著的变化，而这种变化又使我们不得不变更目标，否则，我们就不能轻易变更目标。轻易变更目标，对你自己来说，无异于还没有尽全力尝试就推翻自己，很容易丧失权威；对下面的员工来说，更会手足无措，不知去向。作为领导者，这是大忌。记住，当你不知道如何决策时，不忘初心，向着你最初的目标前进就好。

02

直觉的力量——用良知做决定

> 良知感应神速,无有等待,本心之明即知,不欺本心之明即行也。
>
> ——清黄宗毅《文成王阳明先生守仁传》

做决策,在每个人的日常生活和工作中都必不可少。作为一个团队的领导者,做决定的数量往往会多到让人不堪重负、焦头烂额。我们每天的时间是有限的,精力也是有限的,这就意味着,我们不可能对要做的每个决定都煞费苦心地加以权衡、然后决定。多数时候,我们需要的是——直觉。

与严谨的推理和数字相比,直觉看似有些荒诞。但放眼望去,但凡伟大的人,都相信直觉的力量。

史蒂夫·乔布斯曾说:"比起抽象思维和逻辑分析,直觉和觉悟更重要。"他也在自己的传记中提到直觉的力量,说直觉对于他在苹果各项决策上有非凡的意义。在他看来,直觉非常强大,甚至比智力更加强大。

到底什么是直觉,有人把它描述为"快速准确的洞察力",有人把它描述成"内心的声音"。人都有洞察力,人也都有内心的声音,王阳明则认为,真正的直觉就是良知,也就是说,我们每个人都有直觉。但为什么有的人能凭借直觉成功,比如乔布斯、爱因斯坦,而多数人却碌碌无为,败其一生?

乔布斯2005年在斯坦福大学演讲中,说直觉是对自己工作有重大影响的因素。他说:"你必须信任某事,比如你的直觉、命运、生活、因果,等等。这种做法从来没有让我失望,而且让我的生活、工作大不相同。"

我们从乔布斯本人、从他改变世界思维方式的作品"苹果"能感受到一种特质,那就是"简约":乔布斯特别钟爱黑色毛衣,不穿毛衣的时候便是一件简单的T恤衫和一条牛仔裤。生活在喧嚣的美国,他却从来不过夜生活,饮食起居"平淡寡味";他的一系列作品,iPod、iPhone、iMac、iPad等,都以最直观和最简洁的外观、最简单的操控方式、最直指人心的功能设计而得到世界的赞叹。

我们不禁思考,到底是什么,造就了乔布斯这样一个引领和改变全世界人类思考方式和行为方式的伟大人物。是直觉的力量,是他自始至终追随良知所做的每一个决定、所迈出的每一步:伴随着电脑多媒体时代的到来,他感受到了人们对听音乐、网上冲浪等的需求,于是有了iMovie,iPhoto,iTunes;他从更便捷、更简单地服务于用户的角度出发,有了后续一系列广受大众青睐的产品问世。这些让人们使用起来更方便的产品,是他想要的,也是客户想要的。他用"直觉"去发现、抉择,用"让世界变得更美好"的初心成就世人,也成就了自己的伟业。

跟着直觉走，让乔布斯的生活、工作都更加简单、有效率。我们相信直觉的力量、跟随良知去行进和决策，是因为运用直觉去决定对领导者有如下好处：

1. 可以快速决断，避免浪费时间。

我们都知道孙正义，个子很小，但智慧不少，马云戏称他为"大智若愚的小个子"。他是阿里巴巴的最大股东，也一手缔造了日本电信与媒体的传奇商业帝国——软银（softbank）集团。

孙正义是"直觉"的坚定实践者。软银曾经发生过这样一件事：员工做了一份很复杂的报表，交给孙正义。孙正义才看了一眼，就马上说有数据错了。员工赶紧拿回去重新检查，花了很长时间才找到问题。

2. "直觉"往往比一步步分析更具创造性。

爱因斯坦说："唯一真正有价值的是直觉。"我们从爱因斯坦、达尔文等伟大的科学家身上，都能看到很多直觉的痕迹。是直觉让他们的创造力非比寻常。凭直觉感受、发现，然后一步步验证，给人类留下了宝贵的财富。在直觉的驱动下，人的创造力会发挥到极致。事实上，有创造力的人都有很强的直觉。

马云在创办阿里巴巴时几乎是没有任何商业或技术背景的，但他却深谙用人之道、敢闯敢干。很多和马云共事过、深度接触过的人都说，他做决定，经常是凭直觉做。我们很难想象，天猫、淘宝这些神一样的存在，竟然是凭着"直觉"做起来的，但这就是事实，没有直觉，创造不出来"神"。

作为领导者，我们相信直觉的力量，追随自己的良知做决策，但绝不能一拍脑袋：好！这事就这么干！我们要搞清楚到底什么是"直觉"——也就是到底如何追随自己的良知快速做出决策。

从阳明心学来看，真正的直觉不是内心突然有个声音说，你去抢银行吧，警察不会抓到你，你会很顺利，然后暴富。这不是直觉。真正的直觉是要跟随我们的良知去判断、去做决定。人生来皆有良知：有道德感，决定应不应该做某件事；有判断力，决定能不能做成某件事；有意志力，让自己坚持做成这件事。真正的直觉就是要充分应用我们的道德感、判断力和意志力去决定我们做事的目标和过程。就比如抢银行这件事，你的良知明知它是错的，是不应该做的，但你去做了，自然是跟错了"直觉"，不会有好下场，是要服法坐牢的。

也就是说，相信直觉的力量，表面上是快速决策、不费一点力气，实际上则是你的良知在思考、在判断：

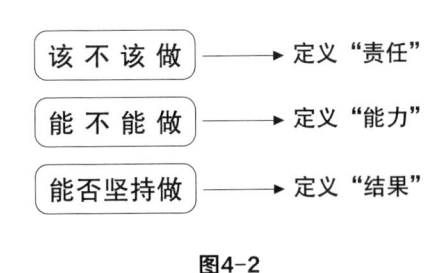

该不该做 —→ 定义"责任"
能不能做 —→ 定义"能力"
能否坚持做 —→ 定义"结果"

图4-2

1.这件事该不该做，这其实是在定义"责任"。

很多事我们做还是不做，不应该取决于"能不能"，而应该取决于"该不该"。"能不能"里面掺杂了很多利益因素的判断，而"该不该"只取决于你内心的"良知"。

比如，看到老人倒在马路上，你是否会过去扶呢？

相信自己的直觉、追随良知，答案是肯定的，你应该过去扶他起来，于是，你做了"过去扶"的决定。

但如果你不相信直觉、不追随良知，你就会这样去判断：有人去扶了，被讹上了，所以我不能去扶，一旦我也被讹了呢？于是，你不扶，别人看到你不扶，他也觉得这里肯定有什么猫腻，也不去扶，第三个人、第四个人也都不去扶，连锁下去，暂且不说这个老人的安全问题，整个社会都因为没有了直觉和良知的判断，而没有了人情味，没有了责任感。

作为领导者，每天要应对形形色色的任务，要处理、平衡各种各样的利益关系，这就难免会混淆"能不能"与"该不该"的问题。一个有权威、敢想敢做的领导者，下属之所以发自内心地认同他，是因为他承担了责任。掌权谁都会，但责任却不是人人都敢担的。

2016年4月，一名顺丰快递员骑着三轮车派件，结果与一辆小轿车发生轻微碰撞。小轿车的司机连抽了这位快递员好几个耳光，期间还谩骂不止。事情发生后，顺丰总裁王卫说，如果这件事我不追究到底，我就不配做顺丰的总裁！

"不配"一词，体现的就是领导者对责任的担当。事后我们去分析这事能不能做，回答是肯定的。但作为领导者，你最先去考虑的，应该是自己的责任所在：应该做，就去做，也一定能做。这就是良知的力量。

2. 这件事能不能做，这其实是在定义"能力"（知识、信息）。

一个决定，判断"该不该"是第一步，第二步是判断"能不能"的问题。在阳明心学的理论中，如果这件事应该做，那么我们就能去做。所以这里所说的"能不能"，不是传统意义上的判断利害得失后得出的结论"能不能"，比如上面老人摔倒了的例子，出于怕自己被讹这样的得失判断，是不能扶的。

但从阳明心学的角度去思考，既然应该去扶，那就"能"去扶：分析挖掘自己既有的知识和信息，怎么才"能"扶又不至于让自己被讹呢？办法就是听从内心——如果你坚定了"应该"去扶的责任，那你一定能想到办法，比如尝试最笨的方法，找个热心人帮你录像。

3. 这件事能否坚持做，这其实是在定义"结果"（持之以恒）。

任何一个管理者，做了决策之后，都不希望是空放一枪，有决策，就一定要有结果，这样才能让人信服你的权威和高瞻远瞩。

新冠肺炎期间，我们的生活、学习、工作方式被彻底颠覆。我们开始大范围地使用办公、教学交流平台，这里面有一个叫"钉钉"。

据说很多企业员工对它的"钉一下"恨得咬牙切齿，此处我们暂且不谈这个。我们要说的是，钉钉项目自2014年1月启动，开始时其实并不被看好，很多人认为这是天方夜谭。2015年1月钉钉正式上线，此后频繁迭代，但与投入相比，它的用户量虽然在增长，却算不上可观。

然而，相信直觉的判断，并坚持做下去，这就是阿里人的胜利砝码。2020年2月3日，很多公司开始远程办公，也就是在这一天，超过1000万家企业、将近2亿人通过钉钉开启在家办公、在线办公模式。与此同时，全国各地的学校开始线上授课，20多个省份、超过2万所中小学、约1200万学生使用钉钉在家上课。

在数据和事实面前，我们必须相信，有坚持下去的毅力，就一定有期盼的结果，问题只是哪一天结果会出现而已。

一定要注意的是，阳明心学里强调的直觉，绝不是眼前一亮、脑袋一热的概念，它包括了你的情感、责任、判断和坚持，从这个意义上说，它近似于心理学上"广义的直觉"。领导者要追随良知做决策，听从内心的声音，但显然，这个需要很长时间的修炼。管理者的决策，不管大小，坚决模糊不得，所以，我们也要善于运用现代管理的手段和方法去验证决策的正确性，带领团队成员走踏实每一步。

我们常说物是人非，时代和环境一直在变，但无论外界环境如何变化，人的内心并没有什么两样。超越外界环境，不被各种利益关系所左右，从内心找寻最强大的力量，才是阳明心学对于今天的我们、今天的领导者最大的价值——相信直觉的力量，听从内心、追随良知做决策。

03

培养快速的推理力和精准的判断力

> 良知只是个是非之心，是非只是个好恶。
>
> ——《传习录·钱德洪录》

凡人眼中的"天才"，比如苹果的创始人乔布斯，比如当年高价收购麦当劳的雷·克拉克，比如不走寻常路的马云，他们总能在既定的时间里，快速过滤海量信息，并做出正确的决策，这就是领导者必须具备的两个能力——快速的推理力、精准的判断力。直觉的本质也正在于此：运用快速的推理力和精准的判断力，追随内心深处的良知。

《辞海》中对"推理"一词是这样阐述的：由一个或几个已知判断推出另一个未知判断的思维形式，叫作推理。现实中，我们做任何一件事都需要或简单、或复杂的推理。只是每个人的思考能力不同，对问题本质的把握不同，也就有了推理过程的快与慢、推理结果的正确与错误之分。

西方的管理理论倾向于把决策者分成四种类型：实用型决策者、外向型决策者、温和型决策者和分析型决策者。我们来稍做分析。一般来说，实用型决策者行事果敢、有逻辑，必然拥有快速的推理力，因为对他们来说，时间不容浪费，但常常也会忽略人的能动性因素，对有创造性的想法可能会自我屏蔽；外向型决策者"一呼百应"，推理迅速，而且善于动员，能快速得到大家的支持。但在决策过程中，很可能把一些必要的信息漏掉，不够审慎；温和型决策者相对优柔寡断，顾虑太多，能接受建议，考虑别人的感受，但推理缓慢，判断也容易被人左右；分析型决策者特别喜欢讲事实、讲逻辑，要让自己的推理一环扣一环，也因为过于注重过程而迟疑不决、做不出最终决定。

分析之后我们看到，不管你是哪一种类型的决策者，都是优缺点并存。企业要想做大做强、团队要想做优取胜，领导者必须有意识地培养快速推理能力，快速抓住问题本质，做出可执行、有效率的决策。因此领导者们需要注意以下几点：

1. 快速的推理力，表面上是"快速"，实际上是对问题本质的精准把握和层层推理。快速是相对的，是指能尽量在较少的时间里找到问题的本质和根源，并做出符合事情发展规律的分析、得出有效的结论。

2. 推理力在一定程度上受制于自身认知，相关的专业知识、实践中的既有经验，都可能制约推理力。良知光明的你很容易想明白，不读书、不做事，很难进步，领导者必须恶补专业知识，并不断"事上练"。起初身在同一位置的两个领导者，两三年以后，造诣完全不同，问题可能就出在工作时间是否真在"事上练"、非工作时间是否在读"圣贤"书了。

3. 要把握全局。领导者在进行决策时面对的较多情况，是在众多信息中如何选择有效信息，以及在多个备选方案中如何选择最佳方案的问题。全局性是要对所有信息充分了解，这就好比相亲结婚，信息了解不全面、草率行事，日后势必出现问题。把握全局，才能进行发散思考，才能有对立面思维，这样就能跳出问题本身去思考问题、最终找到答案。

4. 要明确本心，把专注力集中在该集中的地方，也就是要抓住关键。关键性是和你决策最密切相关的，比如，你要检修一辆车的发动机，那么，关于发动机的任何细节坚决不能忽视，因为这对于检修是关键性的，至于车哪里需要喷漆、轮胎是否有磨损这类问题，暂时是可以完全不考虑的。

5. 要有整合、组块的能力。举个简单的例子，作为决策者，你的头脑中光有1、3、5、7……是不行的，你的脑袋里还要有质数、奇数的概念。否则，它们是散的。散的东西基本不可能让你快速抓出规律去寻求本质，至于找到解决办法，那更不可能。这就如同你的面前有一堆沙子，让你一粒一粒捡起来要到猴年马月，但给你个水瓢直接去舀，就省事多了。

一定程度上，推理力更像一种思维方法、是能够锻炼的。领导者要培养快速的推理力，就是要将理性分析和思考融入到直觉中，让直觉决策的力量发挥到最大。当然，光有快速的推理力还不够，精准的判断力也尤为重要。

王阳明心学体系关于良知的描述里，有一条是：良知能知是非善恶。能知是非属于判断力；能知善恶属于道德感。所谓判断力，指的是应该做到的事是不是有能力做到。比如，父慈子孝是你应该做到的事，你有能力做到吗？当然有！这就是判断力。

判断力与推理力最大的不同，是它不需要你层层思考分析，就可以直接得出结论——能或是不能。所以，当你追随良知的时候，判断力在时间和效果上都会令你满意：时间上它无须思考，能够快速给出答案；效果上它精准无比，绝对是你内心最真实的声音。

《穷查理宝典》认为，人若具备精准的判断力，必须拥有自己的模型，它的模型是让你对各种学科都进行研究。这显然是朱熹的那套"格物"法：穷尽毕生精力来获取心外之物的天理，然后再去判断事物的真伪善恶。

它非但不可能，而且过于愚蠢。不要说所有学科，哪怕只是几门学科，若要研究透彻，就需要我们皓首穷经。况且，在信息化超级发达的今天，我们上网就能搜到各种广告，当然还有你需要的信息。

从良知角度来说，知识面宽广固然重要，但它却不是获取正确判断力的主要抓手。下面，我们从王阳明心学的角度来分析，如何获取精准的判断力。

第一，王阳明说心外无事，任何一件事都不是客观存在的，是由人心为之，若要精准判断一件事，你必须找到做这件事或者是说这件事的人，只有了解了人和人心，你才能正确判断这件事的本质。晋惠帝司马衷问："何不食肉糜？"你先不要笑他是白痴，先看看司马衷是什么人，他可是与世隔绝，从不知草根树皮是何物的皇帝啊。

第二，尽量对社会科学的所谓权威，保持清醒的认识。这个世界上的社会学专家太多，你根本不知道谁真谁假。况且按照王阳明的说法，人人皆有良知作为判定工具，是人就避不开社会，要在社会上行走，你行走得多了，本身就成了专家，何必再去信奉除你之外的专家？

第三，任何一种事物的存在，必有欲望和天理掺杂其中。因此在判断一个事物时，不要一厢情愿地认为它就是善的或者它就是恶的，而是要把它判断为无善无恶。

第四，不要以自己的私欲（欲望和义气）去判断一件事物的善恶，要站在事物本身之上，俯瞰它，而不是和它共频。一旦你掺杂进感情和私欲，就难以判断其真伪。

最后，所有人的精准判断力都来源于良知，良知无善无恶，无欲无求，知此，即知判断力为何！

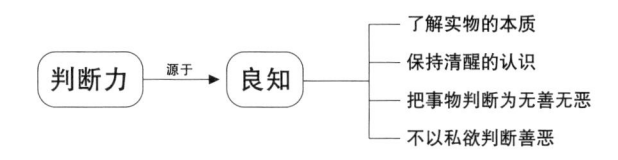

判断力 —源于→ 良知
— 了解实物的本质
— 保持清醒的认识
— 把事物判断为无善无恶
— 不以私欲判断善恶

图4-3

04

不迷信经验，但要重视

> 经一蹶者长一智，今日之失，未必不为后日之得，但已落第二义。须从第一义上着力，一真一切真。
>
> ——《与寄薛尚谦》

重视、吸取历史经验是中华民族的一个优良传统。重视并研究经验，可以给我们带来很多好处，比如丰富头脑、开阔眼界、提高修养、增强本领。不论是国家治理，还是企业发展，抑或是个人决策，都要重视经验。2020年，新冠肺炎来势汹汹，全国人民迅速进入备战状态。与2003年的非典相比，警备之快、效率之神速有目共睹。这与中国政府积极总结抗击非典的经验，对流行疾病防控和治理能力的进一步提升密不可分。

重视经验，但绝不迷信经验。从经验角度来看，有官、有权，就会有腐败，而中国古代历史上对腐败的打击大都失败了，这都是经验，但这显然于民于理都不对。如果奉行这样的经验，那就是迷信过往的做法是正确的。而在反腐这件事情上，坚决反腐会大快人心，会纯净队伍，会推动各行各业健康发展。国家要发展，要提高人民幸福生活，就必须反腐。

领导者的要务之一，是要重视经验，但不能迷信经验。那么，什么是经验？如何重视而不迷信经验？在经验中要重点关注什么？这都是我们要认真思考的问题。

王阳明一介书生，却有三次征伐奇功，是当朝武将都无法比拟的：平定南赣汀漳等地匪乱；平定宁王之乱；平定广西思恩、田州叛乱。武将们赞叹：他竟不费吹灰之力，真乃神人也！

宁王之乱中王阳明只用了短短四十七天时间，就平息了酝酿十年的叛乱；平定广西思恩、田州地区的叛乱，更如神话，竟然"不折一矢，不戮一卒"，大获全胜。

进士出身的王阳明，一个没出入过战场的人，到底凭借了什么密钥，打起仗来竟这么厉害？我们来分析一下。

1517年，王阳明第一次上战场，那年，他45岁。1475年，王阳明3岁，就已经开始了他饱读诗书的人生历程。四十余年的时间，他一直在读书，与惯常的迂腐儒生只关注科举及第不同，王阳明在读书上从小就展示出他发源本心、求真求实的特质。他关注弓马之术的学习，饱读《孙子兵法》《六韬》《三略》等兵书。

不是只有亲身的经历才叫经验，读书也是积累经验的重要途径。从古至今，读书的人都或多或少存有功利心理，比如古代书生为了中举死啃四书五经，现代管理者只读管理图书，我们不能说这样不对，但万物皆通，知识更是如此。如果王阳明不是在年轻时熟读兵书，根本不会有让人称奇的战功。

作为管理者，自身要关注经验的积累：实践上不能推脱，有实操才有经验和阅历；读书不能偷懒，间接经验的获得会让你事半功倍。在选人用人上，思路也大体如此。除非是专业技术非常强的岗位，任何员工，多条腿走路总不会是坏事。

王阳明虽不是武将，但被派去打仗时气定神闲，那份自信和平静源于他的道德感和判断力。有担当和责任，就会坚定地把自身所有的经验和身边的资源进行整合，想尽办法达成符合民意、顺应天理的结果。

于王阳明而言，因为有道德感和判断力，才不畏惧什么匪患暴乱，娴熟运用读过的兵书，使用了一系列的用间、用诈、布疑等兵家手段，最终得胜，建立盖世奇功。

于现代领导者而言，何为"选人用人德为先"，所谓德，从根本上看也不过是要关注其道德感，没有道德感，所谓经验不过是空壳，倒不如虽经世不多但满腔热血的毛头小子来得实在。

很多企业都更爱有经验的人，但马云曾明确表示过，他更喜欢自己培养年轻人。在马云看来，经验固然有它的重要性，但企业不应该费尽心思去其他企业"挖人"，而应该多花时间努力培养自己的年轻人。**最好的人才一定是自己发现、培养和训练出来的**。这里面其实隐藏的就是在自己培养人的过程中所融入的"德"的问题。

王阳明很善于运用攻心战，无论是平定南赣汀漳匪乱，还是平定宁王之乱，王阳明都用了攻心计。

他有一篇《告谕浰头巢贼》，贼匪读了之后竟感动得落泪。在告谕中，王阳明以循循善诱的口吻开导众匪，仁厚、至诚之意令人动容。他说："你们或为官府所逼，或为大户所侵，一时错起念头，误入歧途。此等苦情，甚是可悯。""你们辛苦为贼，所得也不多，你们当中也有衣食不足的人。为什么不用为贼的精力，来耕田经商，过舒坦的日子？何必像这样担惊受怕，最后还身灭家破？"在平定宁王之乱时，王阳明的攻心用上了离间计、耍诈等手段，把朱宸濠耍得团团转，最终取胜。

王阳明的战功，部分归功于他的学问坚实，更多的要归功于他自己内心不动、态度坚定，而且能运用良知去思考敌人的处境、内心的渴望，也就是管理学中所谓的"换位思考"。他虽然在用计，但却出于拯救万民的本心，是切切实实为匪患着想，才能从情理上动匪患之心，为剿匪取得胜利加码。

在现实工作中，你可能经历过很多事，是个相对"有经验"的人。但是，管理中所面对的是各种不确定性。一个优秀的管理者，要想让自己的"经验"真正有效，还是要在"致良知"上下功夫。不论对人还是对事，没有致良知，你就不可能凭借已有的经验分析出未发展的大概趋势，也不可能获得民心，做出符合时事的决策。如果你"为老"，兼而有之的是"不尊"，那经验将一无是处，有等于无。

从阳明心学的角度来说，经验是个可实可虚的东西。说它实，是因为在事上磨练是实实在在的，练过就是练过，没练过哪怕熟知任何理论都无用。说它虚，是因为如果你只有经验，没有良知，不能用道德感和判断力去支撑你的经验，有经验就不如无经验；说它虚，还因为我们不能唯经验论，只凭经验，会压抑创造性，甚至可能因为经验的禁锢而顾虑重重，没有一往直前的勇气和决心。

重视经验，但不迷信经验，经验的关键作用在于"存天理"。我们要让自己始终保持思考的状态，做事时思考，不做事时也不能停止思考。只有思考，你才知道天理在哪里，你的经验才有用。思考是"存天理"的必要手段，是一个让你内心通透的过程，内心通透了，就会用活经验，摒弃老旧方法，不顾及个人私欲，如此，才能让经验落在实处，开拓创新思维，不断提高业务本领、丰富做事情的方式方法。

05

天理与人欲的内战：避免情绪化决策

七情有着，俱谓之欲，俱为良知之蔽。

——《传习录·黄省曾录》

情绪的力量之大，甚至可以操控人的面部表情、五脏六腑、心理状态、信念和行为。关于"情绪"，心理学家和哲学家们思考了100多年，给出了20多种定义。尽管它们各不相同，但能归纳出以下几点共识：

1. 情绪是个体有意识的体验，也就是说，如果个体没有意识，也就无所谓情绪。

2. 情绪会引发生理上的变化，这些变化是情绪的表达形式，比如听到噩耗时的昏厥、身体僵硬等。

3. 情绪与个体的认知分不开，它涉及对外界事物的主观认识和评价。比如三岁的孩童和四十岁的成年人，对待同一件事情时情绪不可能一样。

4.情绪没有好坏之分,每个人都会有积极的情绪,也难免会有消极的情绪,这些都是人类进化的结果,我们没有必要去刻意回避。

领导者作为人,也会有喜、怒、哀、乐、爱、恶、惧几种情绪。情绪作为人类最原始的本能反应,在某种程度上能带给我们很多快乐,比如你很放肆任性地喝着酒、吃大量的肥肉、摄入大量的脂肪,这些都能给你带来快乐,虽然你知道这样做不对,但你的情绪操控着你。情绪也能导致人偶尔的负面行为,比如一时冲动的争吵。我们不能片面评论这种行为的后果是好还是坏,一方面,敌对的行为和态度肯定是不利于和谐的;另一方面,偶尔适度的负面行为能缓解精神压力,避免更不好的后果发生。但领导者作为一个引领者和决策者,如果把这种情绪带到工作行为和决策中,并被情绪所支配,就会凭一时的好恶做决定,缺少对全局情况的理智思考,不能实事求是,以致成为一个情绪化决策者。

通常的说法是,导致情绪化决策的原因既有内因,也有外因。这很容易理解,内因指向的是领导者自身的心理素质,特别是对情绪的自控能力较差,是导致情绪化决策的主要原因。外因则是领导者面临的外部环境——对引起他情绪化决策起到重要作用的一些外在刺激,比如繁杂无头绪的工作、突然变动的人事,甚至可能是早上跟太太突发的吵架,这些都是外因。但以上的内因和外因都只是浅层次的原因,从更深层次来讲,情绪化决策者之所以会被情绪左右,首先是因为思维定式出了问题,存天理、去人欲出了问题,然后才表现出了对内因和外因的无法控制。对照自己,看看你有这样的问题吗?

1.非此即彼的思维定式。我们这代人的童年,很多人都玩过警察抓小偷的游戏。在那个年代的小孩子眼中，警察就是抓小偷的，似乎这个世界的人，被分成了三类，警察、小偷、群众。警察的工作似乎也只有一个，那就是抓小偷。这就是非此即彼的思维定式。后来我们知道了，小偷只是若干罪犯里的一种，警察的工作也不只是抓小偷，甚至小偷可以被教化为良民，良民也可以变成小偷。

非此即彼的思维定式，之所以在生活中很普遍，是因为它让问题简单化了，貌似不需要费多少脑子就能理解，但后果却是让人很容易忽略既有的事实。我们原来把人分成穷人、富人，然后慢慢发现这种分法不对，绝大多数人既非穷人、也非富人，但因为很难赋予中间这部分人方便记忆又对比鲜明的名字，还因为界定这部分人没有像界定穷人富人那般简单，所以我们选择用穷人和富人来区分所有人，后果是，我们忽略了绝大多数人。

思维定式会让我们忽略既有事实，导致我们做出错误的决定，这在旁观者看来，你可能就沦落成了一个固执、甚至无知的情绪化领导者。思维定式还会禁锢我们的思路，使我们的决定虽然无过无失，但毫无创新性可言。但对于领导者而言，不能突破思维局限、推陈出新，肯定是致命的。

有一个父亲，忙工作忙得焦头烂额，为了让孩子安静一会儿，他把地图撕碎，让孩子拼起来，可孩子只安静了五分钟。父亲非常不解，撕碎的地图，他拼接起来至少要一个小时，一个孩子，怎么可能五分钟就完成？孩子把地图反过来给父亲看，父亲才恍然发现，反面是一个人脸，人脸拼起来了，地图就拼起来了。

这个父亲，如果被看作是一个领导者，他的决策就是有问题的，他很忙、很慌乱，为了安静，做出了让孩子拼地图的决策。在这个决策里，他很急躁，也没有全面考虑问题，显然变成了我们惯常意义上的情绪化决策者。儿子五分钟的安静，足以说明他决策的错误性。作为一个成年人，他的认知里有很多很难被定性成正确或错误的思维定式，就比如地图就是地图，而在孩子的眼中，地图也是人脸。

要解决问题，往往要突破原有的思维定式。突破了思维定式，从表面上看，你会避免被内因和外因干扰，远离情绪化决策。深层次看，只有突破了思维定式，你才能洞察事物的本质，才能接受和发现更多的事实和机会，抓住和利用更多的可能性。

在原有的思维定式中，财产分为两种，公有和私有。除去休闲广场、公路等这些我们能马上想到的公有财产，其他能供我们随时消费和使用的，就都是私有财产了。于是，为了解决环境污染、道路拥堵等问题，国家采取了小轿车摇号、限号上路等措施。这些措施都取得了一定的成效。从商业的角度来说，也有人不走寻常路，突破了公有和私有的绝对界限，于是，有了共享单车、共享汽车、共享图书馆等。

2. 有错误时倾向于归咎和指责他人，事情向好时又喜欢搞英雄主义。很多人都给自己贴上客观、冷静的标签，但在处理和分析问题时，却输给很多本能的冲动和思考倾向。

中国人有个成语，叫无商不奸，一个奸字把商人贬得一无是处。你买了台热水器，因为使用方法不当，烧坏了，你的第一反应可能是，这台机器一定是以次充好、质量不过关，真是无商不奸。你在熟人那里买了条围巾，后来发现比别人买的贵了200块钱，你得知后第一时间暗骂："杀熟，无商不奸。"在错误和问题发生时，我们总是很本能地把自己抽出来，让别人去顶雷，这是本能。

当事情按照预期的方向发展时，很多人的思维方式也跟找到替罪羊差不多，只不过这时候要找出来的是英雄，于是，就有了盲目崇拜。政治领袖、企业领导者多喜欢为自己邀功，吹嘘自己做了多大的贡献。这一方面是出于公关的目的，另一方面是在满足自己的本能需求和欲望。不能否认个别人、个别团队在一件事情上的关键作用，但如果过分关注个别，就会忽略成功背后的复杂真相。随着社会的发展和信息的渐进对称，奸商早就已经活不下去了，所谓的英雄主义也是背后一群人的努力才造就的。而你，出于本能的反应，却仍然没有脱离情绪的控制，不能理性、客观地分析问题和做出决策。

3. 情急时候做决定。十几年前流行起来的成功学特别喜欢打鸡血，"你必须立刻、马上行动起来！""最好的时机就是现在！"听着特别振奋人心，但在决策者身上却是大忌。在远古时代，我们的祖先必须拥有在感知到危险的同时就立即采取行动的本能，这样才能生存下来。但这种本能如果被一个管理者所用，仓促做决定，贸然采取行动，恐怕要逼疯一群人，最后要输掉整个组织。

作为决策者，一定要控制情急生乱的本能，多给自己一点时间，去获取和分析更多的信息。否则就很容易出现偏执、过激、可笑的行为。当然，如果你总是火急火燎，说明你根本不会运筹帷幄、思考全局，也不应该坐在决策者的位置上。

情绪化决策，说到底是本能决策，是你按照自己的人欲去思考，从而做出的决策。比如错误的发生，事情没有顺着你期望的方向发展，你自然不高兴，就会从别人身上找毛病。天理是什么，你不去考虑，因为人欲占据了所有的思想。要想避免情绪化决策，途径只有一个，控制人欲，找到天理所在。

（1）天理即为客观现实，找到天理，才能控制人欲。

找到天理也不难。首先，要突破思维定式和自己的认知局限，不能把所有事情一分为二，或是以偏概全，要避免单一视角，不断更新自己头脑中的固有分类。学会在同一类别中寻找不同，不同类别中寻找相同，不同类别中寻找不同，这样才能更全面、更客观地了解事物。第二，从心态上讲，要让自己满怀信心，适度的乐观能让你看到更多的真相。第三，要真正做到辩证地思考问题，学点哲学，深刻理解什么是盘旋式上升、曲折式发展，事物是不断发展变化的，控制住自己的直线思维本能。

（2）牢记目标，时刻以目标为核心和唯一要素。

目标的重要性在于能给你最直接的指引和方向。现在各行各业都在强调"牢记初心，不忘使命"，就是在强调目标的重要性和持之以恒。如果初心变了，目标不坚定了，你的决策就很可能被贪欲所控制，就可能从一个追求造福百姓的父母官变成贪污受贿的浑蛋；目标不坚定了，你的行为和思想就可能妥协于公司人际间的错综复杂，从而畏首畏尾，无法做出最佳的决策。

（3）找到天理和人欲的平衡点。

人非草木，是人皆有情绪。我们现在探讨的是针对管理者的情绪化决策，但是，任何人都不可能从自己的各种角色中完全割裂出来，比如平时是个情绪化严重的人，工作时却找不到任何情绪化的影子。有种说法是这是一种有选择的放纵和发泄，但从阳明学的角度来说，这种人是典型的知行不一，甚至是连"知"都没有统一。要避免情绪化决策，就要不论身边大小事情，都去平衡天理和人欲，做到内外的真正一致。

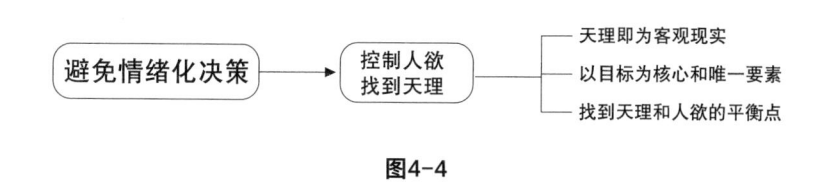

避免情绪化决策 → 控制人欲 找到天理 —— 天理即为客观现实
—— 以目标为核心和唯一要素
—— 找到天理和人欲的平衡点

图4-4

第五章

心力：世上最强大的领导力

01

心外无物——领导者必须拥有的世界观

心外无物。

——《传习录·陆澄录》

美国封杀华为后不久，任正非在一次访谈中说："社会一定是要合作共赢的，每个国家孤立起来发展，这在信息社会是不可能的。"他解释说，"在信息社会，一个国家单独做成一个东西是没有现实可能性的。所以，全世界一定是走向开放合作，只有开放合作才能赶上人类文明的需求，才能用更低的成本让更多人享受到新技术带来的福祉。"这就是任正非的世界观，用一句话来表述就是"世界就是合作共赢"。

合作共赢必须万物一体，只有把万物视为一体，才有机会合作共赢。马云早在2017年时就表示，未来的世界离不开互联网，更离不开大数据。而万物互联，将带领人类进入真正的大数据时代。

万物互联就是万物一体，而要万物一体，就必须心外无物。五百多年前，王阳明的世界观就是如此。王阳明心学世界观中的"心外无物"和"万物一体"的关系如同知与行的关系，不可分割，并驾齐驱。一个组织的领导者倘若不具备阳明心学所要求的世界观，那就不可能成为真正的领导者，领导力也就无从谈起。你对这个客观世界持什么看法，由此用心力重新塑造一个你眼中的世界，这才能称为真正的世界。

马云认为的这个世界就应该是"生意不难做"的世界，任正非认为的这个世界就应该是"奋斗者"的世界，马化腾认为的这个世界就是各种游戏的世界，由于心力对世界的塑造不同，自然导致其成就也不同。

那么，王阳明心学的世界观该如何理解呢？

欲了解"心外无物"，就要从"岩中花树"讲起。这个故事是这样的：有一天，王阳明和他的朋友到山间游玩。他朋友指着岩中一朵花问道："你常说心外无物，这朵花在山间自开自落，和我们的心有什么关系吗？"

王阳明回答："你未看此花时，此花与你心是同归于寂的；你来看此花时，则此花颜色一时鲜艳起来，便可知，此花不在你的心外。"

这个公案很著名，原因是它把王阳明死死地钉在了唯心主义的柱子上。我们大可不必探讨这种扣帽子的行为，所谓唯物和唯心，全是人为划分的，它不是天经地义的真理。另外，即使真有唯物唯心这种天经地义的分类，那么，王阳明心学也不是唯心主义。

现在我们来分析这个公案。首先不得不承认，王阳明那个朋友的质问非常漂亮，他的意思是，这朵花在山间开或者落，都不以你的心（意志）为转移，那就说明，这朵花是独立于人心之外的，心外还是有物的。

王阳明的回答是，当你没有用心指使眼睛来看这朵花时，你的心和那朵花还是客观存在的，只不过处于"寂"的状态。当你的心和花没有发生联系时，他们各自独立，各自为政。

而当你用心指使眼睛来看这朵花时，你的心就和花建立起了联系，这是第一步。在这个世界上，我们能和任何事物建立联系，我们走在大街上，人来人往，我们心不在焉地看一眼，其实这就是建立起了联系，我们对铺天盖地的信息的浏览，这也是建立联系，但这些根本不重要。

重要的是，你与和你建立联系的事物是否产生了感应。你"感"，它是否"回应"了。你对一个陌生人说话，他是否回应你了。你看到一条信息，是否产生兴趣，并且继续深入了解，这才是最重要的。这是第二步。没有了感应，所有的联系对你而言，都没有任何意义。

而当我们和一个事物发生感应后，我们不由自主地会赋予其价值、意义。王阳明对那朵花赋予的价值和意义就是，鲜艳。

任何一个事物，倘若你只是和它建立联系，即使发生了感应，却没有赋予其价值和意义，那这个事物对你而言，就是不存在的。回到岩中花树的故事中来，王阳明那位朋友只看到了花，他和花建立了联系，甚至连感应都没有，因为他的心不在花本身，而是在王阳明那个"心外无物"的理论上，他以花为工具，只是想摧毁王阳明"心外无物"的理论。所以，他不可能再进一步，感应花的芳香，赋予花鲜艳的价值和意义。

王阳明则大大不同，他不但和花建立联系，而且发生感应，最后确立鲜艳的这个价值和意义。

"心外无物"必须经过三步，第一，和事物建立联系；第二，和事物发生感应；第三，赋予事物价值。做到这三步，心外哪里有物？

王阳明领导力心法

做不到这三步，那物就不是你心内之物。所以，心外无物。

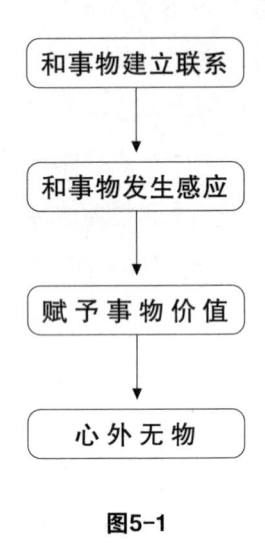

```
和事物建立联系
      ↓
和事物发生感应
      ↓
赋予事物价值
      ↓
  心外无物
```

图5-1

花进入我们的眼睛，只是联系；我们是否有兴趣欣赏它，它是否愿意被我们欣赏，这是感应；然后赋予其价值和意义，这才最终完成。我们的眼睛没有能力赋予它价值，唯一能赋予事物价值和意义的是我们的心。

这就是岩中花树论，心外没有物，因为你必须用心对事物赋予价值和意义，这个事物对你而言才有意义，否则就是视而不见，听而不闻。

王阳明的"心外无物"，不仅是一种理论，它更多的是给我们一种警示。这种警示就是，天地万物很多很多，尤其是如今的知识大爆炸时代，你能和各种事物建立联系，发生感应，可是，你能赋予天地万物价值吗？不要随便把和你相关的物，拉进心里来。让它只停留在你的眼耳鼻舌上即可。

举个例子，天下美女无数，你当然可以看，甚至相视一笑，但绝对不能赋予其价值和意义，什么是价值意义？就是老婆，女朋友；天下金钱和权力无数，你也当然可以了解，但绝对不能赋予其价值和意义，什么是价值和意义？就是拥有，全部拥有。

人之所以内心不宁，心烦意乱，原因就在于，你心内的万物太多，你赋予了万物价值和意义，这就导致你虽然知道很多，如明星八卦、世界大事，可这些东西并不能指引你的人生。它们固然是客观存在的，可它们必须客观存在于你的心外，绝对不能进入你的心内。

人心说大，很大，它能将万物当成一体；说小，也特别小，它盛不下万物。把你的心集中到一点，只赋予这一点价值和意义，这就是心外无物的警示。

那些诸如任正非、董明珠的高明领导者，都有意识地在做到"心内少物"，他们只做一件事。任正非、董明珠完全可以做房地产，但两人却选择了最艰难、最慢的道路，这条路利润最低，但走得最稳。

归根结底，王阳明谈心外无物，就是让我们心内少物！

02

此心不动，随机而动

> 汝以不得第为耻，吾以不得第动心为耻。
>
> ——《王阳明年谱》

"此心不动，随机而动"这八个字是王阳明心学的最高境界，也是人生的修为，更是所有领导者的不二心法。那么，如何理解这八个字？

1519年，王阳明轻而易举地平定了拥有十几万精锐的宁王朱宸濠的叛乱。事后庆功宴上，有弟子问他："用兵是不是有特定的技巧（用兵有术否）？"

王阳明回答："哪里有什么技巧，只是努力做学问，养得此心不动，如果你非要说有技巧，那此心不动就是唯一的技巧。大家智慧都相差无几，胜负之决只在此心动与不动。"

弟子们都没有听懂。王阳明就举例说："当时和朱宸濠对战时，我们处于劣势，我向身边的人发布准备火攻的命令，那人无动于衷，我说了四次，他才从茫然中回过神来。这种人就是平时学问不到位，一临事，就慌乱失措。那些急中生智的人的智慧可不是天外飞来的，而是平时学问纯笃的功劳。"

一位弟子惊喜地说道："那我也能带兵打仗了，因为我能不动心。"

王阳明笑道："不动心岂是轻易就能得到的？只有在平时有克制的能力，在自己的良知上用全功，把自己锻造成一个泰山压顶色不变，麋鹿在眼前而目不转的人，才能不动心。"

弟子又问："如果在平时做到不动心，是否可以用兵如神？"

王阳明摇头："当然不是。战场是对刀杀人的大事，必须要经历。但经历战场非是我心甘情愿的。正如一个病入膏肓之人，用温和疗养的办法已不能奏效，非下猛药不可，这猛药就是杀人的战场。我自来江西后，总在做这种没紧要的事，心上很有愧啊。"

这段对话，正是王阳明心学八字心法"此心不动，随机而动"的评注版。接下来，我们详细论述。

在王阳明看来，此心不动应该包含三个内容：第一，此心不要被动；第二，此心要在静中体悟；第三，此心不动是对客观的失败不认输；第四，要随机而动。

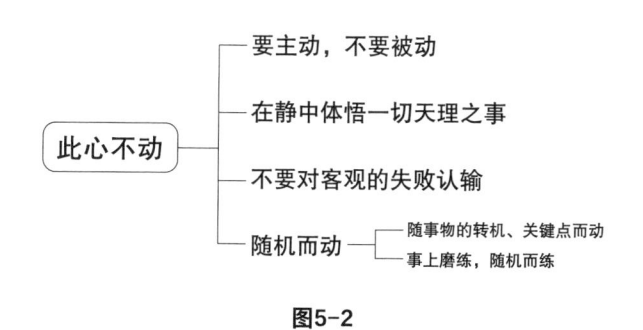

此心不动
- 要主动，不要被动
- 在静中体悟一切天理之事
- 不要对客观的失败认输
- 随机而动
  - 随事物的转机、关键点而动
  - 事上磨练，随机而练

图5-2

先看第一个，所谓"此心不动"不是心真的静止不动了，而是要主动,不要被动。你的心应该主导事物,而不是被事物牵着鼻子走。拥有超级领导力的伟大领袖毛泽东在这方面就有很好的体悟。

1947年,中国共产党开始了"正太战役",该战役分为两个阶段,第一阶段是扫清石家庄外围之敌,第二阶段是破击正太铁路。

负责围攻石家庄的是聂荣臻,战事顺利,石家庄危如累卵。此时,国民党派出军队采用"围魏救赵"之计,直扑解放区重镇胜芳镇,吸引围攻石家庄的聂荣臻部回援,以解石家庄之围,重夺战争主动权。

这是高招,聂荣臻很头疼,就在这时毛泽东的电报到了。毛泽东在电报中说:"你们现已取得主动权,如敌南援,你们不去理他,仍然集中全力完成正太战役,使敌完全陷入被动,这是很正确的方针。"

"正太战役完成后,应完全不被敌之动作所迷惑,选择敌之薄弱部分主动地歼击之,选击何部那时再定。这即是先打弱的,后打强的,你打你的,我打我的(各打各的)政策,亦即完全主动作战政策。"

"你打你的,我打我的"战略思想就是不要被动,无论任何事都要主动。聂荣臻后来在回忆录中总结这一战役时,一针见血地说:"战役的全部过程,始终贯彻执行大踏步进退,在运动中以歼灭敌人有生力量为主的作战原则,不受局部情况的牵制,因而摆脱了被动。"

"你打你的,我打我的"就是王阳明所说的此心不动,不管心外时势怎么变动,我的目标和信念是不会变的。毛泽东和聂荣臻的目标与信念是歼灭敌人有生力量,**这种情形表现在商业中就是无论有些行业多么赚钱,即使我轻而易举就能进入,我也不会进入**。对目标和信念的持之以恒,就是此心不动。2005年,中国房地产热火朝天,有人劝现金流雄厚的华为任正非搞房地产。任正非毫不犹豫地否决,他说："华为不做房地产，要做科技研发，要做最苦的、最笨的事情。"这个目标和信念一直持续到今天。无数房地产公司都在江河日下，华为却饱经风雨仍屹立不倒。

我们完全可以说，这既是大势的胜利，也是此心不动的胜利。

"你打你的，我打我的"其实还包含着一种对俗世热衷的荣华富贵的不屑。卓越的领导人不会被潮流牵引，不会走入歧途，归根结底是在功名利禄面前此心不动。企业固然要赚钱，这是企业家的使命，但伟大的企业领导者不会把念头放在钱上，他们只专注于事情本身。如果专注于金钱，那就会被金钱牵着鼻子走，此心永远都被动。

1517年王阳明从北京出发到江西剿匪，临行前，他的一位朋友说："王阳明此番前去，必定立功。"有人撇嘴问："你有什么科学依据吗？"朋友回答："吾触之不动。"

王阳明朋友所谓的触之不动，大意是说：用利害得失、功名利禄这样大多数人都在意的事去试探王阳明，王阳明却无动于衷。这就是对身外之物的不动心。

有人曾问王阳明："读书就一门心思在书上，待客就一门心思在待客上，这算是主一（专一）吗？"

王阳明反问："好色就一门心思在色上，贪财就一门心思在财上，这算主一吗？这是逐物。主一的一是天理，你做的每件事必须符合天理，这才叫主一。"

有人问牧师："我祈祷时可以抽烟吗？"

牧师回答："不行。"

人再问："我抽烟时可以祈祷吗？"

牧师微笑："中！"

祈祷是因为对上帝的敬畏，所以，祈祷就是一。只要心中有这个

"一",你做什么都可以,其实心中有"一",所作所为都是天理。当你能用"一"来主导你的行为时,你就能做到心不被动,就能此心不动。

第二,"此心不动"说的是要在静中体悟。马云说过这样一句话:"我静下来,公司就会静下来。"他喜欢太极,认为太极是阴阳结合、动静相宜的,可以给人许多启迪。马云在一次演讲中曾说,他在静中最大的体悟是三个字:定、随、舍。

所谓"定",马云说,在静中久了就好像拥有了特异功能,能看清自己和将来的趋势,于是现实中不管发生什么事,都能拿镇定面对;而所谓"随",马云解释说,跟随别人的前提是自己有实力,否则跟随就成了永远都跟不上的尾追;至于"舍",马云说,静久后就能看清自己,知道自己需要什么,也知道自己该放弃什么。

尽人皆知,马云的口才一流,特别善于把常识拔高成哲理。他对静的体悟就是证明,不管怎样,如果真能做到马云所说的这三点,那真就能在错综复杂、瞬息万变的市场博弈中,保持自己的节奏,不会被别人牵着鼻子走,达到此心不动的境界。

马云所谓的"静"和王阳明所谓的"静"有什么异同呢?王阳明所谓的静指的是儒家的静,是天理的意思。静中体悟,是要求你在天理的规范和指引下来思考,再用思考的结果来指导行动。

归根结底一句话:此心不动中的静中体悟,是体悟一切天理之事。马云的静下来,恰好类似于王阳明关于静的解释。

此心不动的第三种解释,则是不要对客观的失败认输。王阳明年轻时参加科举考试,结果两次落榜。他去看榜时,有落榜生哭哭啼啼,王阳明却面无表情。有人就讽刺他没有羞耻心。

王阳明回答:"你们以落第为耻,我却以落第动心为耻。"

这句话有两层意思，第一，落第这件事不是耻辱，你动心了才是耻辱，因为你真正动心的不是落第本身，而是和落第擦肩而过的荣华富贵；第二，落第是客观事实，它证明一个人输了。但输不可怕，可怕的是认输。

人生在世，挫折和痛苦绝对无法避免，失败和失落跟我们的人生如影随形，越是那些想要做大事、理想远大的人，遇到的失败就越多。当遇到失败时，我们对失败本身只能干瞪眼，因为你改变不了客观事实，但伟大的领导者承认失败这个客观现实，可绝对不认输。失败是客观存在的，认或者不认，完全取决于你。王阳明让我们凡事在心中求，要义正在此。此心不动，就是在通往正确的道路上绝对不痛哭流涕地认输！

此心不动的最后一条就是随机而动。没有随机而动，就不可能有此心不动。那么，什么是随机而动呢？王阳明有两种解释：第一，随事物的转机、关键点而动，也就是说，当我们内心因漠视功名利禄而对外物不动时，我们就能很容易看到事物的转机处、关键点，然后在合适的时机行动，将其解决。问题正如王阳明所说，如果你没有经历，要做到此心不动，可谓相当困难。而这经历也可以称为"机"。第二，我们要抓住能在事上磨练的机会，随机而练。

随机而动就是事上磨练。事上磨练这个概念是王阳明心学中最重要的概念之一，我们仅从字面上来理解，事上练就是实践，就是要去做事情，那么，人为什么要去事上练呢？

《传习录》中有段话，大意是说，我们的眼睛没有本体，它是以万物的颜色为本体的；我们的耳朵没有本体，它是以万物的声音为本体的；我们的鼻子也没有本体，它是以万物的气味为本体的；我们的口舌没有本体，它是以万物的味道为本体；我们的心更没有本体，它以天地万物的感应是非为本体。

这段话,就是"事上磨练"这个概念的理论基础。王阳明的意思是,我们的眼睛如果不去识别万物的颜色,那眼睛本身没有意义,同理,耳朵、鼻子、口舌如果不去识别他们应该识别的万物,那它们同样没有意义,心就更是如此,它必须和万物产生感应。倘若我们的眼耳鼻舌心不和万物建立联系感应,那它们其实就等于不存在。

其实这种论调已经在王阳明提出的"心即理"里谈到了,他说:"心,在物为理。"我们心中虽然有无数的理,可如果不去事物上呈现,那这个理就没有意义。比如孝顺的理是在我们心里,可如果不去父母身上呈现,那孝顺这个理就没有意义,等于不存在。

于是,这就要求我们必须去事上磨练,其理论源泉正在王阳明的"心即理"上。

我们去事上练,就是要我们的心和事情发生感应,倘若我们的心只是个寂灭不动,那心只不过是一个器官。心若想成为真正的心,就必须和事物建立联系,我们就必须去事上磨练。

有弟子问王阳明:"闲居无事时,我心中有很多很好的想法和理论,在心中模拟遇到事情之后的解决方案,真是天衣无缝。但一碰到事情,即使这件事早就在心中模拟过,但脑子却一片空白,无法控制事情的走向,这是为什么呢?"

王阳明回答他:"那是因为你只在静中修炼自己,贪图的是一种安逸的环境,最关键的是你没让自己在事上修炼。这样一来,你遇事就站不住脚跟。人必须在实际事物中磨练自己,才能立得住。如果不去事情上磨练自己,那就是中看不中用的花瓶,摆放在那里,很是好看,一旦和外物接触,就会稀里哗啦碎掉。"

这段话的大意是,你即使静坐十万年,遇到事后也肯定抓瞎。静坐的环境是安逸的，做事的环境肯定没那么安逸。当环境由安逸变成不安逸，你就傻眼了。

为何要事上磨练，就是因为不去事上磨练，只知静守，让心和外物彻底断绝联系，一旦心外有风吹草动，心的第一反应就是逃避，因为它太久不见外物了，已经没有勇气再和外物交流，所以这种人，不遇事，都是圣人，一遇事，立即傻眼。

所以，事上练的最直接目的，就是让我们在遇到事后，能游刃有余地解决。

来听个故事，这个故事可以特别清晰地告诉我们，人为什么必须去事上练。

这个故事发生在南宋中期，主人公叫郭倪，我们暂且称他为老郭。

老郭这个人啊，年轻时读了很多书，后来考中进士，做了官，每天都要读很多书，这些书里呢，就有兵法。老郭有一条人生哲理，这个哲理就是，世上没有读书人做不成的事。他还认为，文人带兵，就如老猫捕老鼠，手到擒来。所以，他向来认定自己是"大宋诸葛亮"。

为了和诸葛亮有贴心的感觉，老郭在自己使用的扇子上面郑重地题下一句诗，就是杜甫写诸葛亮的那句：三顾频烦天下计，两朝开济老臣心。

同时呢，他还在房间的墙壁上写满了各种赞颂诸葛亮的诗句。

老郭的种种行为艺术传到了当时主掌大权的大臣韩侂胄耳里，韩侂胄认为这家伙肯定有两手，所以就任命他为北伐军总司令，征伐金国。

接受重任的老郭乐得要死，他在地图上排兵布阵，指挥若定，口若悬河。众人都以为他真的是再世诸葛亮。

可惜，他指挥的大军几个月后，就被金军打得屁滚尿流，至于老郭，更是带头逃跑。

经过这次事件，大家也都看清了老郭"纸上谈兵"的草包本质，对其鄙视之下，干脆给他起了个新的外号：带汁诸葛亮。据说啊，老郭当时逃跑时，一面跑一面哭，所以是"带汁诸葛亮"。

这个故事其实就告诉了我们，不去事上练，你根本不知道自己到底几斤几两。

那么，问题就来了。

事上练，到底练的是什么呢？

如果说练的是经验，那像老郭这种人，根本没有机会去战场上练啊，谁会让一个从没有带过兵的人去战场上练兵啊，这不是找死吗？

所以，王阳明所谓的事上练绝对不是练事情，而是在事情上练心。

什么意思呢？

就是通过做事，来练就自己的心。那么，这个练心，到底是练的什么心呢？

我们再回到带汁诸葛亮老郭的故事中去，如果我们仔细查看老郭这个人的历史，就会发现，此人真的不是带兵打仗的料。

为什么这么说呢？

战场可不是一般的地方，若想打赢一场战役，必须全身心地投入。老郭这个人，平时就没有养得此心不动，他的心，总是在动。他为什么喜欢诸葛亮？原因就在于，诸葛亮建立了很多功勋，这些功勋才是吸引老郭的因素。一个人如果对名利极度渴望，他的心就大半都停留在名利上，而不会去关注事情本身。

即使上了战场，这种渴望也会按照惯性向前继续走，所以老郭上战场后，一心想的就是创造功勋，获取名利。心中都被名利心塞满，还怎么可能有心去排兵布阵？

由此可以知道，事上练练的就是我们那颗对待名利的心，在日常生活和工作中，如果我们对任何名利都能看淡，那在关键事情来的时候，由于没有名利心的掺杂，我们就能很容易用全部心力来解决掉它。

那么，最后，我们该如何在日常生活和工作中去事上练呢？

当我们看到名、利、权、势时，心要正，如果它属于我们，就毫不犹豫地拿来，如果它不属于我们，就毫不犹豫地推辞。拿还是不拿，只是一个良知的判定，判定的标准就是我们的心安与不安。

当取富贵即取富贵，不当忠诚则不忠诚，当杀人则杀人，不当救人则不救人，当与不当之间，只是一个良知的判定，判定的标准也是我们的心安与不安。

心安即强大，心安就是此心不动，此心不动就是最强大的领导力。

03

你若尽心，天理自现

> 心，在物为理……有此心即有此理。
>
> ——《传习录拾遗》

被推崇为管理大师的彼得·德鲁克曾说过这样一段话："效率是'以正确的方式做事'，而效能则是'做正确的事'。效率和效能不应偏废，但这并不意味着效率和效能具有同样的重要性。我们当然希望同时提高效率和效能，但在效率与效能无法兼得时，我们首先应着眼于效能，然后再设法提高效率。"

这段话乍听上去很绕嘴，倘若我们用阳明心学来解释就是这样的：效能是知行合一，效率则不是，效能是尽心做事，效率则是尽力做事。"知行合一"强调的是一种做事方法，有了正确的方法，自然就有了效率。尽心后自然就能尽力，从而把事情做好。

王阳明第一次到庐陵做县令，之前从未有过基层工作经验。如果按理学大师朱熹的说法，你没有工作经验，就不可能知道这份工作的道理，那你就无从下手。你必须先通过书本或者是前任的工作总结"格"出你工作的道理，才能胜任这份工作。王阳明用事实反驳了朱熹，按王阳明心学的说法，天理就在我心中，我之前之所以没有说出在基层工作的那些道理，是因为我没有碰到这个机会，现在我碰到这个机会，那些道理就显现出来了，所以我不需要向外求取任何基层工作的道理。这个道理是什么呢？其实就是用心，只要你真心为百姓好，就能想到为百姓做好事的办法，然后去做就是了。

这正如他对弟子徐爱说的，孝顺父母还需要去外面学什么？只要你有孝顺父母的心，就必然知道，冬天来了要给父母添衣服，夏天来了要给父母打扇子。正如他在庐陵一样，只要有一颗为百姓的心，就必然会想到百姓的房屋存在防火隐患，这种道理，不需要去外面寻求，只需要在心中求。

在王阳明看来，君子的学问，就是尽心的学问。心，是性；性，与生俱来。圣人的心纯正如天理，不必学尽心。圣人之外的人，因为天理不存而良知蒙蔽，天性丧失，所以需要学习心学以尽心。

那么，如何做，才是尽心呢？一句话：求诸自己的内心。一个人求诸内心是为了什么？就是为了谨守内心的良知。如何做到谨守内心呢？那就是：博学、审问、慎思、明辨、笃行。

1. 博学。在中国传统思想中，博学指的是对你本职工作的内容以及行业要博学多识，只有掌握了更多的工作内容以及对行业了解足够精深，你才可以找到事情的规律，许多工作都有经验可以借鉴，知道了规律，掌握了经验后，你就可以举重若轻，举一反三。

2. 审问。不懂就问，这是小孩子都知道的道理。越是用心，就会有越多不懂的事情，把这些不懂的事情搞懂，这就是审问。

3. 慎思。同一个行业内必有佼佼者，要认真思考为什么别人能做得好，而你做得不好，是趋势的问题、客观环境的问题，还是自己的问题。大多数时候，在同一片天空下，处于差不多智力水平的人做同一件事，如果成就高低不同，那可能不是能力的问题，而是态度的问题，简单而言就是没有用心。

4. 明辨。在工作中，我们每天要面对的事情很多，有些相对简易，有些就比较复杂，我们一定要辨别清楚，搞清主要矛盾和矛盾的主要方面，从繁杂的现象中找到本质，盯住本质，一以贯之。

5. 笃行。衡量你用心与否的唯一标准只有一个，那就是行动。而在行动之前，你必须明白以下几点：（1）王阳明说，天下事先易后难，先细后粗，所以任何事开始时都是容易的，都是细致的，只有把容易的事做好，才能把难的事做成，做任何工作，都不要着急，用尽心思做好每一件小事，无数的水滴就能汇成大海。（2）不能半途而废，用心工作要水滴石穿，一气呵成。（3）要懂得用心和用力的区别。任正非说过这么一句话："尽心与尽力，是两回事。一个人尽心工作与尽力工作，有天壤之别。""尽力而为"如果不是建立在"尽心而为"的基础上，就不可能做到。

王阳明曾说，心在物为理，有此心才有此理，无此心就无此理。如何在工作中理解这句话呢？

我们的心，必须去工作（物）上呈现，唯有呈现出来才可以称为理。如果真有把工作当成事业的心，就必然能呈现出做好工作的理，这就好像你真有孝顺父母的心，就肯定能有孝顺父母的方式一样。

我们在工作的道路上，千万不可好高骛远，也不要把工作当成是物质升级的阶梯。我们要把工作当成是一种修心，无论你所从事的是什么工作，只要用心，就能得到工作的天理，得到天理，就是圣人。

黎巴嫩诗人纪伯伦告诉我们要带着与生俱来的爱去工作：生活的确

是黑暗的，除非有了渴望，所有渴望都是盲目的，除非有了知识，一切知识都是徒然的，除非有了工作，所有工作都是空虚的，除非有了爱；当你们带着爱工作时，你们就与自己、与他人、与上帝合为一体。

据说朱元璋做了皇帝后很相信命数，有人看了他的生辰八字，惊骇地发现，他生下来就注定要做皇帝。朱元璋先是大喜，接着是大惧。他把全国和他一样生辰八字的人都捉了起来，想杀掉他们，以防这些人篡夺皇位。

但他审讯后发现，和他生辰八字一样的有养猪的、挑大粪的、还有种地的，也有做生意的，而且都是所从事行业的领军人物。朱元璋想了想，就把这些人释放了。有人提出疑问，朱元璋说，我经过努力成了百姓的皇帝，他们经过努力则成了养猪、挑大粪、做生意的皇帝。人生只要在自己的本职工作上尽心尽力，那就是本职工作中的第一人。人生高价值的衡量标准不是外在的荣华富贵，而是内在的尽心尽力，只要尽心尽力了，不但能成为其所从事行业的第一人，内心也会愉悦自在！

春秋末期，楚王国为了专心对付背后的吴国，先同北方霸主晋国和解，然后又和西边的秦国建交，双方进行政治联姻，秦国把王室女子孟嬴嫁给了楚王熊弃疾的太子熊建，以结秦楚之好。这当然是件好事，可熊弃疾是个老色鬼，他听说孟嬴有绝代美色，就把准儿媳变成老婆，太子熊建碰上这样的混账爹，也只好自认倒霉。可熊弃疾受不喜欢熊建的奸贼费无极蛊惑，又把熊建驱出首都。不但驱逐，还诬陷儿子谋反，准备杀掉他。

熊建的老师伍奢义愤填膺，指控熊弃疾是个老畜生，不但强娶儿媳，还要杀掉儿子。熊弃疾暴怒，将伍奢囚禁，并让伍奢写信给伍奢的两个儿子伍尚和伍子胥，要他们自投罗网。

伍子胥和哥哥伍尚了解政治的黑暗和熊弃疾的畜生心理，于是，伍子胥问哥哥，尽孝和复仇哪个艰难？

伍尚回答："复仇。"

伍子胥说："好，我来复仇，你去尽孝。"

伍尚于是跑去找老爹，最后和老爹一起被处决。伍子胥则带着熊建逃出楚王国，在逃亡的路上，他遇到八拜之交的申包胥。申包胥同情他的遭遇，让他赶紧逃出楚王国。伍子胥对申包胥说，我一定要灭掉楚王国，为我父兄报仇。

申包胥也是楚王的臣子，他针锋相对说："你能覆灭楚王国，我就能救回楚王国。"

伍子胥表示同意，他说："我灭楚国，是为了尽孝悌，这是我应该做的事；你身为楚国臣子复兴楚国，是为尽忠，也是你应该做的事。就看咱俩谁能做到！"

申包胥拍着胸脯说："你能做到，我就能做到。"

一人灭一国，这种事在现实中出现的概率几乎为零，更何况伍子胥当时是个逃犯，能吃上饭活下来就不错了。但他为复仇而用尽心力，连睡觉时都没有放弃这个念头。他跑到楚王国的死对头吴国后，就在大街上乞讨。他乞讨一方面是为了获取食物，另一方面是为了待价而沽，希望吴国能注意到他这个人才。他吸引人们注意的方式是吹箫，吹出凄美的楚音，让人肝肠寸断。后来，他终于得到了吴国公子姬光的注意，把他请到家中畅谈天下大事。

伍子胥知无不言，言无不尽，受到姬光的信任，后来姬光发动政变，干掉老哥，自己登位为王，伍子胥水涨船高，成为吴国重臣。自老爹和哥哥冤死后，伍子胥活下去的动力就是复仇。如今，他借助吴国这个平台，开始了他的复仇计划。首先是加快进度和提升力度侵蚀骚扰楚王国，他把吴军分为三支，轮番对楚王国进行军事骚扰，楚王国为了防御吴军的大规模游击战，累得气喘吁吁。在经过十几年的这番神一般的操作后，公元前506年，姬光和伍子胥动员三军，对楚王国发动全线总攻。

吴兵团经过伍子胥的训练，加上多年骚扰楚王国的战场经验，所向无敌。双方在楚王国境内打了五场大战，吴兵团五战五捷，最后攻陷了楚王国都城郢（湖北江陵），楚王国领导人熊珍（楚昭王）逃亡至随（湖北随县）。伍子胥进入楚王国都城后，先把熊弃疾的尸体挖出，然后鞭尸三百。伍子胥终于大仇得报，他对楚王国的恨深入骨髓，下令吴兵团在楚境烧杀劫掠，源源不断的金银财宝从郢运送到吴国都城姑苏（江苏苏州）。

现在，他践行了之前的血誓：灭掉楚王国。

他的好友申包胥也开始践行他当初的誓言：复兴楚王国。

但和伍子胥一样，他本人没有这个能力，必须借助外力。他的外力就是秦国。他跑去秦国，辗转多次才见到秦王。他请求秦国出兵赶走吴军，但秦国认为楚王国已经灭国，死灰难以复燃，纵然复燃，也不能长久。于是，拒绝出兵。

申包胥的爱国激情不允许他轻易放弃，他在秦王宫外站着，不吃也不喝，一直站了七天七夜，秦王被他那颗爱国心打动，下令出兵复活楚王国。

吴王国并没有想接管楚王国，楚王国地域辽阔，不适合长期统治。所以秦军才进入楚王国边境，吴军就携带着大批金银财宝退出楚王国。楚王国经此一战，实力衰退，但它毕竟活了下来，而让它活下来的功臣就是申包胥。

申包胥复楚和伍子胥灭楚是一个道理：只要你用心做一件事，那就必能成。两个人做同一件事,甚至方向相反,只要用心,两人都能成功。

用心,需要领导者做好以下的功课:首先,(1)不知道自己工作内容和工作性质的,马上去学;(2)自我问答,对于工作中可能出现的问题——假设是别人问到的——能否做出正确的回答;(3)假设你提出一些构想,即使你自己可以做到,也一定请同事帮忙,这就是孔子所说的"己欲达而达人",让同事们有种意识,你提的方案,其实也是他们内心所想的;(4)千万不要搞办公室政治,它对你而言,百害而无一利。

其次,找到你行动的所有动机。(1)在任何组织中做任何事,你必须跟随组织的体制,顺应它而不是倒行逆施;(2)你的直接领导不喜欢你的方案时,你是否要越级上报?如果越级上报,你的念头是什么,必须找出来;(3)对组织中的难题,要大胆发言,提出自己的见解,哪怕见解不成熟,也要这样去做;(4)以正面态度而不是负面态度去面对问题,比如受到领导的批评后,不要心灰意冷,而是要积极改进。

最后,对自己的行动负责。(1)全心全意做好自己应该做的事,如果很顺利,说明你有能力做其他事;(2)如果还没有做好自己应该做的事,那就不要好高骛远,还是要回到第一条,做好自己应该做的事;(3)记住一点:判断力的精进,只在行动中,不在你静坐胡思乱想中,所以行动是第一步。

有人曾问王阳明,圣人之学到底是什么?

王阳明回答:圣人之学,其实就是心学。学习心学追求的只是"尽心",为的是事事处处都能遵循我们的良知。尧、舜、禹代代相传的十六字心法:"人心惟危,道心惟微,惟精惟一,允执厥中。"其中,"道心",也就是良知,就是遵循天赋于人的本性,它没有掺杂人欲,无声无味,无处不在,越是微不足道的地方,越是不为人知的时候,越能显现它的作用,所以,道心是"至诚"的根源。人心,则掺杂了人的私欲,因而是危险的,是世间一切虚伪和危机的起因。

看见小孩掉到井里会心生恻隐,这是道心;如果是因为跟这个小孩的父母有交情,或者是想得到同乡的赞誉才救人,那就是人心。饿了就吃东西,渴了就喝水,这是道心;如果吃东西是为了享受美味,是为了放纵口腹之欲,那就是人心。

尽心,是尽道心,而不是人心。明白了这点,就能明白"自尽于心"是知行合一的起脚处,更能明白,所有的尽心首先都是做对的事,做自己喜欢的事,唯有如此,才能真的对工作用心,一旦用心,就会力量无穷。

04

自得于心

> 众皆以为是，苟求之心而未会焉，未敢以为是也；众皆以为非，苟求之心而有契焉，未敢以为非也。
>
> ——《答徐成之·二》

王阳明说，君子论学，要领在于自得于心。众人都以为"是"的，如果没有和我的心契合，也不敢以为它"是"；众人都以为"非"的，如果契合自己的内心，也不敢以为它"非"。

那么，什么叫与我心契合呢？所谓与我心契合，就是与我的良知契合，我们每个人的良知都是我们自家的唯一准则，它能知是非善恶，是的就还它是，非的就还它非，不要欺瞒它，所有的事情就都能和你的心契合。

王阳明还指出，自得于心就是要心中有定见，不要被外在的所谓真理和权威所压制，如果一句话和你的良知不契合，即使它出自孔子，你也要认定它是错的；如果一句话和你良知契合，即使它出自贩夫走卒，那你也要认定它是正确的。这里最关键的就是和良知的契合。

上述话语，虽是王阳明论学，但同样适用于每个人的工作中，而且是一条如假包换的真理。如何做到与自己良知契合，从而达到自得于心的美好境界呢？

第一，在工作中要自信，而且是高度自信。有一天，王阳明指着正听课的弟子们说："每个人的心中都有个圣人，只是大家不相信，所以就把那个圣人给淹没了。"弟子们正在惊讶时，他忽然指着一位弟子说："你胸中就有个圣人。"这位弟子急忙谦虚地推辞。王阳明正色道："这就是你自己的，为何推辞？"

这位弟子连连说，不敢当。

王阳明紧逼："人人胸中都有个圣人，你却说你没有，难道你不是人？你虽然这样谦虚，但也改变不了你胸中有个圣人的事实，所以还是承认了吧。"

这位弟子只好笑着说："好，我胸中有个圣人。"

王阳明表示很满意。

为什么王阳明说，每个人心中都有个圣人呢？如果每个人心中都有个圣人，那只要都在心上用功，就能把心中的圣人召唤出来，如同道士用符可以召唤出鬼神，集结了七龙珠就可以召唤出神龙一样。把心中的圣人召唤出来，你就是圣人。

我们每个人之所以都是圣人，是因为我们心中有与生俱来的能判断是非善恶的良知，良知就是鬼神，就是神龙，道符、七龙珠就是我们的心。另外，如果我们用心去做一件事，那就是圣人。比如给客人端茶，用心后自然就恭恭敬敬，非常有礼貌；如果你让圣人孔子来端茶，他也只能做到这一点，所以，我们和圣人无异。

阳明心学主张人人皆有良知，人人皆可为圣贤，这就是要告诉每个人，必须自信，而且是高度自信。这自信并非来自外部的加持，而是来自我们的内心。

在工作中，所谓的自信，就是在充分认识自己的基础上，坚定地相信自己，相信自己可以把任何一种工作做到极致。充分认识自己，就是坚信自己有良知。有人曾问王阳明，人生在世，要解决各种生活和工作的问题，只是致良知就可以吗？

王阳明的回答是，人生在世，只是四个字：人情事变。人情是人际交往，事变是解决工作和生活的事情，若要在人情事变上得到真理，只需要懂四个字：是非善恶。知道了是非善恶，我就再用四个字去应对它，这四个字就是：喜怒哀乐。人自信，就要自信可以用这四个字应对一切问题，工作问题也不例外。喜是喜欢上你的工作，怒是对自己不能尽心而愤怒，哀是因为还没有信心胜任工作而焦虑，从而起奋发之心，最后达到乐于工作的境界。

如何做到自信呢？首先要相信自己有无所不能的圣人潜力，只要一激发，就能迸发无穷的力量，这叫自我激励；其次，相信这个世界上没有做不成的事，因为世界是由人构成的，世界的一切事皆由人制造，而你也是人，所以没有理由解决不了人制造的事。同时，失败时也要安慰自己，是人就会犯错误，重要的是马上改正，汲取教训，这就叫自我安慰、自我接受、自我关怀；最后，从微小的成功开始，简单而言就是要"出活"，做一些微小的事，并让其成功，从而积累自信这座塔基。

直白而言，自信是相信自己能够成功，由此形成无所畏惧面对一切困难的平和状态。自信是对自身能力的正面评估，它应该是我们人类与生俱来的健康、积极的个人品质。

只有拥有自信，以高度自信去应对工作，才能在工作中取得成效。当然，不是每个人在工作中都能一帆风顺，有时候会遇到挫折，有时候会遇到自己不喜欢的工作，当眼前事和自己的心不契合时，更要让自己保持自得的心态。

王阳明曾引用《中庸》里的话说，一个真正内心强大的人是这样的：在其位而谋其政，不做超出自己分限的事，身处荒蛮之地便做身处荒蛮之地该做的事，身处患难之时便做身处患难时该做的事，无论何种情况都能恰当自处。

这个"恰当自处"就是自得于心。

不做超出自己分限的事，不仅仅是说要专注于自己的本职，更强调的是要专注于自己的良知，良知才是分限。我们现在就进入王阳明的故事，来论述这段话的意义。

1508年，王阳明被贬到龙场驿站做站长，第二年他想离开龙场，有弟子就问他："您以前对朝中的朋友同事说，无论何时何地都不要忘了忠君爱国之心，如今您被贬谪此地，这么迫切地想离开这里，思想感情是不是有所改变呢？"

王阳明回答："现在跟以前的想法是有些不同了，而且现在又生病了，所以想离开这里。"

弟子觉得他在撒谎，说道："先生说是因为病了，我却觉得是因为命运发生了变化。敢问先生为什么会觉得和以前的想法不一样了？是因为以前地位尊贵如今地位卑贱，还是因为过去身处庙堂之内，如今退处荒野之外呢？可是孔老夫子当年不也做过管畜牧管粮仓的小官吗？"

弟子的这段话，说的是人不能因为工作低贱而产生辞职的念头，这是正确的，工作是不分高低贵贱的。

王阳明辩解说："我不是这个意思。君子走仕途为的是实现自己

王阳明领导力心法 215

的理想。不能实现自己的理想而混仕途的人，就是窃居其职。我如今却不能实现自己的理想。虽然古代有那种为了俸禄而做官的人，但是他们并没有对不起自己的职位。像孔子当年那样，虽然做的是小官，但是管好了账目，能让牛羊茁壮成长，不像我现在这样有愧于职务。那些为了俸禄而做官的人，是因为贫穷，可是我家里有祖辈留下的田产，努力耕种的话足以养活自己，所以，你以为我做官是为了实现自己的理想，还是因为贫穷呢？"

这段话有几点值得我们深思：（1）人们工作的目的是为了实现自己的理想，而不是为了混口饭吃；（2）任何一份工作，只要用心，都可以做出一番事业；（3）如果真的感觉工作的平台毫无前途，无法为自己的理想提供帮助，那就必须义无反顾地一走了之。

弟子再和王阳明探讨说："先生是被贬到这里来的，不是来做官。做子女的对父母应该唯命是从，做臣子的对君主也应该是这样。不是说要始终如一地侍奉吗？却不照着君主的意思办，难道不是不够恭敬吗？"

王阳明纠正弟子说："没错，我来这里是获罪被贬，不是来做官。但是，我被贬到这里，也是有职务的，不是来做劳役的。做劳役的人靠的是出力气，而有官职的人是要行道的，力气有用完的时候，道却是没有尽头的。我不远万里来到这里，是来承受罪责的，但是我仍然有我要尽的职责。我是因为不能尽职才想离开这里，并不是因为获罪被贬了就想离开。君主如同父母，应该事之如一，这当然是没错的。但是，我们就不应该做好自己分内的事情吗？只知道唯命是从，却不讲道义，那不过是没脑子的顺从，跟恭敬不恭敬并没有什么关系。"

"做劳役的人靠的是出力气，有官职的人是要行道的"，什么是"做劳役"？就是把工作当成混饭吃的工具；什么是"有官职"？

就是把工作当成事业，毕生将工作当成行道的工具。而所谓行道，就是毕生的精神气力一以贯之。做好分内的事，就是做好分限的事，就是要懂得无论你所从事的是什么工作，分内事就是良知所指引的事，就是以发自肺腑的仁爱——善——来工作。至于唯命是从，其实说的是，老板让干什么就去干什么，老板没有让做的事，从来不主动去做，只是机械性地来完成工作。事实上，如果你真把工作当成是行道的工具，那有些事是不需要老板交代的，因为你工作是为自己，而不是为老板。

王阳明的弟子继续质问他："圣人是不敢抛弃家国天下的，贤士都离去的话，谁来为君王家国出力气呢？"

王阳明谦虚地回答："贤士这样做难道就是抛弃家国天下了吗？在惊天波涛中不溺水，是会玩水的人的本事。不会玩水的人冒昧地下水，是会被淹死的。我可不希望这样。"

弟子说："我听说，只要是有利于他人的事，不管大小，贤者都会去做。像这样难道有什么不好吗？"

王阳明说："贤者见用于世，为的是行其道义。道义没有什么合适不合适，也没有什么好不好。不合适的话，虽然做了很多事情，但对君子来说，也算不上是好事。而且我听说，人各有所能，只有圣人是无所不能的。我还没有成为贤人呢，你却以圣人的标准来要求我，所以，你打的恐怕不是一个合适的比方。"

这段话的意思是说，如果你所做的工作和你的心是不契合的，那就会感觉到疲惫、焦虑，这时候你就要审视，你的工作是不是你真正想要的，或者是，你有没有投入真情实感在工作上。很多在职场上的人，每天都在忙碌，永不停息，但内心却从不宁静，感觉一无所得（除了物质），根本原因就在于，你把工作看成了什么，是糊口的工具还是毕生的事业。真正喜欢工作，并肯用心去做，肯定会自得于心，幸福感和使命感都会油然而生。

弟子最后说："先生你这是不屑于见用于世。如果你愿意做官，堂前一定会有兰蕙之香，茶几案席上也会弥漫着这种芬芳。就是把芦苇割下来，也可以用来盖墙。草木虽然卑微，也有它的用处，更何况是贤者。"

王阳明大笑道："没错，兰蕙荣堂，几席飘香，芦苇可以割下来盖墙，可是你现在是要把兰蕙割下来盖墙，这是对贤士的爱护呢，还是要害了贤士呢？"

王阳明是幽默的，幽默的背后却是凄凉：很多人因为各种原因，在工作上都没有适得其所，所以活得非常累，特别是心累。心一旦累，就不可能做到自得于心。当然，一部分人是选错了工作，但更多人是选错了态度。只有凤毛麟角的人，才能侥幸选到自己喜欢的工作。大多数人选择的工作不是自己喜欢的，若想做到自得于心，其实也很简单：把工作当成行道的工具，而不是糊口的伎俩。

《中庸》里面说："君子身处荒蛮之地便做身处荒蛮之地该做的事，身处患难之时便做身处患难时该做的事，无论何种情况都能恰当自处"意思是，我们唯一能改变外部世界的方法就是改变自己，从而适应外部世界。任何一种工作，都有"治人"者和"治于人"者，无论是身处"治于人"时，还是"治人"时，都要有一颗平常心。心中有阳光，即使是在下水道工作，也处处是光明；心中是黑暗，即使在云端工作，也处处是黑暗的地狱。光明和黑暗是客观存在的，但它们变成黑暗或是变成光明，取决于你工作的目的是行道还是糊口。

人与生俱来的"趋利避害""喜光惧暗"决定了我们向往一马平川而又高高在上的工作，适应这种工作容易，而适应艰难困苦的工作难。但也正因为难，当我们顺应它，并解决它后，才能自得于心，才能从黑暗大踏步进入光明。王阳明曾说，良好的天下，是人人各在其位，各尽其力，在本职工作上能做到自尽于心，自得于心，自然就是圣贤，光芒万丈。

孟子说："君子永无止境地求道，是希望能够有所自得，有所自得才会深信不疑，这样才会有深厚的积累，才能够取之不尽、左右逢源，所以君子希望能够有所自得。"所谓道，就是遵循天性。道，就在我们的天性中。天性，是我们与生俱来的秉性。所以我们何必向身外找寻"道"呢？

如果把这段话纳入我们的工作中就是这样的：你在工作内容上永无止境地求取，是希望能够有所得，这个有所得，是心有所得，而不仅仅是物质上有所得。心有所得后才会对工作、对未来深信不疑，这样就会有深厚的积累，才能够取之不尽。

你在工作内容上所求取的是道，道就是遵循天性，天性是什么？就是天生我材必有用，把你的有用全力发挥出来，就能自得于心，你就是圣人！

05

自快于心

常快活便是功夫。

——《传习录·陈九川录》

所谓"自快于心",就是领导者在工作中始终不会有牵强感,不但有自己的做事心法,还有一种源源不断的心力,无论任何艰难险阻,领导者本人都不会放弃,反而越战越勇,内心快乐。它是王阳明心学中行动时的最高心力,当然也是最高境界。

要做到自快于心,并非是件易事。任正非每天都在担惊受怕,絮絮叨叨着下一个倒下的会不会是华为;小米的雷军也常常没来由地焦虑:小米的未来在哪里……

世界上所有的伟大企业家,对企业的未来都有忧患意识,都有些神经质,然而像乔布斯、马云这样的人,他们明知前方路漫漫,到处是苦难,可仍然走上了这条路。他们痛并快乐着:对未来提心吊胆,对当下却快乐地沉浸其中,如饥似渴。

若要做到自快于心，绝不能只关注当下的工作，还需要以下的修行，才能拥有自快于心的心力。王阳明有八字箴言：精藏、神守、累释、机忘。

（1）精藏，就是精神保养得好，把工作做好，这样的人注定是辛苦的。但这种辛苦只体现在体力上，从心理上而言，是满足的，你可以用这个标准来检测自己，每天工作完成后是精神疲惫还是体力疲惫，如果是前者，那说明你还没有明白精神保养的方法。人的精神是无限的，但体力是有限的。在工作中，和工作无关的事情都不要想，只专注于工作，这就是精藏。

（2）神守，是守住心神，这仍然是个专心于工作本身的问题。心神散了，对工作三心二意，注定不会长久，也自然得不到快乐。神守不仅仅是一种境界，更是一种工作修炼方式，它能让我们在工作中忘记时间和空间，一眨眼就下班了，丝毫感觉不到空虚。人在专一时，心是静的，静中生慧，你的工作智慧在这种宁静中滋生。

（3）累释有两种解释，第一是把心态归零，心情自然愉悦平静。把从前的积累释放，不要困扰在从前的经验中，当你面对一件全新的事时，就会感觉到新奇，自然不会被从前的经验累到；第二种解释是放弃私欲，所谓私欲就是天理的过和不及，在工作中，天理的过是把工作当成幸福的唯一来源；天理的不及则是没有全身心地投入工作，只有祛除了这两种私欲，才能做到自快于心。

（4）机忘，没有了机巧功利之心，内心就非常纯粹。机巧心，是投机取巧的意思，在工作中，最怕的就是这种私心。一旦有了这种私心，又因此而成功了，那会祸害无穷，它会让你无法沉浸在工作中，只在工作上浮光掠影，最终害的还是你自己。功利心，仍是老生常谈，就是不要胡思乱想工作能给你带来什么利害，只专注于工作本

王阳明领导力心法　221

身，利益自然会来。

自快于心，没有外在的标准，唯一的标准就是内心快乐与否。当你从心所欲而不逾矩，随遇而安时，就明白了这种内心的快乐是天底下第一等快乐的事。

如果你希望内心始终保持快乐，你就需要把心力全部用到你在意的事情上，对于领导者而言，这事情当然就是工作。完全地专注于工作，就能出现所谓的工匠精神。

工匠精神不是反复做同一件事，而是全身心投入做一件事。王阳明举例子说，孩童给客人端茶，端茶是所有人都会的，可孩童如果不用心，那就会大大咧咧地把茶碗向桌子上一放，掉头就走了。这种行为就不是工匠精神，工匠精神应该是这样的：孩童给客人端茶时，要低眉垂目，毕恭毕敬，在此之前，要充分考虑茶叶是红茶还是绿茶，泡茶时水温是多少。把茶碗放到桌上时，要非常有礼貌地对客人说："请喝茶。"说完这句话后，要后退三步，然后转身慢慢走出去。

王阳明说，如果把端茶这件事做成这样，那你就和圣人无二，因为圣人给客人端茶也就做成这样子，你能做到和圣人一样的行为，你岂不就是圣人了！

直白而言，圣人和庸人在对待工作上的区别只有一点：**圣人具有创造性，从而能主动去工作；庸人只能被动、机械地完成别人交代的工作，二者相较，高下立判。**

宋真宗（赵恒）年间，皇宫失火。皇帝没了房子住，这是大事。政府立即命令大臣丁谓负责营建恢复宫室。对于丁谓而言，这是一份再简单不过的工作，皇帝已经批了大笔款项，足够他用的。

按照工作流程，丁谓应该先准备木材，这些木材必须从外地运送到首都汴梁，当然，这很简单，只要下令南方四川、贵州等地运送木材进京，给他们钱就是了。木材通过水路，一直运抵首都汴梁的汴水，然后再上陆路，成本虽然高，可皇家有钱，这都不是事。在等待木材的过程中，还需要获取大量土泥，这只需要在首都郊区挖掘即可。当木材和土泥全部到位，就可以开工建设了，建设完毕，再把废弃的瓦砾石灰土壤及各种杂物运出首都。

在大多数人眼中，丁谓绝对能胜任这项工作，而且能神不知鬼不觉地从中搞点回扣。但丁谓没有这样按流程来做。按常理，丁谓完全不用考虑完成任务的手段和耗费的金钱，但他考虑了。他觉得自己不应该只想着完成任务，而是要尽可能地节约成本。

丁谓开始着手工程：从远处取土成本太高，他下令就在大街上挖地取土，挖出好多泥土后，地面就形成了一条很宽很深的沟。接着掘开汴水，引水入沟中，变成水渠，然后从各地运来的木材等建筑原材料通过竹排木筏由此水渠运至宫门处。完工后，丁谓又下令把废弃的瓦砾石灰土壤及各种杂物填入沟中，复原了原来的街道。

丁谓只做了一件事，却成就了三件事。凿地成渠，既有了土的来源，又可运送建材，又方便建造宫室，总共节省的费用超过亿万。中国有个成语叫"一举三得"，就是丁谓贡献给我们的。

实际上，丁谓不需要一举三得，也能把工作完成，但这样只能算是及格。**60分和100分不仅是能力的差别，更多是态度的差别。**

有这样一个故事，当然它可能是胡编的，但主旨却恰好是王阳明心学中道德感的问题：

两个差不多大的年轻人受雇于一家公司，开始时拿着同样的薪水，但不久后，A就青云直上成为领导者，老板喜欢他像喜欢自己一样；而B仍在原地踏步。B觉得很委屈，就在某天早上跑去找老板发牢骚。老板是个脾气很好的人，从头到尾听完他怨妇式的抱怨后，琢磨了一下，问道："你真想知道这里面的玄机吗？"

B说："当然。"

老板点头，交代他一个任务："你现在到早市上去，看看今天有什么卖的。"

B觉得这太小儿科，出去不久就回来报告说："今天早市很惨淡，只有个农民拉了一车土豆在卖。"

老板点头说："很好。"但随即又问道："农民有多少土豆？"

B很尴尬，内心咒骂老板：你不早说。

他又跑去早市，回来后，得意扬扬地报告说："老农有40袋土豆。"

老板又问："多少钱一斤？"

B有些愠怒，内心又咒骂老板一回，再跑到集市上去。回来后，小心翼翼地告诉了老板土豆的价钱。

老板好像很满意，命令他："你坐下，什么都不要说，看A是怎么做的。"

老板叫来A，也让他到早市看看有什么卖的。

A很快就从早市上回来，长篇汇报道：只有一个农民在卖土豆，一共是40袋，价格是多少多少，土豆质量很不错，他特意带回来一个让老板看看。

B在那里轻忽非笑，认为A有点吃饱撑到了。A还真像吃饱撑到一样，他又继续汇报说，这个农民一小时后还会弄来几箱西红柿，价格非常公道。昨天他们铺子的西红柿卖得很快，库存已经不多了。所以他就想这么便宜的西红柿老板肯定要进一些的，所以他不仅带回了一个西红柿样品，而且把那个农民也带来了，他现在正在外面等着呢。

老板听完，看向B，说："现在明白了吧，为什么他快速上升，而你仍在原地踏步！"

B好像明白了。事实上，他仍没有明白。他不明白的是：为什么A那么啰唆，该做的做，不该做的还做！

一头驴永远领悟不了钢琴曲，因为它内心深处根本就没有审美的基因。王阳明在江西剿匪时，每次剿匪胜利后，都要把俘虏的匪徒集中到一起，通过审问和谈天的方式了解他们何以为匪的缘由，有些人是好吃懒做，而有些人则是被逼无奈。在认真筛选后，又通过乡约和社学的方式引导他们从善。

有弟子就不明白王阳明的多事："王老师您是来剿匪的，只要剿灭了土匪，就完成了任务，干吗要耗费精力做其他的事呢？"

王阳明回答道："如果把剿匪当成目的，那太简单了，杀就是了。这也是我应该做的，可应该做的事不是做了就是知行合一了，还要做好。土匪不是天生土匪，他们也是人，我们应该做的事不是消灭土匪，而是要消灭让人做土匪的念头。"

人肯用心才能自快于心，自快于心才会把一件应该做到的事做到极致，这个极致无他，只是体现人生命与价值的。正如消灭贫穷而不是消灭穷人一样，工作的目的不是消灭工作，而是消灭我们内心的不安。人做了一件事和做成一件事，带来的快感是不一样的。

王阳明领导力心法

第六章 打造心连心的组织

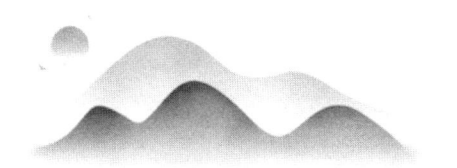

01

十家牌法：组织的连心智慧

> 不治其本，而治其末，不为其易，而为其难，皆由平日怠忽因循，未尝思念及此也。
>
> ——《申行十家牌法》

日本经营之神稻盛和夫早年创业时既负责研发，又负责营销，公司人员少时还能应付，可当公司发展到100人左右时，稻盛和夫苦不堪言，他特别渴望自己能如孙悟空一样有无数分身，这些分身能到各重要部门独当一面。在这种情况下，他运用心力，琢磨出了所谓"阿米巴"（一种单细胞动物）的小集体，并委以集体头目重任，一段时间后，稻盛和夫真就有了很多分身，他的企业中出现了很多领导者。

稻盛和夫取得大成功后，名扬四海，所谓"一人飞升，仙及鸡犬"，他的"阿米巴"组织管理模式也被世人吹得鸡毛满天。其实，阿米巴组织管理模式并不玄乎，只是实施条件比较苛刻而已。必须有五个条件存在，阿米巴模式才能顺利启动。

（1）组织内部需要上下的信任关系。作为最高领导者，必须信任下属的能力，而且要让下属也相信他是组织的顶梁柱。只有上下信任，才能无条件地沟通顺畅。

（2）数据的严谨。各阿米巴对待数字必须严谨，在数据上绝对不能有任何差池。否则，阿米巴模式就会一错再错。

（3）及时把前线的数字反馈给现场。阿米巴经营是一种让现场人员根据数字做出判断、采取措施的模式。所以，及时把数字反馈给现场，就成为阿米巴模式顺利进行的基本保证。

（4）时常检查阿米巴是否符合工作特性、工作流程。灵活性和速度是现代企业经营的两个基本素质。倘若阿米巴的分割和工作特性不符，那就必须停止，废掉阿米巴模式。

（5）员工教育。这个很好理解，员工如果缺乏一定的知识，就无法根据经营数字发现问题并合理解决。这就需要领导者基于实际案例加强现场教育，教育永远都是领导者在组织中的大事。

现代人都认为，阿米巴模式是稻盛和夫自创的先进组织管理模式，但这个老头常常吹嘘自己受阳明心学影响很深，很有可能他的阿米巴是"抄袭"王阳明的十家牌法。或者换个说法，太阳底下没有新鲜事，也许稻盛和夫根本就不懂阳明心学，可良知却很光明，所以做出了和王阳明类似的组织管理模式。

现在，就让我们进入王阳明的十家牌法，体会阳明心学在组织管理上的冲击力。1517年，王阳明到南赣（江西赣州）剿匪。他不是第一个到江西剿匪的官员，在他之前，中央政府派出各种看上去很睿智的人想搞定这件事，但都一无所成。所谓一无所成，指的是，虽然剿灭了山贼，可他们前脚刚走，山贼又重新出现。根本原因是，这些人没有用心去探究搞定山贼的终极方式。王阳明则找到了。

他的方式就是三条心法：一是十家牌法，二是乡约，三是社学。十家牌法是先进的组织管理模式；乡约则是对这种模式进行加固强化，深入人心；社学则是文化管理。这三条心法如同三根巨柱，稳如泰山般地支撑起阳明心学的管理大厦，同时也是王阳明领导力在组织管理上最直观的表现。

现在让我们先看十家牌法。"十家牌法"本质上是一种户籍登记和查验制度，每十户为一甲，户主被称为甲主。十个甲主的式样如下：

某县某坊

1. 某人某籍（比如张三，江西赣州籍）
2. 某人某籍（比如李四，福建福州籍）
3. 某人某籍
4. 某人某籍
5. 某人某籍
6. 某人某籍
7. 某人某籍
8. 某人某籍
9. 某人某籍
10. 某人某籍（比如王二麻子，广东广州籍）

右甲头：张三

右甲尾：王二麻子

这份资料分两份，一份递交当地政府，由政府管理查验；一份则在甲主（甲主是流动的，十户人家的户主轮流担任，期限为一日）手中。

接着，每户人家门口悬挂一块粉牌，列明本户姓名、人口数目、籍贯、职业以及寄宿人员情况等。比如王二麻子家的牌子是这样的：

本户姓名：王二麻子

人口数：4人〔王二麻子（户主）、王氏（王二麻子老婆）、王大二麻子（王二麻子长子）、王小二麻子（王二麻子次子）〕——每个人的姓名、籍贯、特长都要详细记录。

籍贯：广东广州

职业：卖烧饼

房屋：筒子楼

寄宿人员：无

甲主每日17—19点持牌到各家，照着各家悬挂在门口的粉牌进行查审：某家今夜少了某人，去往何处，去干何事，哪天该回；某家今夜多了某人，是何姓名，从何处来，来干何事。务必审问明白，然后通报给其他家知晓。如果有寄宿客人，要问清楚来自何处，到此做何营生。将客人名字逐一写在纸条上，贴在牌子上，客人离开后再把纸条揭掉；没有客人寄宿则写无。

如有可疑之事，要立即报告官府。如有意隐瞒，事发之后，十家一同治罪。

看到这里，很多人都会惊讶得跳起来，这个十家牌法不就是连坐吗？王阳明向来以良知示人，怎么会搞这样毫无良知的管理模式呢？

这当然是迫不得已的，王阳明奉命到江西剿匪，经实际调查后发现，匪患难以根除的原因之一就是百姓中有人与匪徒相互勾结、串通,为匪徒打探情报,提供帮助。所以,他才颁布实施了《十家牌法告谕各府父老子弟》。

"十家牌法"有效切断了匪徒与百姓的联系,最大限度上杜绝了匪徒奸细混进城中刺探情报的可能,为日后的剿匪成功打下了坚实基础。

他在这道公谕中深情款款地说:"本院奉命巡抚此地,只想剿除盗贼、安抚百姓。奈何才能低下、智谋不足,虽心怀爱民之心,却未有爱民之政,父老乡亲们,不论谁有能够弥补我的不足、有益于当地百姓的建议,都请告诉我,我一定会认真考虑,根据其可行性依次施行。今日实行'十家牌法',看似会烦劳百姓。不少百姓都是诗书礼义之家,我怎忍心用狡诈手段来对付善良百姓呢?但为了防止奸徒,革除弊病,以保护良民,不得不这么做。父老乡亲们,还请你们体察我的用意。"

那么,王阳明所谓的十家牌法的"用意"到底是什么呢?是用狡诈手段对付善良百姓的连坐?根本不是,正所谓仁者见仁,淫者见淫,王阳明的十家牌法,不是连坐,而是连心,是把没有做盗贼的百姓的心紧紧连接在一起。

王阳明建立十家牌法后的一段话可作为证明,他说:"(十家牌法执行后)各家务必父慈子孝、兄爱弟敬、夫唱妇随、长惠幼顺,小心谨慎以遵守法令,勤劳耕作以缴纳税收,恭谨节约以稳守家业,谦和待人以和睦乡里,内心要平和宽容,不要轻视他人、挑起争端,做事要隐忍,不要动不动就打官司,对善行要互相劝勉,对恶行要互相惩戒,务必大力营造相互礼让、敦厚淳朴的民风。父老乡亲们,我对没能施行德政而深感有愧,只好用言语来进行教导,希望你们尽量体察我的用意,千万不要忽视!"

这段情深意切的教导体现了王阳明心学组织管理的精髓：

（1）父慈子孝——五伦中的父子；

（2）兄爱弟敬——五伦中的兄弟；

（3）夫唱妇随——五伦中的夫妻；

（4）长惠幼顺——长幼关系；

（5）遵守法令；

（6）勤劳耕作以缴纳税收——认真工作；

（7）恭谨节约以稳守家业——工作的目的是为了家；

（8）谦和待人以和睦乡里——处理好人际关系；

（9）内心要平和宽容，不要轻视他人、挑起争端——做事要隐忍。

因此，对善行要互相劝勉，对恶行要互相惩戒，大力营造相互礼让、敦厚淳朴的民风。

五伦（君臣、父子、夫妻、兄弟、朋友）是中国人对信仰道心的实践方式。很多人都认为，工作中，只需要处理好君臣关系即可。但家国一体，齐家无能的人，在工作中也会分神，所以连工作也解决不了。王阳明的这套教导方式，恰好是立足于家国（家庭、社会、国家）三合一的角度，为组织编织了一张密不透风的管理罗网，任何人都逃不出去。

我们之所以说，十家牌法是连心而不是连坐的重要依据即在此：这张三位一体的罗网，是阳明心学的完美运用，它不孤立地看待问题，不把工作环境只当成工作环境，不把家庭只当成家庭，不把社会环境只当成社会环境，而是把所有的场景连成一体。

十家牌法看似是十户人的互相监视，其实它立足于阳明心学的两个重要理论。第一，人皆有良知，良知喜欢生不喜欢死，于是人人都不想死而想活着，在此前提下，人也不希望因自己的鲁莽而导致他人死亡，所以任何人都不希望连累（连坐）到他人，实际上，这是被动但却非常有效的自我管理。第二，当人人都把十户人家被动地当成一体时，就做到了局部的万物一体，万物一体之下，我们会提倡善良，拒绝罪恶，如此一来，在让自己愉悦安全的同时也做到了让其他人愉悦安全。

这就是十家牌法的连心——把所有的心都连成一体。它不但让管理者本人了解他的员工的情况，更让员工自己了解同事的情况，从而做到在沟通时提高效率。

为什么王阳明要让所有人呈现自己的详细情况呢，尤其是家庭情况？因为在王阳明看来，任何一个人的好或者坏，都是由他的家庭决定的。组织中的成员也是如此：他表现出来的问题，要从他的家庭中找原因，家庭教育才是人的第一教育，才是人之为人的第一要义。

不过，十家牌法在实践中，远没有王阳明理想中的那样顺利。在颁布了《十家牌法告谕各府父老子弟》后，很多地方官都将其视为虚文，不肯认真落实。王阳明于是写了《申谕十家牌法》，他严厉地指出："凡设置十家牌法，必须先将各家各户房屋大门上的小牌挨个审查核实，比如人口数量；必须审查某人担任什么级别的官吏，或是被国家认可的知识分子身份（秀才、进士等），或是承担某种差役、习得某种技艺、从事某种营生，或是入赘到某家，或者有某种残疾，以及户籍、田地、粮食等事项，都要逐一审查核实。十户编排完成后，要依照样式造册，留存一本在县衙，以备核查。等到官府要拘捕、传拿、差遣、选调某人时，便可按照簿册进行处置或分配，无人可以躲避,也不会有人遗漏。如此一来,全县事情都可了如指掌。每十户人家,现今要挨个上报同甲之中有哪些人平时惯于偷窃,哪些人有吓唬、教唆等不良行为,等等;要全体出具承诺书——承诺不再作恶,否则一同接受惩罚,不能遗漏一人;官府要设置改过自新的簿册,记录下有不良行为的人员姓名,暂时不追究他们之前的恶行,而是责令他们从现在开始弃恶从善。如果他们真能做到,便可从簿册上除名。如果境内出现盗贼,要立即命令百姓挨个自查。如果是甲内漏报的,要将同甲之人一并治罪。每天都要按照牌式,轮流上门晓谕各家加强警戒、细心观察。如此一来,那些奸诈、虚伪之人就无处容身了,也就不会再有盗贼了。十户之内,只要发生争斗和诉讼等事,同甲之人要立刻进行劝解。如果有人不听劝解,恃强凌弱,或是诬告他人,同甲之人要一一报官。官府当场根据事情轻重程度对其进行责罚、惩治,或者令其反省,而不必将其收押在监、延后处置。凡遇讨要说法的诉讼书,只要涉及诬告的,便要追究同甲之人不劝解、不禀报的罪责。各家各户还要每日依照牌子互相劝告、晓谕,务必讲究信用,谋求和睦,平息争论,停止诉讼,每日开导。如此一来,百姓就会慢慢明白争斗是不对的,诉讼也会逐渐减少。"

这段情感丰富的命令或者说是劝诫,明白无误地指出了组织管理中的几大问题。

(1)核查每户人家的粉牌的内容;粉牌只是个简历,若想真正了解你所管理的人,必须在不探寻对方隐私的情况下详细又详细地了解。

(2)你只有了解了你所管理的人,才能在用人时高效地找出你要用的人。

(3)对于组织中的刺儿头(有能力但我行我素的和在其位难谋其政)的管理,必须在深入了解其心的基础上,要么调换岗位,要么杀一儆百。

（4）下属闹矛盾后，第一步是让同事劝解，而且这要成为硬性规定，同时要规定，一旦矛盾闹到领导这里，其他人都有相关责任；第二步，如果真的闹到领导者那里，领导者要想办法解决，同时适当惩罚闹矛盾的同事，这看上去仍然是连坐，其实还是连心，让他们被动地自我管理。

（5）永远要把下属装进心里，而不是档案和资料里。

最后，王阳明总结出十家牌法的重要性：（1）弥补偏差，消除弊端，则赋税可以均衡；（2）以五户为伍、十户为什，互联互保，则可抵御外族侵略；（3）警告刻薄之人，劝其厚道，则社会风俗就会日益淳朴；（4）导之以德，训之以学，则礼乐可兴。

大家可能注意到一个问题：十家牌法下的十户没有领导人，负责查验的人只在每天的固定时间段有查验的权力，平时他和其他九户是平等的。你很难想象，一个没有领导人的团队，仅靠大家互相监督和激励，能走多远！

王阳明为什么不设领导人呢？这是他的高明之处：之所以各甲不设牌头（古代保甲制度中的小头目，又称"牌长"或"十家长"），是为了避免产生牌头挟制、侵扰百姓的弊端。这个想法没错，但十家牌法一旦遇到外部力量的进入，那没有个领头的，恐怕很难解决困境。

所以在颁布《申谕十家牌法》后不久，王阳明又颁布了《申谕十家牌法增立保长》，他要求各个乡村推选、增设一名保长。这个保长专门负责防御盗贼；通过击鼓传递盗贼警报，统领各甲村民抓捕盗贼。

这个保长的选拔标准是：才干和品行都能服众。同时，他受到十家牌法的限制：保长不得参与平时各甲的诉讼，以避免保长仗势横行乡里。一旦遇到盗贼警报，保长要统领各甲村民设法抓捕盗贼。要在各个城郭、坊巷、乡村的重点地段，分别放置一面鼓。相距较远的乡村，还要搭建高楼，将鼓置于上面，遇到警报就登楼击鼓。一巷击鼓后，各巷响应、击鼓；一村击鼓后，各村响应、击鼓。一旦听到鼓声，各甲百姓要一齐携带兵器出来支援，全都听从保长指挥，或是设置埋伏、把守要隘，或是合力夹击。如有人不出来支援，保长要会同各甲百姓将其告到官府，由官府重重惩罚。如果能在乡村中的各家都放置一面鼓，一家遇到警情后击鼓，各家响应，那就更加快捷、方便了。这不是强制要求，由各乡村根据财力决定。

由此可知，保长的职责是在危险来临时的救火队长，他没有权力管理十家牌法约束下的任何当事人。

十家牌法对于一个组织的某种重要启示也在这里：所有的团队都能在被动的自我管理中精进，最后变成主动的自我管理者，在这个没有高低贵贱、人人平等的团队中，大家会齐心协力做任何一件事，由于没有压迫，所以都能迸发强大力量。而保长则是在外部有事的情况时他们的临时领导人，他没有权力掺和一个团队内部的事情，只有临时指挥权。这就完全避免了今天所谓劣性的办公室政治问题，让所有人都放心地把精力放到工作上，在提高工作效率的同时，也提高了幸福感。王阳明认为，这应该是所有组织管理人做梦都想做的事情。

02

乡约：让人道德自觉的团建模型

> 彼一念而善，即善人矣；毋自恃为良民而不修其身，尔一念而恶，即恶人矣。人之善恶，由于一念之间，尔等慎思吾言，毋忽！
>
> ——《南赣乡约》

《南赣乡约》是由王阳明创立并推动实施的成文的规范，是以阳明心学"知行合一"的精神和良知为核心原则，通过有意识的教化和成员之间的相互督促、相互扶助而在江西赣州等地实行的民间自治性的共同生活的规约、制度和组织。它的精华就是：鼓励自修、互敬、互助、自愿和为整个组织提供所需要的良知，组织者不需要煞费苦心，就能让每个员工成为最好的自己。

现代企业中的读书会就类似于乡约，不过，它远没有乡约的作用巨大。

何谓乡约？约是成员为互利而加入并赞同的契约，乡约以乡为单位,通过有组织有纪律的共同集会,对共同议定之法和契约的读解与实践,它的目的是让个人生活与社会秩序趋于合理与和谐。中国最早的乡约是四吕(吕大忠、吕大钧、吕大临、吕大防)在1076年制定和实施的乡约,史称《吕氏乡约》。

《南赣乡约》是王阳明在江西剿匪时推出的,它一方面是阳明心学知行合一理论的具体化,另一方面则是官方意志的具体化。以《吕氏乡约》为代表的乡约是人民来主持的,而《南赣乡约》则是政府提倡的;《吕氏乡约》等乡约根据约言,《南赣乡约》则根据圣训。

这是截然不同的两种乡约,王阳明或许深刻地认识到,由人民来主持的乡约,会逐渐脱离政府的控制,而由政府提倡的乡约看似没有了民主性,但恰好符合组织领导者领导一切的思路。它对于组织管理的重要性似乎已不言而喻。

任何组织领导人,若想把王阳明的《南赣乡约》之条理和精神融进自己的组织中,那就必须熟记《南赣乡约》的全部内容。下面,我们就进入《南赣乡约》:

> 百姓们,古人有言:"蓬草长在麻丛中,不用扶也能挺立;白沙混进黑泥中,不用染也是黑的。"民俗的善与恶,难道不是长期积累形成的吗?那些已经弃善从恶的新民,以前也曾背弃宗族、背叛乡邻、为祸四方,难道他们本性就是这样吗?他们的罪过难道只是个人原因造成的吗?这与官府治理无道、教导无方也有很大的关系。另外,作为他们的父老子弟,未能及早在家中教诲、告诫他们,未能平日在乡里熏陶和感染他们,未能对他们进行引导扶持、奖励劝勉,和他们缺乏往来联络,未能和睦相处,甚至有时还以愤懑、怨恨相待,以狡

诈、虚伪相害，这才让他们逐渐滑入恶的深渊。

这一段，王阳明透彻地分析了人的品质会受到三方面的影响：组织管理者、家庭、社会。王阳明重点指出，一个人的本质是善的，但因为家庭关系、社会关系和组织管理者的问题，而导致了他们去善从恶，但家庭问题已不可挽回，只有通过组织管理者和社会这两方面对失足人进行管束，他呼吁说：

呜呼！过去的无法挽回，未来还能努力赶上。因此，今日特地制定乡约，以让百姓和谐相处。从今往后，凡是同约中的百姓，都应孝敬你们的父母，尊敬你们的兄长，教导你们的子孙，和顺你们的乡里，死丧之事互相帮助，患难之时互相体恤，劝勉从善，告诫去恶，平息诉讼，停止争端，讲究诚信，谋求和睦，务必做良善百姓，共建仁厚民风。呜呼！再愚笨的人，责备别人时总是明白的；再聪明的人，责备自己时也会糊涂。父老子弟们，不要念念不忘新民的旧恶而不肯善待他们。

然后他重点强调了阳明心学的思路：

坏人只要一念向善，就会成为善人；善人也不要自恃良民而不注重修身，你们只要一念为恶，就会成为恶人。善人和恶人的区别往往只在一念之间。

这一段分析性和指导性的文字后，王阳明开始进入正式的《乡约》组织结构和流程。组织结构是：

  同约之中，要推选出三位德高望重、众人信服的长者（这是民主选举），其中一人做约长，两人做副约长；再推选四位公正果断的人做约正，推选四位通达事理的人做约史，推选四位精干廉洁的人做知约，推选两名熟知礼仪的人做约赞（这是组织架构）。置办三扇文簿：一扇由知约掌管，用于登记同约中所有人员姓名，记录他们每日的往来和行为；其他两扇由约长掌管，一扇用于记录表彰善行的情况，一扇用于记录纠正过失的情况。

接着就是流程：

  （1）同约之人每次集会时，每人出银钱三分，交给知约，用于准备饮食，不要过于奢侈，够大伙充饥解渴即可。
  （2）约定每月十五日集会，如有人因为生病或有事不能出席，可以请人提前向知约请假。无故缺席的，记录其过失，同时罚银一两充公。
  （3）约所设立于中间地带，可以选择空间开阔的寺庙或道观作为约所。

流程中管理者（约长等人）应注意的问题：

  表彰善行时，言辞要明确肯定；纠正过失时，言辞要含蓄委婉，这也是忠厚之道。例如，某人不尊敬兄长，不要直说"不悌",而应说：某人在尊重兄长的礼节上有不到位的地方，我还不敢确认，姑且记录下来，以后再观察。纠正过失和恶行时，也要照此实行。如有难以改变的恶行，先不要急于纠正，否则会让他难堪，有可能会刺激他破罐破摔、放纵恶行。约长和副约长等人应当提前与他私下沟通，让他愿意自首，然后众人一起引导、劝勉他，激发他的善念，把他的过失暂且记录下来，使他能够改正。如果他自己不能改正，那就要采取措施纠正，然后记录下来。纠正之后还不能改，就要报告官府。报告官府之后还不能改，同约中人就要将其押送官府，公开惩处他的罪行。如果迫于形势无法押送官府，就要与官府协商，请求派兵消灭。

接着就是流程的细节了：

集会前一天，知约要提前将约所打扫干净，在大堂上摆放好器具，朝南摆设告谕牌和香案。集会当天，同约之人到齐后，约赞击鼓三下，众人都来到香案前面，按顺序站好，面向北方跪下，听约正宣读告谕，直到完毕。约长对众人高声说："从今往后，凡我同约之人，只奉戒谕，同心同德，一起向善。如有人三心二意，或者表面善良、暗地作恶，必遭神明诛杀。"众人齐声说："如有人三心二意，或者表面善良、暗地作恶，必遭神明诛杀。"众人再拜。礼毕，按顺序走出约所，分东西两侧站立。约正宣读完乡约，高声说："凡我同盟，务遵乡约。"众人齐声回答："是。"然后东西交拜。礼毕，各自按顺序落座。年少者向年长者祝酒三次。知约起身，在堂上设置彰善位，朝南放好笔砚、摆好彰善簿。约赞击鼓三下，众人起立，约赞高声说："请列举善行！"众人答："有请约史。"约史站到彰善位，高声说："某人做出某善行，某人能改正某过失，请记录下来，用于劝勉同约之人。"约正询问众人意见："如何？"众人答："约史列举的情况十分恰当。"约正礼请有善行的人来到彰善位，分东西两侧站立，约史再问众人："我所知道的某人的善行就是这些，请大家各自说说你们了解的情况。"众人如有要补充的，就提出来，没有则回答："约史说得对！"约长、副约长、约正都来到彰善位，约史在彰善簿上记录完毕后，约长举杯高声说："某人做出某善行，某人能改正某过失，是能修身；某人能让某族人做出某善行、改正某过错，是能齐家。如果人人都能这样，风俗怎能不淳厚呢？凡我同约之人，都应效法他们。"然后约长请有善行的人饮酒，有善行的人也要斟酒回敬约长："这哪里称得上善，有劳长者过奖了，我诚惶诚恐，怎敢不更加勤勉，希望不辜负长者教诲。"众人都喝完酒后，向约长再拜，约长回拜，礼毕，各就各位，知约撤下彰善席。酒过三巡后，知约起身，在台阶下设立纠过位，朝北放好笔砚、摆好纠过簿。约赞击鼓三下，众人起立，约赞高声说："请纠正过失！"众人说："有请约史。"约史站到纠过位，高声说："听说某人有某过失，我还不敢确认，姑且记录下来，以观后效，如何？"约正询问众人意见："如何？"众人答："约史所言必有道理。"约正礼请有过失的人来到纠过位，朝北站立，约史再问众人："我听到的就是这样，请大家说说你们所知道的。"众人如有要补充的，就提出来，没有则回答："约史所知属实。"约长、副约长、约正都来到纠过位，分东西两侧站立，约史在纠过簿上记录完毕后，约长对有过失的人说："虽然暂时不惩罚你，但希望你迅速改正。"有过失的人跪下请罪："我哪敢不认罪。"自己站起来斟酒，跪下喝完，说："不敢不迅速改正，不能让您再为我担忧。"约正、副约长、约史都说："我们未能早日规劝，使你犯下过失，又怎会没有罪过？"也都斟酒自罚。有过失的人再跪下请罪："我已知罪了，长者又因此自罚，我怎敢不立刻赴死？如果允许我自行改过，那么请长者不要再饮酒自罚，那就是我的大幸了。"有过失的人退后，斟酒自罚。约正、副约长一起说："你能如此勇敢地接受责罚，说明你能迁过向善，我们也可以免于罪责了。"于是放下酒杯。有过失的人再拜，约长扶起，礼毕，各就各位，知约撤下纠过席，酒过两巡，开饭。吃完饭，约赞起身，击鼓三次，高声说："申戒！"众人起立，约正站于大堂中央，高声说："呜呼！凡我同约之人，公开聆听申戒，谁人没有善念，谁人没有恶意？行善虽然别人不知，但日积月累，善行累积，自然无法掩盖；为恶如果不知悔改，日积月累，恶行累积，终将不可饶恕。如今因为行善而被人表彰，固然可喜，但如果以善自负，那么日后就会离恶越来越近啊！因为犯下过失而被人纠正，固然羞愧，但如果能够悔过自新，那么日后就会离善越来越近啊！因此，今日行善之人，不可以善自负；今天作恶之人，又岂会永远是恶人？凡我同约之人，理应共勉。"众人说："不敢不勉。"然后众人离开席位，按顺序分东西两侧站立，交拜，礼毕，然后退下，散会。

《乡约》当然不仅是对内，它还对外解决问题：

（1）同约之人，凡是遇到疑难之事，约长必须与同约之人一同谋划、裁决，务必做到既合理又可行；不能袖手旁观、推脱责任，使同约之人陷入罪恶。否则，约长和约正等人都要连带治罪。

（2）有的亲戚、族人和乡邻，常常因为一些小纠纷而投靠匪徒，试图报复，残害无辜百姓，造成严重危害。从今往后，所有的争斗和不平之事都要报给约长等人，公开论定是非曲直；或者等约长听完之后，立刻晓谕双方、解释清楚。如果仍有人肆意妄为、投靠匪徒，就率领同约之人报告官府，予以诛灭。

（3）士兵、百姓中如有人表面善良，暗地里却勾结匪徒，贩卖牛马，传递信息，为一己私利祸害百姓，约长等人可以率领同约之人对他进行指正、劝诫。如果他不思悔改，就报告官府，予以惩治。

（4）吏书、义民、总甲、里老、百长、弓兵、机快等人，如果下乡办差时向百姓索要钱财，约长要率领同约之人将情况报告官府，予以追究。

（5）父母过世后，葬礼所用的寿衣、棺木，只需尽诚尽孝，根据家庭经济状况操办即可。额外大做佛事，或者大摆筵席，只会倾尽家产、浪费钱财，对死者毫无益处。约长等人要晓谕同约之人，共同遵守礼制。如有再犯，就在纠恶簿上写下"不孝"。

认真读完《南赣乡约》后，我们就会得到这样的认识：无论是孔孟的古典儒家，还是朱熹王阳明的新儒家，其政治哲学的理念都是相同的，那就是：为政以德。从这点而言，《南赣乡约》做到了三点：第一，通过诵读乡约的基本内容，进行了一次组织内规章制度的普及，它可以让乡约成员规范自觉；第二，乡约的举行其实是现代组织中的团建模式，它可以联络人与人之间的情感，从而在工作中加深合作；第三，以相互督促的方式激发人内在的良知，大家互相鼓励、自我约束，减少了组织中很难推行下去的秩序和规范，让员工对组织规章制度敬畏和自愿遵从。

03

对组织文化格物

> 格者，正也，正其不正，以归于正也。
>
> ——《传习录·陆澄录》

企业领导者经常能听到这句话："小公司看老板，中公司看产品，大公司看文化。"听上去，好像只有大公司才配谈文化。实际上，任何小公司和中公司的领导人都希望把公司做成大公司，所以，文化之于任何规模的公司，绝对不能是有无，只能是显隐。

换个说法，小、中公司的领导者如果超前地把组织文化建立起来，那必能成为大公司。大公司如果对企业文化叶公好龙，只是当成装点门面的彩球，那迟早灭亡。

欲知何谓组织文化，必要先知何谓文化。关于"文化"的定义，众说纷纭，都能自圆其说。吕思勉说，文化是人和禽兽的唯一区别，人知怜悯、有恻隐之心，禽兽不知；钱穆则说，文化就是花样，比如吃火锅，随便把肉扔进锅里捞出来吃，这是本能，但在盘中把肉摆成几何图形而赏心悦目，就是文化。再比如，大碗喝酒大口吃肉是本能，但吃饭遵循一定的礼节，饮酒有一定的仪式，这就是文化。

如此看来，作为花样的文化只是锦上添花，可钱穆认为恰好相反，文化是雪中送炭。比如喝酒，如果没有酒礼，大家喝起来就会乱糟糟，甚至喝出事故来，看上去热闹非凡，其实对人的身体没有一点好处，但加入酒礼后——喝一杯要向对方鞠躬——不但让对方觉得受到尊重，还无形中散发了酒气，让自己不至于喝多，留得青山在，所以能常喝。

喝得多靠本能，喝得久远就要靠文化了。一个人、组织、国家同样如此，走得快靠本能靠力量，走得远必须靠文化。

现在，我们不谈其他民族和国家，只谈中国。在中国，文化现象出现很早，对文化的定义也很早，比如中华民族的总设计师黄帝，就认为文化是有话好好说，说不清了就来找我这个天下共主，我给你们做主。尧则认为文化就是谦让，舜则认为文化就是孝悌，直到孔孟，才给文化定义为：一国国民或者是天下人拥有的伦理道德水准，仁义礼智信就是文化。把仁义礼智信做到极致，并能流传万年而不断，就是文明。

如果你大致了解中国历史，就会发现，孔孟不但定义了中国"文化"，而且还被信仰者继承发扬，最终真就升华为文明，这文明是独一无二的中华文明。

在孔孟门徒中，最沁人心脾的则是新儒家（理学、心学），诸如程颐、程颢、朱熹、陆九渊和王阳明，这些人一致认为，人有良知，自然就能遵伦理守道德，做到仁义礼智信，倘若做不到，不仅是没文化，更是没教养。个人如此，民族、国家、组织亦如此。

余秋雨则说，文化是一种精神价值、生活方式和集体人格，那么，中国文化就是只有中国人才有的精神价值、生活方式和集体人格。

中国人有中国的精神价值，那就是张载的横渠四句：为天地立心，为生民立命，为往圣继绝学，为万世开太平。中国人的生活方式就是注重家庭和工作的安居乐业，而中国人的集体人格重内轻外的反求诸己，养浩然之气，成为圣贤，这种良知呈现到事情上就是浓厚的家国情怀和集体主义。

把以上论述总结为一句话就是，中国文化是建立在良知基础上的家国情怀和集体主义的文明。

中国古代文化学者，无一例外都强调一点：要向尧舜看齐。但并不是向尧舜的成就看齐，而是向尧舜的良知看齐，向他们的心看齐。学习尧舜之心就是学习圣人之心，因为人心相同，所以学习圣人之心其实是使我们的心和圣人同，圣人心就是吾心，归根结底，我们致自己的良知，其实就是在致圣人的良知。

每个人都有这种意识，当组成一个组织、国家后，这个组织或者国家就拥有了文化。圣人不是先定立个文化，然后去招人进来附和这一文化，圣人凭借良知仔细考察大家的喜好，然后订立文化，让大家顺其自然地奉行。

在当今中国，作为组织的一种非常重要的形式——企业，大体可分为两种，一种是国企，一种私企。真正出色的国企文化大致相同：爱国、爱家、爱自己，为社会贡献物质和精神财富。私企的文化则参差百态，各有不同。

但由于中国传统文化的特殊性，国企的文化即使不能完全模仿，也可以参照。

中国传统文化讲五伦（君臣、父子、夫妇、兄弟、朋友），所以特别看重个人道德，对君的忠，对父的孝，忠即是爱国，孝则是爱家，夫妇、兄弟、朋友之间的仁义礼智信则是爱自己——所谓爱自己，是爱自己的名誉，而提升自己名誉的唯一办法就是此心光明，唤醒与生俱来的良知，做到仁义礼智信。

一言以蔽之，中国人始终是爱国、爱家、爱自己的，而这三爱的前提就是做人。中国人始终讲"人事人事"，意思是做事前先把人做好做明白了。

只要是中国本土企业，都离不开这个思路，很多时候，员工的道德比能力重要。企业文化的形成也正是基于这个传统文化。

比亚迪的王传福多年来始终致力于组织文化建设，与员工一起分享组织成长带来的快乐。在长期的文化建设中，王传福逐步打造了"平等、务实、激情、创新"文化，始终坚持"技术为王，创新为本"的发展理念，努力做到"事业留人，待遇留人，感情留人"。

在继承和开创传统文化上，王传福始终倡导"以厂为家、爱厂如家"的"家文化"，提倡管理一要"人性化"，二要"家人化"。具体操作上，王传福努力在比亚迪内部营造了亲近、和善的工作环境，给员工提供家一样的饮食、住宿等基本需求服务，给予了员工温暖如家的关怀和关心，营造公司与员工"共赢"的局面，这就是我们上面提到的中国传统文化在组织中的现代化运用。

在企业内部，文化主要表现为员工的归属感、凝聚力，在企业外部则表现为社会知名度、品牌美誉度。

让员工有归属感很容易，只需要把组织文化打造成家文化即可。但如何推销企业文化，使企业有社会知名度和品牌美誉度呢？

很多领导者在这方面都有固定的绝招：在力所能及的条件下，铺天盖地地为企业和产品打广告。这种粗暴、直接的方式大多数时候都效果显著，但花费也不小。而且有些时候未必事半功倍，我们不妨来看看华为的任正非是如何巧妙、四两拨千斤地传播华为的企业文化的。

华为的企业文化条目数不胜数，包括华为自己的，还有诸多好事者的总结。华为企业文化的基本内容都写在《华为基本法》中：追求什么和不追求什么，以及为什么要有这样的追求，在文化具体表现上，《华为基本法》规定了如何追求，即系统的做事原则，涵盖了企业的决策系统、行为准则等内容。

"以奋斗者为本"是任正非多次提到的华为文化内容，"狼性文化"是有些人给华为的注解。不过作为聪明人，一定要明白的是，华为被中国人乃至世界所知并钦佩、感动，绝不仅仅是因为它那几句文化口号和高质量的产品。任正非的绝顶聪明正在此：他在宣传自己的企业时，宣传的不是企业本身，也不是单纯的企业文化，而是人——人的精神和企业所扎根的中国传统文化。

王阳明曾说，天地万物也有良知，而它们的良知来源于我们人。简单而言，是我们人为天地万物命名，赋予了它们价值，它们才能成为天地万物。进而言之，世界上所有的事物都由人创造，都由人赋予其价值，当我们赞叹事物美好，并刻骨铭心时，其实我们赞叹的是使事物美好的人，而人是靠心、靠精神让事物美好的，总而言之，人心和人的精神才是一切的灵魂。

任正非传播华为文化的方式就是直指根源，他传播的是中国人"艰苦奋斗""吃苦耐劳""居安思危"的精神，这种精神根植于中华五千年中，是一个超级IP，妇孺皆知。而他传播的方式更是神乎其神，没有到处做广告说这种精神，而是通过内部公开信的方式，如老和尚念经一样不停地给员工说，要居安思危，要艰苦奋斗，要爱国爱民族。

既然是内部公开信，为什么会传播得尽人皆知呢？这就是任正非的聪明之处：我在和我的员工说文化，没有直接向你推销，可你却主动来购买我！

原因很简单：任正非深谙人心之道，懂得人心生万物的道理，宣传万物（企业、产品）的最好手段是宣传人心和人的精神。

王石曾犀利评价过任正非，他引用二战德军将领隆美尔的绰号"沙漠之狐"来形容任正非，说任总非常狡猾，老谋深算，"他（以前）从不接受采访，但是（最近）对华为情况，他会时不时来一个内部讲话。他在公关的处理上，是游刃有余的，他并没有让外界乱猜。他想告诉你时，他会用这种（内部讲话的）形式来告诉你，就是话语权全在他。"

高明的领导者不但懂得如何传播企业文化，更懂得让其他人和企业文化融合。融合方法就是王阳明所谓的格物四步法，当然，格物四步法不仅是针对企业文化，对其他事情也同样适用。

王阳明的"格物"有两种解释，第一种是格其不正以归于正的意思，即"正念头"；第二种则是，致你良知于事事物物是谓致知，事事物物皆得其理为物格。第一种只谈念头，第二种则加入了事物，所以，格物的正确解释是：在事情上正你的念头。

如果把企业文化当成是一件事，你就要在这件事上正你的念头。第一步，你必须先了解你所在企业的文化。有三个渠道，第一个渠道，看企业文化的标语或听企业领导人说，比如某企业文化是"不作恶"，某企业文化是狼性文化，某企业文化是"对不作恶的企业文化说不"，等等；第二个渠道，看它是不是在按照企业文化认真做；第三个渠道，注意倾听你的同事背地里如何评价企业。永远要记住一句话，群众的眼睛是雪亮的，群众的嘴巴背地里是敞开的，说的都是真理。这就是用知行合一来考察、了解企业文化。

在大致了解了你的企业文化后（如果通过这三种渠道你还没有了解企业文化，那只能说明两点，要么它真没有，要么你需要提升自己的智慧），开始进行"格物"的第二步：理解它。

理解企业文化是了解企业文化的智能升级，王阳明曾说过，听别人讲远不如自己体悟到的真实有益。理解企业文化，主要从以下几个方面用功。

（1）企业精神。企业是否有活力，有诚信，是否能做到企业与员工共赢，而不是杀鸡取卵。

（2）企业使命。企业的使命是指在万物一体指导下它为社会的贡献度和肯贡献行为。

（3）企业愿景。企业是想成为百年老店，还是只想捞一票就走人的皮包公司。

（4）发展理念。企业是"天不变道亦不变"的顽固，还是永远拥抱变化的创新者。

（5）员工文化。每个员工是快乐地工作，还是生活所迫，在这里硬撑。

如果你都了解这些方面后，还是认为很有待下去的必要，那就进行格物的第三步：接受。

接受企业文化就是认可企业精神、使命、愿景、发展理念和员工文化，并在力所能及的情况下去行动。

格物的最后一步则是趋同。趋同是一心一意在企业文化的旗帜下行自己所行之事，做自己所做之工作。趋同不是对企业文化唯马首是瞻，恰好相反，它是和而不同。企业文化是和，每个人践行企业文化则有不同的方式和方法，只要不超出企业文化的内涵。

在企业文化这件事上格物，就是在这件事上正念头：了解、理解、接受、趋同企业文化。

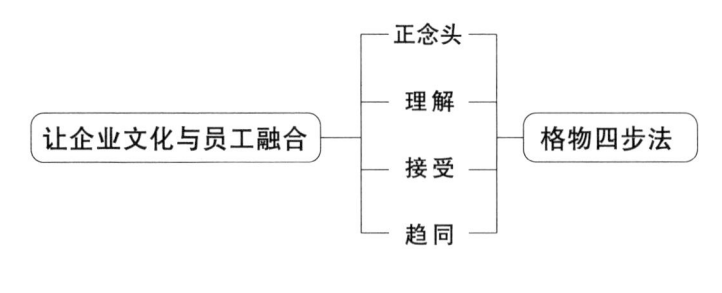

图6-1

与企业文化做到和，就是要明白一个道理，企业文化是灯塔，照亮每个员工的前进之路。而每个人也应该是灯塔，也要照亮企业以及其他人的路。

王阳明弟子徐樾曾向王阳明求学，王阳明答应了。当时，徐樾还处于王阳明心学的初级阶段——静坐，他确信在静坐中理解了王阳明心学，得到了真谛。王阳明就让他举例子说明，徐樾就兴奋地举起例子来，他举一个，王阳明否定一个，举了十几个，已无例可举，徐樾相当沮丧。

王阳明就指点他道："你太执着于事物。"徐樾不理解。王阳明就指着船里的蜡烛的光说："这是光。"他在空中画了个圈说："这也是光。"又指向船外被烛光照耀的湖面说："这也是光。"再指向目力所及处："这还是光。"

徐樾先是茫然，很快就兴奋起来，说："老师，我懂了。"

其实徐樾懂的正是一个组织文化的和的最高境界：如果你是一根蜡烛，不能仅仅照亮自己，更要照亮别人。如果你只是此心光明了，却让别人处于黑暗中，这就不是知行合一。换个说法，如果你真的是一根蜡烛,就如同你与企业文化达成和谐的状态,当你点亮时,不必念想着要照亮企业和他人,你自然就能照亮。光,绝不仅仅在烛上,只要是光,点燃后自然能照亮天地。正如企业文化,它绝不仅仅是企业自身的光,你我同时点亮它,它就是太阳,照亮整个世界。

04

社学：如何让企业文化走进人心

> 古之教者，教以人伦。
>
> ——《训蒙大意示教读刘伯颂等》

王阳明到南赣剿匪，每剿灭一处土匪后，都会迫不及待地做一件事，就是建立社学。社学并非王阳明的首创，正如十家牌法是朱元璋首创而非王阳明，乡约是吕氏家族首创而非王阳明一样。中国古代真正伟大的政治家、组织领导人，很少首创，正如孔子所说的"述而不作"，因为在他们看来，把老祖宗的智慧拿出来用就行，不需要验证，无形中就提高了效率。

社学创立于元帝国统治中国的1286年，它的基本设置是：每五十户为一社，每社设学校一所，选择通晓经书的人为教师，农闲时令子弟入学。明王朝继承其遗产，各府、州、县皆立社学，主要任务就是中国传统教育思想的灵魂——教化。常态下，社学所教化的对象是15岁以下的幼童。

王阳明的社学教条分为两部分：一是从教育理论角度强调教化者在教化过程中的内容和应当注意的一些问题，这部分内容在《训蒙大意示教读刘伯颂等》中；二是对社学具体教学方式的一些规定和指引，这部分内容被《教约》所收纳。

我们先来看《训蒙大意示教读刘伯颂等》的基本内容：古代的教育，是教人以人伦。后世记诵辞章的习气兴起之后，先王的教化便消亡了。如今教育儿童，应当专门将孝、悌、忠、信、礼、义、廉、耻作为重点。至于栽培涵养的具体方法，则应当以吟咏诗歌来激发他们的志趣，以学习礼仪来端庄他们的仪表，以劝勉读书来开发他们的心智。现在的人往往认为吟咏诗歌、学习礼仪是不务正业，这是鄙陋庸俗的见解，又怎么能明白古人立教的本意呢？

大致说来，儿童的天性是喜欢玩乐却害怕拘束。就好像草木开始萌芽时，让他舒展地生长就能枝叶茂盛，如果摧残阻挠就会衰败痿痹。现在教育儿童也应当积极鼓励天性，使得他们心中喜悦，这样就会不断进步。这就好比是时雨春风滋润花木，花木没有不萌芽生长的；如果花木受到冰霜的侵袭，就会生意萧索，不断枯萎。所以通过吟咏诗歌，不仅可以培养他们的志趣，也是为了在吟咏中宣泄他们的精力，在音律中抒发他们的抑郁之情；通过学习礼仪，不但可以端庄仪表，也是为了在打躬作揖之中活动血脉，在叩拜屈伸之间强健筋骨；通过劝勉读书，不但可以开发他们的心智，还可以在反复讨论中存养心体，在褒贬讽誉中宣扬志气。所有这一切都是顺导他们的志趣，调理他们的性情，消除他们的鄙陋吝啬，化去他们的粗劣顽皮，使得他们日渐符合礼仪而不会感到辛苦，心中中正平和而不知不觉，这就是先王立教的深刻含义。

近世教育儿童，每天只知道督促句读的功课，严格约束却不知道用礼仪引导，只求耳聪目明却不知道用善来培养，用鞭子抽打、用绳子捆缚，像对待囚犯一样。孩子们将学校视作监狱而不肯去，将师长视如仇敌而不想见，想尽各种办法要逃学去嬉戏玩耍，弄虚作假肆意顽皮。久而久之，孩子们变得庸俗低劣，日益堕落。这是驱使他们作恶却还要求他们向善，怎么做得到呢？

中国古代教育是以"人心惟危，道心惟微，惟精惟一，允执厥中"十六字心法为宗旨，以五伦（君臣、父子、夫妻、兄弟、朋友）为内容的道德教育，目的是提高我们的心智、进化我们的道心，达到道德与判断力并驾齐驱的目的。

王阳明说："所谓'道心'，就是率性（人性是善）而为，遵循人的本性来为人处世，而'人心'却是虚伪的，掺杂着太多人欲。如果不掺杂人心的种种私欲，能够遵循道心为人处世，那么表达出来的情感就是自然的喜怒哀乐；在待人接物方面也能合乎法度，也就是所谓的'中节之和'，能遵守各种礼节和行为规范；在人伦方面，则表现为父子之间有骨肉之亲，君臣之间有忠义之道，夫妻之间挚爱而又内外有别，老少之间有尊卑之序，朋友之间有诚信之德。其实，天、地、人三才之道讲的都是要遵循道心。舜派契担任司徒来教化天下，教的也是这些。"

王阳明对人伦的重视，前无古人："古往今来，不管是圣人还是愚人，都具备这同样的道心，有的人的道心不能显现出来，只是被私欲蒙蔽了，并不是说他心中不具备这些东西，而要向外部去求索。所以说，所谓不用去思考就能知道，就是指的人的'良知'；不用去学就做得到的，就是人的'良能'。没有哪个小孩子不知道要爱亲人，可是就连孔子这样的圣人也会说：'希望子女怎么孝顺你，你也应该这样去孝顺父母，可是我还做不到这一点。'这个明伦之学，小孩子都能做到，但是圣人却不是都能做到。如果上层政府能够明人伦，那么下层的老百姓一定会亲人伦，这样的话，也就可以家齐国治天下平。所以说，除了明人伦，再没有别的要学的了。如果除了明人伦还要你学什么，那就是异说；否定明人伦而谈论别的，那就是邪说；假借仁义之名，做的却是另一套，这就是霸术；用言辞来矫饰不明人伦的行为，这就是花言巧语；与明伦之学背道而驰的就是功利之徒、乱世之政。"

仅从组织的角度来看，社学其实就是企业大学，或者是企业培训。而和现在企业大学与企业培训重点不同的是，今日之企业大学和企业培训都以企业行业内容为主，很少涉及人伦这方面的内容。

我们仅以企业界最有名的大学"华为大学"为例来说明。为什么企业界的领导者都认为华为的模式很难学会？就是因为任正非把企业变成了一所大学，把员工变成了从里到外都具备华为特点的华为人。好比是哈佛大学的学生不同于耶鲁一样，再好比清华的学生和北大的学生也不同。早在1997年，任正非就开始在企业内部培训，6年后的2003年，任正非成立了华为培训中心，课程、师资统一规划建设，总体规划了企业培训目标，两年后注册的华为企业大学已是国内企业大学中的顶尖大学。

任何人进入华为后都要受全封闭、半军事化的培训，培训课程中文化思想课占了一半，如诚信、自我批判、团结合作、责任心与敬业精神、服从组织规则、以客户为中心等；其余的则是和工作业务有关的基本常识，如信息安全、质量和通信专业类知识等。

由此我们可以看出，任正非把企业文化和企业专业知识并举。华为大学中的"诚信"、自我批判（谨独）等文化，恰好是中华传统文化中的精华，它让人先有资格成为人。或者说，人伦教育是一个企业大学必须重视的。王阳明曾在《辞免重任乞恩养病疏》中说，领导者用人，不应看重过人之才，而应看重事君之忠。如果没有忠心，仅有过人之才，那么所谓的才干，也只能够成就个人的功名利禄，保全自身性命和妻儿罢了（夫用人，不贵其有过人之才，而贵其有事君之忠，苟无事君之忠，而徒有过人之才，则其所谓才者，仅足以济其一己之功利，全躯保妻子而已耳）。

意思是，对一个组织而言，人的品德比才能重要。

为什么在王阳明看来，人伦教育如此重要？他的理由是，一切术（专业性）的课程，只需要动脑就可以学到。而想让自己成为某一行业、某一领域的佼佼者，却需要用心。但一个人之所以为人，或者说是成功，不是因为他在某行业某领域的成就，哪怕这成就特别伟大，而是他是个伟大的人，是个拥有良知的人。拥有良知的人就是处理五伦关系时恰好到处的人，所以人伦教育不是教育我们做事，是教会我们做人。只要做好了人，肯做好人，自然就能做事，能做好事，把事情做好。

我们很容易就能想到，一个孝顺父母、对领导忠诚、对朋友有诚信、疼爱妻儿的人，绝对不可能是坏人，他在工作上的表现也绝不可能逊色，否则，他就对不起领导、父母、朋友和妻儿。

所以，社学讲授的内容是建立在阳明心学"人皆有五伦之良知"的前提和"做事先做人"的传统思想中的。

领导者如何教学（或是告诉老师如何培训），这类似于企业大学的讲师如何授课或是培训师如何讲课一样，王阳明认为，一个好的老师应该具备三个要素：1. 先自己做到，再让别人做到；2. 因材施教，成就他们各自的才华；3. 教无定法，因材施教，就是定法；同归于善，也是定法。要重点强调社学的教育之道，就是要帮助学生恢复他的善良天性，这其实也是所有教育的目的。

我们来看《教约》：

每天清晨，学生参拜行礼完毕，教读应依次提问学生：在家时热爱亲人、尊敬长辈之心，是否真切而没有懈怠？在使得父母冬暖夏凉、早晚请安的礼节上，是否能够躬身实践而没有遗漏？在街上行走时，是否注意礼节而没有放荡不羁？一切言行心思，是否欺天罔人未能做到忠信笃敬？每位学生都应如实以对，有则改之，无则加勉。教读要随时根据情况，委婉地加以启发引导，然后让他们各自退回座位上学习。

凡是吟诵诗歌，必须整理仪容，平定呼吸，使得声音清晰明朗，节奏均匀，不急不躁，不散漫不嘈杂，不气馁不畏难。时间久了，就会感到精神舒畅，心平气和。每个学校应当根据学生的多少分为四个班。每天轮流一个班吟诵诗歌，其余的学生收敛仪容，认真聆听。每五天让四个班依次吟诵诗歌，每月初一、十五组织各学堂到书院集体吟诵。

但凡学习礼仪时，必须澄明内心，排除杂虑。老师要认真审察学生的礼仪细节，容貌举止。不疏忽不懈怠，不拘谨不害羞，不随便不粗野，从容而不缓慢，谨慎而不紧张。时间久了，体态仪貌练习得熟练了，德性的培养也就坚定了。学生的班次同吟诵诗歌一样，每隔一天轮换一个班练习礼仪，其余的班收敛仪容，认真观看。练习礼仪的那一天，免去其他的课业。每隔十天，集合四个班在本校依次练习礼仪。每月初一、十五组织各学堂到书院练习礼仪。

老师讲课不在多，贵在精熟。根据学生的资质，能认识两百字的只教一百字，让学生的精神力量有所富余，便不会产生辛苦厌烦的情绪，反而会有收获的喜悦。在诵读之时，一定要专心致志，口中所读、心中所想，字字句句，反复体会。音节要抑扬顿挫，心胸要宽广虚静。时间久了，学生就能明白礼仪，日益聪明了。

每天的工夫，先考察学生的品德，其次是背书、诵读，再次是练习礼仪或其他课业，再次是读书、讲课，最后是吟诵诗歌。凡是练习礼仪、吟诵诗歌，都是为了使孩童的天性能够长存，使他们乐于学习而不感到疲倦，这样就没心思去干歪门邪道之事。老师们了解了这一点，就知道该如何教育学生了。当然，这里所说的也只是个大概，"至于要明白领悟其中的神妙之处，就在于各自的努力了"。

这虽然是教授孩子的细节和流程规定，但何尝不是教授任何人的细节和流程规定？身为组织领导者，应该让管理者把这篇文章出口成诵。《教约》的思想就是最后一段，仅供组织领导者和管理者参考。

受训者的品德是第一考察内容，这些内容是：（1）在家时热爱亲人、尊敬长辈之心，是否真切而没有懈怠；（2）在使得父母冬暖夏凉、早晚请安的礼节上，是否能够躬身实践而没有遗漏；（3）在街上行走时，是否注意礼节而没有放荡不羁；（4）一切言行心思，是否欺天罔人未能做到忠信笃敬。

这些问题，都是灵魂拷问。然后是背诵培训内容，主要以中国古诗词为主。中国古诗词的韵律特点，能让人在背诵时，精神舒畅，心平气和。

然后是练习企业礼仪，习惯是靠培养的，习惯久了就成自然。练习企业礼仪时必须澄明内心，排除杂虑，做到不疏忽不懈怠，不拘谨不害羞，不随便不粗野，从容而不缓慢，谨慎而不紧张。坚持下来后你就会发现，人的体态仪貌发生改变，德性的培养开始坚定。

再然后是读相关书籍，老师讲课，内容不要多，注意受众的耐力。最后是吟诵或唱诵企业之歌。

不要认为这些内容无用，它的本质是习惯成自然，**仪式感能塑造道德感**，让被培训人的天性长存，让他们乐于学习而不感到疲倦，如此，就能全身心投入工作，而不会产生其他人欲之心。

王阳明领导力心法 263

05

感恩、敬畏你的平台

> 士虽有圣贤之学，尧舜其君之志，不以是进，终不大行于天下。
>
> ——《重刊〈文章轨范〉序》

打造组织的重要线索是热爱你的组织，如果组织由你创建，自不必说；倘若组织由他人建造，你是参与者，那组织就成了平台。对于平台，最应该感恩、敬畏的不是员工，而是中高级领导者。

任正非在华为内部经常说，华为每个人都是自由的，来去随意。而且凭借在华为多年的工作经验，出去后能有更好的发展。但事实却是，华为的中高级领导者很少离开华为，即使离开也远没有在华为做得好。

在企业中，所有人都和平台建立了一种关系，那就是寄生关系，我们每个个体无论你多位高权重，你只是寄生在巨人身上的虱子，离开了巨人，你就是个低如尘埃的虱子。当你在一个平台和客户打交道时，客户第一眼看的永远是你名片上的平台名称，而不是你的名字。

所以，真正良知光明的领导者都会重视自己的平台，他能冷静地分清平台和自己的能量。唐太宗李世民时代，中级官员王玄策奉命出使天竺（印度），求取蔗糖秘方。五部天竺有四部欢迎王玄策，只有中天竺国王阿罗那顺吃了豹子胆，派兵攻击王玄策使团。

王玄策使团人少力寡，毫无悬念地被击溃。王玄策仓皇逃到吐蕃，发檄文征召吐蕃兵、尼婆罗（尼泊尔）骑兵二万余人，杀了个回马枪。在这支野兽兵团的攻击下，中天竺全部沦陷，国王阿罗那顺和他的王妃、儿子等二千余贵族被俘，王玄策把他们和几百头大象、两万余牛马带回长安献俘。

天可汗李世民认为这是奇功一件，豪爽地封赏王玄策。王玄策一时风头无两。

有好事之徒马上就当着王玄策的面吹捧他说："您真是宇宙间第一等人，可以和汉代韩信相提并论。"

王玄策头脑清醒地说："看似是我打败了中天竺，但其实是帝国这个平台帮我打赢的。如果我不是大唐的臣子，怎么有能力调动吐蕃、尼婆罗的军队？人家不是看我面子，而是看我的平台啊。"

英雄和庸人的区别就在这里：无论创造何等盖世成就，英雄都能冷静地看到事情的本质。这个本质就是：离开平台，你什么都不是。即使你能力超群，如果没有平台的加持，你的爆发力也会大打折扣。

王阳明的弟子徐爱曾和王阳明探讨过一件事。这件事看上去非常重要，那就是要不要去北京参加会试（国考）。徐爱的想法是，科举考试的内容是朱熹理学，而他信仰的是和朱熹理学大相径庭的阳明心学，如果去参加考试，岂不是违背了自己的价值观？

王阳明认为这根本不需要纠结，因为阳明心学是练心的学问，既然是练心，在任何地方都可以练。学习朱熹理学并通过朱熹理学而获取到平台的那些官员，就不练心？只要做圣人的志向坚定，举业妨碍不了圣学（练心的心学）。

尤其重要的是，王阳明指出，如果你能通过科举考试做官，那就能进入这世界上最好的平台（政治场和官场），你完全可以通过这个平台去传播我的学说（阳明心学）啊。如果没有这个平台，那传播起我的学说来，还是很费力的。

中国儒家的主张是：天下有道则现，无道则隐。这个"道"就是良性的平台，当别人搭建好平台后，儒家主张必须想方设法走上平台，实现自己的人生价值；如果没有人搭建，那就隐居起来修炼自己。

有人认为儒家很滑头，坐等天上掉馅饼，别人辛苦搭建了平台后，他才跑出来，在别人辛苦搭建平台时，根本看不到他的影儿。其实，这恰好是儒家对平台的聪明看法：这个世界上，能凭自己之力搭建平台的人凤毛麟角，大多数人都是依靠别人搭建的平台而青云直上的。与其栉风沐雨又难以保证成功地去搭建平台，不如静中修行提升自己，然后获取充沛的能量到平台上大展身手。

你的能力没有平台，只是能力；有了平台，才能裂变成能量。如果能力是阿拉伯数字"1"，平台就是"1"后面的"0"，平台越强大，后面的"0"就越多。离开了这些"0"，你固然还有个"1"，可也只能是个"1"。而对平台而言，它仍然能找到无数个"1"。白岩松说过一句俏皮话：让一条狗每天都上央视，很快就能变成名狗。可如果央视舞台拒绝了它，很快它就会变回土狗。而这个世界上有无数的土狗希望能到央视这个舞台上展示自己，让自己变成名狗。

平台固然需要真正的"1"，而你更需要后面的那些"0"。

王阳明在贵州刚悟道时，通过讲学而声名大振。贵州军区世袭军政长官（贵州宣慰司宣慰使）安贵荣听说王阳明的大名后，马上派人送来酒肉，而且还写了封信给王阳明。信的大意是，他想减少贵州通往中原的驿站数量。明代的驿站是中央政府控制地方的重要据点，安贵荣要减少驿站，显然居心不良。

王阳明首先劝他别胡思乱想，向他强调说，驿站，尤其贵州境内的驿站是中央政府控制贵州的烽火台，你撤驿站，会给中央政府"弱化中央政府对贵州控制能力"的印象。后果如何，你自己应该能想到。

安贵荣只好打消了这个念头，但心中贼仍在。不久，贵州境内发生了两个少数民族首领的叛乱。王阳明判断，这两人是安贵荣的部下，他们叛乱和安贵荣的默许有直接关系。因为叛乱持续了一个月，安贵荣的军队毫无动静。他质问安贵荣，怎么回事。

安贵荣摆出一副死人脸说："他们造反，关我什么事啊？"

王阳明再去信说，两人是在你的军事管辖区叛乱。你就眼睁睁看着他们这样胡闹？中央政府怎么想？即使不追究你的失职，如果调动别省的军队来镇压，你的颜面何在？

安贵荣看到这封信后，冷汗直冒。他马上出兵，轻松平定了叛乱。

平定叛乱后，安贵荣忽然觉得自己伟大起来。他写信给王阳明：我一出手，这些跳梁小丑立即灰飞烟灭。由此可见我的能量，现在是否能向中央政府提出减少驿站数量呢？

王阳明又好气又好笑地回复他：第一，你能平定叛乱，是你动用了大批军队，而你能动用这批军队，是因为你手中有调兵的权力，可这个权力是中央政府给你的；第二，中央政府能给你权力也能收回你的权力，倘若收回你的权力，你只是普通人一个；第三，假设你现在不用中央政府给你的权力，只是单枪匹马去平定叛乱，你有信心吗？

安贵荣立即发现自己的伟大不是真的本身伟大，而是平台烘托出来的伟大，从此，再也不敢有非分之想了。

平台如此重要，我们必须感恩和敬畏平台，与平台做到最低限度的和谐——和。所谓和，就是要发自真心地感恩和敬畏平台。

第一，我们必须有的认识，不是你成就了平台（除非是你自己搭建的），而是平台成就了你。

电视剧《乔家大院》中有这样的情节：乔致庸创业时曾带着一个叫孙茂才的人，他当然是个人才，很快就成为乔致庸的左右手，后来通过艰苦奋斗和必不可少的运气，乔家的平台搭建起来，大家一起吃香喝辣。但孙茂才眼看平台越来越大，而自我感觉回报和付出不成正比，于是失去当初的感恩心，开始变得放肆，毫无敬畏起来。最终，他放纵自己的私欲，处处谋害乔致庸，结果被赶出了乔家。

孙茂才并没有因此而失落，他觉得凭借自己的才能到哪里都能混得比在乔家好。他顽固地认为是他把乔家生意做大的。没了他的乔家，注定不会走远。然而，当他自命不凡地投奔乔家对手钱家时，钱家说了一句话，让他如五雷轰顶：不是你成就了乔家的生意，而是乔家的生意成就了你！

这句话对那些总认为自己成就平台的人，无异于天打雷劈。我们最终要思考的是，到底平台成就了个人，还是个人成就了平台！

显然，答案无须论证。

第二，感恩和敬畏你的平台，就是要把平台当成是你自己的一部分，好比你的手足和你的五脏六腑，正是因为它们的存在，你才能行走坐卧如鱼得水，才能获取你想要的生活。

一个好的平台对个人而言，意味着更多的资源、名气和巨大的光环，人类往往对他人的身份地位好奇，而你身份地位的源泉正是平台所赋予的。人们在关注我们经常使用的名片时，并不关注你姓什么叫什么，他只关注你在为哪个平台服务，看似一张名片，其实它象征的是平台。

很多时候你会发现，同样是人，出身穷苦和出身名门，其个人素质不同，对平台的珍视程度也不同。在人类历史上我们经常能看到那些不爱护自己平台的人的下场，有人登上一个优秀平台后，不珍惜平台赐予他的权力和价值，挥霍无度，最终倒台。一定要明白的一点就是，当你走上那个平台时，你就和平台融为一体了，你在舞台上所有充满自信的表演，都离不开舞台。我们只看到快马一日千里，却没有看到承载它的大地；我们只看到有些人挥斥方遒指点江山，却没有看到他的平台在源源不断给他机会、资源和力量。

我们对待平台必须如蜗牛对待自己的壳一样，它们是一体的，离开了壳，蜗牛就不再是蜗牛。千万不要把平台当成能力，正如不要把弓当成箭一样。没有了弓的箭，什么都不是。

第三，我们对平台的感恩和敬畏，不是进入平台之后，而是要在进入平台之前。1508年，王阳明刚在贵州龙场悟道，监察御史王济就找到王阳明，拿出了南宋名臣谢枋得编选的《文章轨范》，这是一本有助于提升科考写作能力的书籍，王济希望王阳明能为这本书的出版写个序。

王阳明欣然允诺，写了一篇序，在这篇序中，他抒发道：考取功名，虽然不应是读书人的志向，但入仕做官有助于弘扬大道，所以还是应该做好科考这件事。

这是在说平台的重要。然后接着说，考试就是给皇上的见面礼，准备好见面礼，不是为了讨好君主，而是让自己致力做到诚；花工夫专研举业，不是为了有利于国君，为的是让自己致力做到诚。世人只看到那些科第进仕的人，大多都干些徇私谋利的勾当，没有实实在在

王阳明领导力心法　269

地侍奉国君，因而归咎于举业。却不知道那些人在一开始准备举业的时候，就只想着沽名钓誉，想着让自己的身家越来越丰腴，想的是将来能得到这些东西，一开始就没有任何诚心。所以孟子说："恭敬之心，应该是在送出礼物之前就有的。"程颐先生说："恭恭敬敬地从洒水扫地、待人接物这些小事做起，也是可以成为圣人的。"所以，懂得在准备见面礼之前先要有恭敬之心，才能明白，不是说要等到你参加科考以后，才有辅助国君成为圣君的志向；明白了把洒水扫地这样的小事做好了也有可能成为圣人的道理，也就会明白，用心准备科考也可以成为伊傅（指伊尹和傅说）周召（指周公和召公）那样的贤相。

很多人都觉得，进入平台后再树立感恩、敬畏平台的心即可。但王阳明却说，在你寻找平台时，就应该抱有这种心态。寻找到合适的平台，是人生踏出的第一步，如果这一步心不在焉，那后面培养对平台的感恩和敬畏，就很难。你必须在找到平台前对自己有清醒的认识，自己要做什么，体现自己的什么价值，这个平台是否能够帮助自己实现这些渴望。如果答案是肯定的，那在还没有进入平台前就应该如王阳明所说的那样，怀有虔诚、感恩的心态。要用最贵重的礼物打开平台的大门。这个礼物就是你的感恩和敬畏之心，当然，能力也要有。

第四，你要有和平台分离的能力。战国时期，英雄豪杰辈出，吴起就是其中最璀璨的一个。吴起生于盛产女巫的卫国，家境殷实，从小喜欢兵法，后来拜了儒家学派巨子曾子为师，学成后跑去鲁国这个平台效力。当时鲁国虽是中国文化思想中心，却脆弱不堪，总在对外战争中吃败仗，吴起被任命为将军后，这种情况立即改观。鲁国马上散发光辉，多次击败欺负它的齐国。

但马上有嫉妒吴起的人指出，吴起的老婆是齐国人，他总有一天会叛变。吴起马上休掉老婆（一说是杀了老婆），他觉得此举会让鲁国人安心，想不到，这是个圈套。立即又有人谴责他为了功名，连老婆都不要，这种人很可怕。

吴起陷入两难，只好逃亡到魏国。魏王把西部边境交给他，让他抵抗秦国。吴起以攻为守，多次和秦国交战，多次取胜，最后秦国被他打得吓破胆，听到魏国这两个字，就魂不附体。可老国王死后，新国王疏远了他，又有人指控吴起曾杀妻，道德败坏。吴起只好再出逃，这一次他去了楚王国。

楚王国当时行将就木，老大的王国处于半死不活状态，吴起在楚王熊疑的支持下实行变法，他对楚王国的整顿先从最麻烦的问题开始。楚王国自成立后，就不停地学习周王国搞分封，熊家子弟即使是白痴，只要不死，就有大片封地，这导致了楚王国表面上是一个王国，其实政令不出国都，很难调动全部力量。吴起取消世袭的分封制，今后不再分封，如今存在的封国，三世之后收回爵禄。然后是精简官吏，把一大批"无能""无用""不急之官"全部裁撤。同时在官场统一价值观：官员必须做到为"公"而忘"私"，"行义"而不计毁誉，一心要为国家效力。

之后，吴起针对楚王国"地广人稀"的特点，奖励百姓到人少的地区开拓荒地，土地一多，人民有了饭吃，就不必受贵族的剥削，贵族势力立即削弱，这是一石二鸟之计。

最后，吴起用自己的军事天赋为楚王国组建、训练了一支强大的军队，吴起只用了三年时间，就让楚王国改头换面。楚王国一强大，熊疑马上就到实践中去检验变法成果。

楚兵团先是平定南方的百越，然后吞并陈国和蔡国，又和魏国、齐国交手，连战连捷。楚王国的势力，自楚庄王之后梅开二度，再攀高峰。吴起也达到了他人生的巅峰。

王阳明领导力心法　271

吴起无论是对鲁国、魏国还是楚王国这三个平台，都是心存感恩和敬畏的，这从他在任何平台上不遗余力地为平台贡献心力就可看出。当然，这不是我们要讨论的问题，我们要讨论的是，为什么吴起有勇气对任何平台说走就走？这当然缘于他的能力！

而在不同的平台上，他的能力所发挥的能量也不同。在弱小的鲁国，他只能打几个胜仗，在还算强大的魏国，他则能让一个国家低眉垂眼，而在更大的楚王国平台，他则能让国家起死回生。

我们应该做吴起这样的人，不停地进化自己，有资本和平台分离。和平台分离就是最大的和，因为这证明了你能和任何平台合二为一，达到双赢。双赢即是和。

所以，你要经常慎重地问自己以下问题：（1）如果你的工作岗位消失了，你还能干什么；（2）如果你的平台消失了，你是否还能找到别的平台；（3）如果你所在的行业消失了，没有了平台，你还能做什么。

这是灵魂的拷问，你需要做的就是回答它们，如果答不上来，你就要小心了。

《人类简史》上说：你以为是人类驯服了麦子？其实是麦子驯服了人类。麦子让从前到处游荡以打猎为生的猎人变成了固守的农民。和麦子和谐相处，为它贡献力量，栽培浇灌，它才能给你粮食吃。虽然是固守，但有本事的农民可以找到更肥沃的土地耕种麦子。无论你是固守此处还是他处，你都要感恩和敬畏麦子，因为你们是一体的，必须"和"。

外 篇

领导者的大学问

01

领导者三纲之明明德

> 见孺子之入井而恻隐，率性之道也；从而内交于其父母焉，要誉于乡党焉，则人心矣。
>
> ——《重修山阴县学记》

《大学》一书是中国古代学问殿堂级《四书》（《大学》《中庸》《论语》《孟子》）之首，也是中国古人世界观和人生观之书，可以说，《大学》是专门为中国人量身定制的天启之书。它的念头很简易明快：人应该活成什么样才算是人，怎么活成真正的人。《大学》如果用一个字来概括其内涵，那就是：和。而真正的人就是能与天地和、与万物和、与己和的圣贤。

无论是理学大师朱熹还是心学大师王阳明，都把《大学》当成是人生首读且必读的书，更把它当成所有人的天启之书。既然是所有人，那组织领导者自然也不例外。一个卓越的组织领导人，该如何从《大学》中汲取道术，成就自己和自己的组织呢？

下面我们就来畅谈。

《大学》有三纲八目之说，三纲是明明德，亲民，止于至善。八目是格物、致知、诚意、正心、修身、齐家、治国、平天下。

《大学》原文这样叙述这段话：大学之道，在明明德，在亲民，在止于至善。知止而后有定，定而后能静，静而后能安，安而后能虑，虑而后能得。物有本末，事有终始，知所先后，则近道矣。古之欲明明德于天下者，先治其国；欲治其国者，先齐其家；欲齐其家者，先修其身；欲修其身者，先正其心；欲正其心者，先诚其意；欲诚其意者，先致其知；致知在格物，物格而后知至，知至而后意诚，意诚而后心正，心正而后身修，身修而后家齐，家齐而后国治，国治而后天下平。

我们第一个要讨论的自然是三纲：明明德，亲民，止于至善。

有弟子问王阳明："《大学》一书，过去的儒家学者认为是有关'大人'的学问（所以称为《大学》）。我冒昧地向您请教，'大人'学问的重点为什么在于'明明德'呢？"

这个问题其实也可以这样问：领导者的学问重点为什么在于"明明德"呢？

我们先来看王阳明站在哲学大厦上的回答，他并没有直奔主题"明明德"，而是先定义"大人"："所谓'大人'，就是与天地万物合为一体的那种人。他们把天下人看成是一家人，把所有中国人看作一个人。倘若有人按照形体来区分你和我，这类人就是与'大人'相对的'小人'。'大人'能够把天地万物当作一个整体，并非是他们有意这样认为，实在是他们心中的仁德本来就是这样，这种仁德跟天地万物是一个整体。"

"以天地万物为一体"和"与天地万物合为一体"是两回事，前者是可以置身事外，自己不是天地万物的一部分；后者才是把自己融进天地万物，自己本人就是天地万物的一部分。

倘若以天地万物为一体，虽然也是把天下人看成是一家人，但由于自己没有严格被限定在一家中，所以做起事情来总会有所保留，做好了是你的功劳，做不好又可以全身而退，特别是领导者，倘若高高在上，总把自己应该做的事当成是恩赐交给他人，这就不是好念头。你必须把自己纳入天地万物中，你和他们是一家人，有难同当，有福同享，这才能付出全心全力。

看历史上那些优秀团队的领导人，毫不例外的都是王阳明和《大学》所谓的大人者。一个组织的领导者可以把组织看成是自己的，而员工就是为自己打工的；也可以把组织看成是他和所有员工的。两种念头导致的管理手段截然不同。前者会让员工和自己隔离，产生不信任感；后者则能让员工和自己交心，产生荣辱与共的心态。

王阳明乐观地指出，大人者，和天地万物为一体，不是有意识为之，而是他们的本能，在他们看来，世界就应该是这样的。大人者的世界观就是万物一体。那么，为什么和天地万物为一体不是有意为之，而是大人者的本能呢？

王阳明分析说："实际上，不仅仅是'大人'会如此，就是'小人'的心也是这样的，问题就在于，他们自己把自己当作'小人'罢了。为什么这样说呢？任何一个人看到一个小孩儿要掉进井里时，必会自然而然地产生害怕和同情之心，这说明，他的仁德跟孩子是一体的。或许有人会说，哎哟，那孩子是人类，所以才有害怕和同情的心。可是当他看到飞禽和走兽发出悲哀的鸣叫或因恐惧而颤抖时，也肯定会产生不忍心听闻或观赏的心情，飞禽走兽不是人类，他仍有这样的心情，这说明他的仁德跟飞禽和走兽是一体的。或许又有人疑问：飞禽和走兽是有灵性的动物，如果他看到花草和树木被践踏和折断时呢？我确信，他也必然会产生怜悯体恤的心情，这就是说他的仁德跟花草树木是一体的。又有人说，花草树木是有生机的植物，如果当他看到砖瓦石板被摔坏或砸碎时呢？我仍然确信，他也肯定会产生惋惜的心情，这就足以说明他的仁德跟砖瓦石板也是一体的。这就是万物一体的那种性德，即使在'小人'的心中，这种性德也是存在的。"

在这里，王阳明举的例子是"见孺子入井"，看到不太懂事的小孩正在井口玩耍，每个人都会不由自主地产生害怕和同情之心。问题恰好在这里，我们和那个孩子各有身体，根本不是一体的，为什么会产生害怕和同情之心，如同我们自己的手要受伤一样呢？

王阳明的解释是：和万物为一体，不是我们的身体和其一体，而是我们心中的仁德和万物是一体的。只要有仁德，我们自然就会在看到孩子要掉入井中时，感到害怕和同情。这足以说明，孩子是我们的一部分，我们能感知到他，所以才会产生害怕和同情。

其实也正如王阳明所说，无论是大人还是与大人相对的小人，都有这种感知。理论上而言，每个人都有感同身受的与生俱来的超能力，只不过大人纵容这种天赋，使其发见流行，而成为大人；小人则相反，出于各种私欲，要么没心没肺，要么听从这种天赋后，还有额外的想法。比如小人要么对井边玩耍的孩子无动于衷，要么虽然有害怕同情之心，而且也和大人一样去解救了，但想得太多：孩子的父母给我奖励吗？我能获取到做好人好事的名衔吗……

组织领导者也如此，真正的领导者，对他人能做到感同身受而且付诸行动；差的领导只管自己，即使想做点事，也希望能获取点实惠，否则干脆不做。

那么，王阳明所谓的能对他人感同身受的仁德是怎么来的呢？大人和小人在这方面的不同是如何形成的呢？王阳明说："这个问题无须证明，它与生俱来，自然光明而不暗昧，所以被称作'明德'。只不过'小人'的心已经被分隔而变得狭隘卑陋了，然而他那万物一体的仁德还能像这样正常显露而不是黯然失色，这是因为他的心处于没有被欲望所驱使、没有被私利所蒙蔽的时候。待到他的心被欲望所驱使、被私利所蒙蔽、利害产生了冲突、愤怒溢于言表时，他就会损物害人、无所不用其极，甚至连自己的亲人也会残害，在这种时候，他那内心本具的万物一体的仁德就彻底被遮蔽。所以说在没有私欲障蔽的时候，虽然是'小人'的心，它那万物一体的仁德跟'大人'也是一样的；一旦有了私欲的障蔽，虽然是'大人'的心，也会像'小人'之心那样被分隔而变得狭隘卑陋。所以说致力于'大人'学养的人，也只是做去除私欲的障蔽、彰显光明的德性、恢复那天地万物一体的本然仁德功夫而已。根本不必在本体的外面去增加或减少任何东西。"

王阳明所谓"仁德"就是《大学》中的"明德"，小人如果没有被欲望所驱使、被私利所蒙蔽，没有利害冲突时，其内心的这种"明德"活蹦乱跳，光芒四射。而一旦私利进入，产生了冲突时，小人的"明德"马上睡着，大人心中的"明德"无论遇到什么情况，都不会如小人那样睡着，它会毫不保留地呈现出来。但这种呈现，却需要我们下很大的功夫，所以明德必须明它，即为"明明德"，明是动词，是下功夫，是呈现。明德是后来王阳明提出的良知，第一个明则是致，明明德就是致良知，就是知行合一。

只要能明明德，就能毫无悬念地做到和天地万物为一体，就是"大人"。

王阳明曾解释过《易经》的《晋》卦的象：明出地上，晋，君子以自昭明德，这是对"明明德"的形象解释。"明出地上，晋，君子以自昭明德"意思是当光明出现在大地上，应该按照《晋》卦的含义（积极上进）去做，君子这时候应该彰显自身光明的德行。

王阳明解释说："太阳的本体没有不光明的，所以说这是大明。有时候会出现不明的情况，比如太阳落山的时候就看不见了。我们人心中的德本来都是光明的，所以叫作明德。有时候也会有不光明的情况，那是因为被私欲遮蔽了。祛除私欲的遮蔽，就没有不光明的。太阳从大地升起，是太阳自己从地上出来的，天并没有为此做什么。君子能够使自己明德光明，是明德自己光明的，他人并没有为此做什么。能够自然地昭明心中的明德，是因为自己去除了私欲的遮蔽。"

明德如太阳，太阳发出光芒，就是明明德。当太阳发出光时，其实是没有任何意识的，也不像月球一样还要借助太阳发出光芒。太阳发光是自动自发的，没有任何意识和借口，这是它应该做的事，它唯一做了的事就是这样做了。正如大人者明明德，没有任何意识和借口以及过多的奢望，他唯一做的事就是明了明德，和万物为一体。

太阳从大地升起，是太阳自己从地上出来的，天并没有做什么，这就提醒我们，明明德是自己的事，每个人尤其是领导者，不能让别人催促着去明明德。

然而有些时候，我们不是不想明明德，只不过明德还在地平线下面，没有能力明明德。王阳明说，在这种时候（初阴居下），人就应开始上进，上面的人一旦感应到了，就会有晋升的迹象。但是你当时的意念都在自求上进而没有工夫援助初阴时，又会出现被摧折的迹象。这时如果能固守正道，就可以获得吉运。

大概是因为正要上进的时候，德业还不显著，忠诚之心还不明显，上面的人还不太信任你。如果上面的人对你还没有建立信任，而你却急切地希望上面的人知道你，那就可能有失身枉道的耻辱，并因此心中有不满而耍一些小聪明，千万不要这样做。

这时候就应该宽裕雍容，让自己的内心安定地处于中正的状态，这样的话，如果能长久保持这些好的品德，你就会变得有自信，如果能够不断积累这种诚心，自然就会有所感悟认知，如此才不会犯错。

王阳明经常说，环境和命运的制造者是你自己，你在心中种下什么样的花，精心照料后自然就会结出什么样的果。反之，如果疏于照料，就会杂草丛生。明明德就是打扫你的心灵，心灵干净，思想自然纯洁。你以为自己的所作所为是为了他人？其实都是为自己，为自己的人生和自己组织的经营。

如何做到真正的明明德，（1）以善恶而非得失作为标准。明明德要求一个组织领导者不要以得失而要以善恶来做判断。"明德"本身就是善，明明德就是以善恶作为所有事情的标准；（2）先把自己的事放在一边，清楚员工想在一个什么样的公司工作，按此去做，完全利他；（3）把"只要自己好就行"的想法彻底祛除，做到和员工为一体；（4）趋利避害是人之本能，它对于个人而言是正确的，但对于天地万物一体而言是错误的。因为趋利避害注定会让你考虑得失，考虑得失后你就会算计损益，当然肯定是算计自己的损益，而不是他人的。一旦如此，你和其他人的一体就被打破了；（5）人有两种本能，一是得失利害的快速判定；二是明德的瞬间呈现。这两种本能没有对错善恶之分，你只需要分清下面的情况：当你是个人时，可以采用第一种本能；当你有组织时，你必须听命第二种本能。面对决策或者执行时，这两个本能会同时爆发，在不同的情境下（个人或带领团队）明德本能会告诉你得失利害是对的还是错的，按照它的意思去行动，就是明明德，就是致良知，就是知行合一，其最后的境界必然是"和"。

明明德太过重要，以至于《大学》首先谈的就是它，那么，正如王阳明的弟子所问的，"'明明德'确实很重要，可是为什么又强调'亲民'呢？"

02

领导者三纲之亲民

> 先生曰:"只说'明明德'而不说'亲民',便似老佛。"
>
> ——《传习录·陆澄录》

明明德当然很重要,而且看上去,只要能明明德,好像万事大吉一样。但王阳明早就指出过,只谈明明德不谈亲民,就似老佛。明明德的注意力集中在自我修行上,领导者如果只是顾着自己的善恶,就会拒绝承担责任和风险,这就如同佛和道一样,只顾着点亮自己,至于光照他人,那不是他首要考虑的问题。

所以明明德必须去亲民上体现,通俗而言,你的明德必须去民上呈现出来,如果明德没有被遮蔽,那它在民上的呈现必然是"亲"。

王阳明心学和朱熹理学一个本质的不同即在这里,朱熹认为应该是"新民",王阳明则认为应该是"亲民"。新和亲,到底有什么不同呢?

来看个故事：西周初期，周公把姜太公封到齐地为诸侯，把周公的儿子伯禽封到鲁地为诸侯。

姜太公五个月后就来报告政情。

周公问："怎么这么快？"

姜太公答："我简化了政府的组织，礼节都随着当地的风俗。"

三年后，伯禽风尘仆仆而来报告政情。

周公问："怎么如此慢？"

伯禽回答："我改变他们的风俗，革新他们的礼节，这是个大工程。"

周公说："如此看来，后代各国必将臣服于齐啊！处理政事不能简易，人民就不能亲近他；平易近人的执政者，人民一定归顺他。"

姜太公和伯禽的治国方略就是王阳明和朱熹对《大学》第二句的理解。

大学之道，在明明德，在亲（新）民……

朱熹认为，是"新"民，王阳明认为是"亲"民。

姜太公用的是"亲民"，民之所好好之，民之所恶恶之。顺着百姓的心而用心，不仅关怀他们的身体，更关怀他们的心理。不违背他们的意志，使他们有一定的独立精神，和而不同。简单而言，亲民就是为员工服务，为本国人民服务，为人类服务，为整个宇宙服务。

而伯禽用的是"新民"，以绝对权力按自己的意志来教化、启蒙，改造民众，让他们成为思想上的奴隶，统一行动中的巨人。

从这一点而言，"新民"就是统一思想，不必在乎别人的意志和感受，强行使他们进入自己设置的轨道，使人的独立意志和独立精神彻底丧失。

亲和新，很简单的两个字，背后却蕴含深意。

北宋时期，有两个皇帝就是"亲民"和"新民"的代表。"亲民"的代表是宋仁宗赵祯，其在位时期，大臣最活跃，他也往往凭着大臣之意行决断之事。最积极的证据就是，大臣包拯某次不同意赵祯的建议，直接和赵祯对峙起来，包拯大谈特谈，特别激动时把唾沫星子喷到赵祯脸上。虽然如此，赵祯后来还是同意了包拯的意见。后人评价赵祯说，什么都不会，只会做皇帝。"新民"的代表是赵顼（宋神宗），在位时期，用王安石变法，整顿天下思想秩序，大刀阔斧，雷厉风行。但北宋就是从赵顼时代开始埋下灭亡隐患的。

亲民和新民，应该合二为一，才是治国平天下的正道，也才是组织领导人的管理之道。领导者既要有以伟大思想统一的新民，让百姓得到新知识，开拓新思路，更要有"民之所好好之"的亲民，为人民服务，让整个天下都成为一家人。

王阳明解释说："'明明德'是要倡立天地万物一体的本体；亲民（为人民服务）是天地万物一体原则的自然运用。所以，明明德必然要体现在亲爱民众上，而只有亲民才能彰显出光明的德性（明德）。所以爱我自己父亲的同时也兼爱他人的父亲，以及天下所有人的父亲。做到这一点后，我心中的仁德才能真实地同我父亲、别人的父亲以及天下所有人的父亲成为一体。真实地成为一体后，孝敬父母（孝）的光明德性才开始彰显出来。爱我的兄弟，也爱别人的兄弟，以及天下所有人的兄弟，做到这一点后，我心中的仁德才能真实地同我兄弟、他兄弟以及天下所有人的兄弟成为一体。真实地成为一体后，尊兄爱弟（悌）的光明德性才开始彰显出来。对于君臣、夫妇、朋友，以至于山川鬼神、鸟兽草木也是一样，没有不去真实地爱他们的，以此来达到我的万物一体的仁德，然后我的光明德性就没有不显明的了，这样才真正与天地万物合为一体。这就是《大学》所说的使光明的德性在普天之下彰显出来,也就是《大学》进一步所说的家庭和睦、国家安定和天下太平,也就是《中庸》所说的充分发挥人类和万物的本性(尽性)。"

由以上叙述可知,明明德是亲民之始,亲民是明明德之成,二者绝不能分割,如同知行不能分割一样。如果二者分割,领导者只重视明明德,就无法做到为人民服务,用王阳明的话来说就是,成为自私自利的佛道;如果领导者只重视亲民,那很多政策、决策可能是"利"的,但未必是善的。

如果用知行合一的语境来叙述,真亲民者,必能明明德,否则就不是亲民;真明明德者,必会亲民,否则就不是真明明德。你真有为员工服务、为人民服务的心,就必能找出为人民服务的理来。这根本不需要讨论,一个领导者倘若没有做到为员工服务,没有把员工服务好,他本人也不会心安,因为他自己也知道,没有真正做到明明德,所以无法亲民。

那么,我们接下来要探讨的是,为什么很多组织领导人的明德看上去很明亮,但却做不到亲民(为员工服务)呢?

第一,志向不坚,忘记初心。之前我们谈论过,王阳明所谓的立志,不是做大官,发大财,而是做大事,要做大事,必须心心念念存养天理。

这天理就是发自真诚地服务他人,而且毫无保留地付诸实践,最后成就自己。俗一点的讲法就是,为人民服务、天下为公,心怀他人,而不是全怀自己。

从前,有两个生意人来到一片远离人群的居民区。两人发现这里没有超市,于是几乎同时在居民区开起了便民超市。

甲的超市比乙的大,但一个月过后,生意惨淡,乙的小超市却做得风生水起，几乎成了所有居民的不二之选。甲大惑不解，找到乙，询问诀窍。

乙也大惑不解，他认为甲的实力比他的强，应该比他的生意好，但结果竟然相反。

甲就视察乙的超市，发现超市的货物和自己的也差不多。不过有个小细节，乙的货物似乎都很接地气，而且摆放得也特别用心。

他问乙："你为什么要开超市？"

乙回答："我看到这里一个超市都没有，居民们肯定不方便，开这个超市就是方便他们的。"

甲说："我不这样想，我想的是，这是个市场空白，抢占市场空白，就抢占了利润。"

如果把甲和乙对为何开超市的答案看作是立志的话，虽然都是开超市，但甲乙二人的"志"却完全不同。

我们注意到，乙的"志"是方便当地居民，甲的"志"是赚钱。

乙立下那样的志向后，如果他能不忘初心，就会为居民着想，就会用心，真正为居民提供便利，居民认可他的真心后，就会把利润送给他。

甲的志向，看似很精确，其实犯了个大错：真正的志向，是一种情怀，而不是具体的有所指。

比尔·盖茨曾立下志向：要让所有的家庭都拥有一台计算机，倘若他当初立下的志向是，要卖计算机给所有家庭来赚钱，恐怕就不会有今天的比尔·盖茨。

每一件事，都存养着为人民服务、天下为公、心怀他人，而非全怀自己的天理，这就是念念存养天理，就是立志。天长日久，就会有圆满的人生。

然而，很多人开始时的确有志向，但走着走着就忘了志向，也就是忘了初心。从前有个人养了一只鸽子，他和鸽子的感情很好。后来鸽子死了，此人决心给鸽子举行一场仪式感十足的火葬。但火葬鸽子时，鸽子肉香气扑鼻，此人忘记了烧鸽子的初心，去买了瓶酒，鸽子成了下酒菜。

忘记初心，忘记我们当时为什么会出发，这是人之通病。1644年，李自成带着他在浴血中成长起来的大顺兵团攻克北京，这支全部由贫苦农民组成的兵团，一进北京，立即忘了从前为天下苍生谋福利，艰苦奋斗的发心起念，开始奢侈腐败，比他们痛恨的大明王朝还要令人印象深刻。

李自成因贫苦而造反，理想远大，就是为了改善天下劳苦大众和他本人的生活。在造反的十几年中，他多次被明王朝逼入绝境，却仍然坚持对抗明王朝，面对明王朝的招降，他嗤之以鼻，宁可死也不忘初衷。

老天眷顾他，让他数次绝处逢生，终于灭掉明王朝。但是，他一进了北京，就如同换了个人，什么都忘了，只记得眼前的荣华富贵，忘了自己为什么出发。

不到一个月，李自成的大顺兵团在满洲人的铁骑下，土崩瓦解。李自成仓皇逃出北京，逃到他出发的地方。但再想出发，已不可能，他后来被愤怒的、他一直想拯救的百姓杀掉。

李自成现身说法，告诉我们：当你忘记初心，就注定没有未来！

严嵩年轻时，意气风发，有着高尚的理想和舍我其谁的担当精神。后来他步入官场，尽全力向上爬，希望能得到大展宏图的平台，创建夺目的事功，名垂史册，为子孙后代，为天下苍生贡献自己的全部心力。

然而，官场的阴暗和血腥，让严嵩逐渐感受到，凭借一腔热血和干净的理想，不可能爬上高位。在进行了无数次思想斗争后，他放弃了从前的发心，开始猛攻官场秘籍，谄媚领导，排挤同僚，最终他爬上了最高枝，也爬上了遗臭万年的金字塔。

人很难铭记初心，因为初心是我们内心最干净、良知最光明时的正念。这种正念必须到污浊而复杂的事情上去展现，所以，它必受到阻碍和挫折。

尤其是，你坚持的信仰越伟大，和你同行的人就越少，孤单上路，忍受寂寞和各种各样的打击，纵然是钢铁巨人，也会犹豫，最后只能放弃。

但是，这个世界上就是有那么一种人，始终不忘初心，坚守信念、忍受寂寞和千奇百怪的打击，以最后的事功回馈自己内心那份执着与坚持相伴风雨的良知！

我们称这种人为伟人。

不忘初心，不是让你不改初衷，时光在流逝，情境在转移，你不可能画地为牢，永远坚持初衷。所谓不忘初心，是让你有包容之心，为了你内心深处最恢宏的理想，万物皆备于我。

可以说，不忘初心，是一种人生境界。

但很多时候，初创企业的领导者还真没什么初心，大多数人只是凑热闹，按照风向标行动，什么可以发财就做什么，所以企业倒闭如多米诺骨牌，大家都倒，自然也就没有人反思，为什么会倒。

而没有初心的人，由于意志不坚定，最先可能亲民，后来就不亲了，只亲自己。意志不坚定，忘掉初心，就注定会被外物所累。

03

领导者三纲之止于至善

> 知止者,知至善只在吾心,元不在外也,而后志定。
> ——《传习录·陆澄录》

按常理,如果能去民上明明德,做到亲民,那就万事无忧了,可为什么还要有第三纲"止于至善"呢?

先来看王阳明如何解释"至善":"所谓'至善',是'明德''亲民'的终极法则。天命的性质是精纯的至善,它那灵明而不暗昧的特质,就是至善的显现,就是明德的本体,也就是我们所说的'良知'。'至善'的显现,表现在肯定对的、否定错的,轻的重的厚的薄的,都能根据当时的感觉而展现出来,它富于变化却没有固定的形式,然而也没有不自然地处于浑然天成的中道之事物,所以它是人的规矩与物的法度的最高形式,其中不容许有些微的设计筹划、增益减损存在。其中若稍微有一点设计筹划、增益减损,那就是出于私心的意念和可笑的智慧,而并不是真正意义上的'至善'。"

原来,"至善"就是良知。良知的几个基本特点如下:(1)与生俱来;(2)能知是非善恶;(3)反应神速;(4)良知是易,易是变,富于变化却无固定的形式,当它投射到事物上去时自然而然,不拧巴。所以,我们可以说良知是我们与生俱来的道德感和判断力。

由良知的以上特点可以看出,良知不容算计,正如天理不容思想一样。如遇到事,只要有少许的设计筹划、增益减损存在,那就不是良知了,天理不容思想也是如此,人类一思考,上帝就发笑。因为人类全部智慧固然在脑中,但全部属于人的精神却在心中。良知(至善)帮我们确定事情的是非善恶,唯有确定了这点,才能走好下一步的头脑计算。

简单而言,"至善"是明德和亲民的终极法则,至善像是船舵,明德和亲民则是船,船是乘风破浪还是碰触礁石,全由至善说了算。

那么,接下来的问题就是,组织领导者如何拥有至善呢?虽然它是我们与生俱来的,但我们与生俱来的东西多着呢,如果你不主动去呈现,它还是会隐藏着,不会出来。

王阳明给出的思路是:(1)将慎独(自己独处时也非常谨慎,时刻检点自己的言行)做到精益求精、一以贯之境界的人才拥有至善;(2)通过"明明德"的功夫达到"精深专一"后便是至善了;(3)至善也从未脱离具体的事物,所以必须去"亲民"上实践。

从这种套路来分析,是否至善可以去"明明德"和"亲民"上求取呢?

王阳明说,不对。至善只能在心中求,比如说侍奉父亲,不能从父亲身上去探求个孝的道理;辅佐君主,不能去君主身上探求个忠的道理;与朋友交往、治理百姓等事,也不能去朋友、百姓这些人身上求个信与仁的道理。这些道理全都在心里,心即是理。

王阳明借《大学》发挥道:"后人因为不知道拥有至善的关键在

于我们自己的心，而是用自己掺杂私欲的智慧从外面去揣摩测度，以为天下的事事物物各有它自己的道理，因此掩盖了评判是非的标准，使'心为统帅'的简单道理变得支离破碎、四分五裂，人们的私欲泛滥而公正的天理灭亡，明德亲民的学养由此在世界上变得混乱不堪。在古代就有想使明德昭明于天下的人，然而因为他们不知道止于至善，所以使得自己夹杂私欲的心过于膨胀、拔高，所以最后流于虚妄空寂。而对齐家、治国、平天下的真实内容无所帮助，佛家和道家两种流派就是这样的。古来就有希望亲民的人，然而由于他们不知道止于至善，所以自己的私心陷于卑微的琐事中，因此将精力消耗在玩弄权谋智术上，从而没有了真诚的仁爱恻隐之心，春秋五霸这些功利之徒就是这样的。这都是由于不知道止于至善的过失啊。止于至善对于明德和亲民来说，就像规矩画方圆一样，就像尺度量长短一样，就像权衡称轻重一样。所以说方圆如果不止于规矩，就失去了准则；如果长短不止于尺度，丈量就会出错，如果轻重不止于权衡，重量就不准确。而明明德、亲民不止于至善，其基础就不复存在。所以用止于至善来亲民，并使其明德更加光明，这就是所说的大人的学养。"

以上论述已经给出了如何在心中求到至善的方法，只有一个字：止。

《大学》的文本在佛教传入中国之前，但佛教传入中国在唐宋时期成熟后，理学家和心学家开始用佛的精髓来解析《大学》，王阳明也不能免俗。尤其是这个"止"字，王阳明对其有很多解释。

（1）止是一种状态，是一种心处于平静、安宁、专一、无烦恼的神灵状态。任何人在做决策时要处于这种状态，尤其是组织领导者，其所做的决策关系着无数员工的饭碗，所以做决策时不能轻举妄动，头脑发热，必须使终极处于平静、安宁、专一、无烦恼、无后顾之忧的状态。

（2）佛教讲究"止观双修"，这里的"止"是心中常在善念，也就是说，领导者一切言谈举止，行走坐卧，都必须以善为出发点，其实就是稻盛和夫说的作为人，何谓正确，作为领导，何谓正确。何谓正确？答案是：把作为领导人应该做的正确的事情以正确的方式贯彻到底。"观"则是追根溯源，它属于哲学追寻终极问题的范畴，比如一件事搞砸了，为什么会搞砸，你要刨根问底，最后你会发现，人世间所有搞砸的事，组织内所有的搞砸的决策以及行动，都和人的私欲有关，和人没有常存善念有关。所以，止，就是要常存善念，才不必在事情搞砸后才去观。

（3）阳明心学中的道家以及道教成分尤重，而且中国的根底全在道教，我们每个人身上都有道教遗痕。道教讲究的是"诸善奉行、诸恶莫作，种瓜得瓜，种豆得豆"。从此角度来解析，止既包含了佛家的常存善念，又包含了佛家、道家的因果，种什么就结出什么，所以必须有所止，这个"止"就是止于因，用儒家的说法就是动机论。

1495年，高平县令编辑了《高平县志》，请王阳明写序。王阳明在这篇序中大发感慨道："我想到，高平就是古代的长平。战国时秦将白起率兵攻打赵国，曾在长平活埋了四十万赵国俘虏，至今天下人都觉得那些人死得太冤了……我个人是这样看待这段历史的：赵国四十万人向秦国将士俯首投降，可是秦人却把他们全部活埋，没有半点同情心，实在是无所顾忌，秦人的残酷暴虐，自然是罪大恶极，但是，导致这样的结果，纯属当时那些诸侯国的祖先咎由自取。周武王开国时分封诸侯，是有一定规划和制度的。如今叫作方志之类的图籍就是用来记录各国山河的险峻平坦，记录所封疆土的宽广狭窄、土地的肥沃贫瘠，记录各地贡赋多少、风俗特点、土产品种等，一切都记得井井有条，各诸侯的子孙世代管理这些地方，不能因为个人的欲望随意地增加、减少、索取、赠送。大家都讲信义，和睦相处，各自守住祖先留下的基业，不敢违反祖制而互相侵夺。但到战国时期，各国诸侯嫌弃祖宗的法制对自己不好，束缚了他们对贪欲的追求，就把原有的志书都毁掉了。于是就出现了倚强凌弱，大国侵犯小国的情况。有的国家被兼并，有的国家被篡夺，周朝先王建立的法制至此荡然无存，无从查考，那些野心勃勃的诸侯也就不再有什么顾忌，秦国才敢对赵国如此残暴。所以说，七国的灭亡，实际上是因为国家的文献档案不足以供考证，祖先的法制没有得到保存。由此可见，典籍图志和国家的关系，难道不是十分重大吗？"

这篇文章点出了一个重要的主题：当你不能止时，你的报应就注定了。止就是常存善念，一时的获取，如果不是靠善得来，那在你获取时就已经注定了失去，而且可能变本加厉。

（4）止于至善，从儒家角度讲就是王阳明所说的践行五伦关系中的德：事君的忠、事父的孝、对待朋友的信等。所以这个"止"是恰到好处，适可而止，也就是中庸，不能过或者不及，对君的忠，如果不尽心尽力是不及，愚忠则是过了。

接下来，我们将总结止于至善到底是什么意思。所谓"止于至善"就是心中常存善念，扮演好你在这个世界上担任的各种角色。

同时，至善需要在心中求，你不能去别人那里寻找善，既找不到，也没有必要，因为至善就在你心中，只要你肯求，就必然能求得到。至善绝对不会放任何有求于它的人的鸽子。

王阳明曾问过弟子们："天下何物至善？"有个弟子立即接口道："惟性为至善。"王阳明微微点头。

性是天命之，也就是出生时老天注入我们体内的一种善，这个善可以激发出无数的其他的善,所以人性是我们的根本,是至善,是万善之善。

组织领导者去民上明明德,这个明德就是亲,能做到如此顺理,必须止于至善,这就是《大学》的三纲,也是在王阳明看来,组织领导者必须深刻理解并能知行合一的三纲。

领导者懂得了止于至善的道理,志向才得以确定;志向确定,然后身心才能安静;身心安静,然后才能安于目前的处境;安于目前的处境,然后才能虑事精详;虑事精详,然后才能达到至善的境界。止、定、静、安、虑、得(止)是一个圆圈,通过一系列易如反掌的行动完成成功做事的闭环。

王阳明解释说:"人们只是不知道'至善'就在自己心中,所以总是向外面事物上寻求;以为事事物物都有自己的定理,从而在事事物物中去寻求'至善',所以使得求取至善的方式、方法变得支离决裂、错杂纷纭,而不知道求取至善有一个确定的方向。如果你知道至善就在自己心中,而不用向外面去寻求,这样意志就有了确定的方向,从而就没有支离决裂、错杂纷纭的弊病了。没有支离决裂、错杂纷纭的困扰,那么心就不会妄动而能处于安静。心不妄动而能安静,那么在日常生活中,就能从容不迫、闲暇安适从而安于目前的处境。能够安于目前的处境,那么只要有一个念头产生,只要有对某事的感受出现,它是属于至善的呢,还是非至善呢?我心中的良知自然会以详细审视的本能对它进行精细的观察,因而能够达到虑事精详。能够虑事精详,那么他的分辨就没有不精确的,他的处事就没有不恰当的,从而至善就能够得到了。"

当你知道了至善是在你心中,这样就等于找到了唯一的靶子,你只要到自己心中求取至善即可。对于一个组织的领导者而言这一点非常重要，至善就是企业生存进化的道理。每个组织都有属于自己的员工，这些员工其实就是企业文化的一部分，求取组织文化和解决组织问题之道必须建立在自己员工的基础上，而不能效仿别人。

楚汉争霸时，汉王刘邦的大将韩信奉命到河北开辟第二战场，韩信临时召集了一支几千人的队伍，先攻楚霸王项羽的战友赵国。赵国领导人陈余集结二十万兵力，占据太行山以东的咽喉要地井陉口，坐等韩信。

陈余的谋士李左车为其出谋道：井陉口以西，有一条长约百里的狭道，两边是高山，道路狭窄，是韩信的必经之地。咱们正面死守不战，派兵绕到后面切断韩信的粮道，把韩信困死在井陉狭道中。

陈余冷笑道："韩信只有几千人，千里袭远，如果我们避而不击，岂不让天下人看笑话？"

韩信知道此消息后，大喜过望，迅速率领汉军进入井陉狭道，抵达井陉口后，部队快速渡过绵蔓水，背水列下阵势，韩信做阵前总动员说："如今我们退无可退，只能死战，否则绝无生的可能。"

几千士兵浩气冲天，高喊绝地反击。陈余看到韩信这种布阵方法，大笑不已说，这简直是自寻死路，下令攻击。韩信趁陈余倾巢而来，秘密命令一支机动部队绕过陈余主力，突然出现在赵军营垒，拔掉了赵军的旗帜，换上了汉军旗帜，背水的汉军猛然发起进攻，陈余张皇失措，惨败。

庆功宴上，有人问韩信："兵法有云，要背山、面水列阵，这次我们背水而战，居然打胜了，为何如此魔幻？"

韩信回答："兵法上不是也说'陷之死地而后生，置之亡地而后存'吗？只是你们没有注意到罢了。"

"置之死地而后生"由此成为后来兵团领导者在无路可走情况下

使出的绝杀技，它好像成为真理，似乎谁能掌握它并且大胆运用，谁就能反败为胜一样。

真是如此吗？明朝中期，戚继光奉命到南方剿灭倭寇。他刚把部队组建起来，就遇到有倭寇入侵，形势危急。有人建议戚继光，把部队拉出去，背水列阵，效仿韩信置之死地而后生。

戚继光说："不可。"

人问："韩信和陈余之战，也是新组建的部队，他能做到的，你为何做不到？"

戚继光说："秦末和现在形势不同，所以士兵也不同。战国时期，每个国家几乎全民皆兵，秦朝不过十几年时间，所以秦末仍然是全民皆兵，这就是韩信仓促之间召集起来的几千平民，看似是平民，其实都是士兵，只要有统一指挥，就是一支善战的兵团。但我大明自建立以来，不许民间习武，所以这些人只是普通百姓而已，让普通百姓背水而战凶残的倭寇，无异于驱羊入虎穴。"

韩信能做到的事，戚继光做不到，不是说韩信比戚继光强，恰好相反，两人都是带兵好手。他们都能实事求是，向心内求，从自己的实际情况出发，拿出最有效的可行方案。

其实朱熹的向外求取真理，好像是个跪着的人，总感觉别人的一切都是好的，不从自己的实际出发，把别人看上去光芒万丈的东西全盘拿过来为自己所用。倘若戚继光向外求，那他就有可能效仿韩信，结果可想而知。

一言以蔽之：向内求就是要高度自信自己能解决自己的事，不需要去模仿参照别人。向外求则是看到一个拳击手一套组合拳击败对手，就认为只要戴上那个拳击手套就也能如对方一样，天下无敌。你要找到你的目标，这个目标就在你心内，在你组织内。

找到目标后自然会志向明确、意志坚定,这就是"知止而后有定";志向明确、意志坚定后,你知道该往哪里走,该怎么走,内心就会很安静专一,这就是"定而后能静";内心安静专一后,则能够安于目前的处境,自享其乐,自得其乐,这就是"静而后能安";在内心的作用下,外部环境也非常安静,做到了内外合一,这个时候你就能从容不迫地考虑,你要做的事是善还是恶呢,你会考虑得非常周详和精确,这就是"安而后能虑",最后你会回到起点:知止。

我们可以站在领导人的角度来分析这个:止、定、静、安、虑、得(止)。

首先,领导人要知道你做的任何一件亲民(亲员工)的事,没有外物可以帮助你,也不需要外物的帮忙,因为亲民方法这件事就在你心中。这就是知止。

其次,知道事情只有在心中求取后,就会收敛心思,专注于心内,必能志向明确、意志坚定地向前走,这就是知止而后有定。定之后你会发现心情非常安静,外部世界也随你心的安静而变得可爱,从前你看不上的组织内乱糟糟的事物,现在都成了你练心的道具,最终,你考虑好了事情的善恶,周详了和精确了你的决策。

最后,你就能达到止于至善的境界。

组织领导人一定要明白的一点是:止于至善是要求你做战略时,不要研究未来做什么,而是要研究今天做什么才有未来。所以《大学》才说"物有本末,事有终始"。它说"事有终始",而不说"事有始终"就是这个意思。

必须先确定做什么有未来这个"终",才能安心地"始"!

什么是终,什么是始呢?

有弟子问王阳明:"任何事物都有根本和末梢,从前的理学家把彰显德性当作根本，把使人民涤除污垢永做新人当作末梢，这两者是从内心修养和外部用功这两个相对应的部分来说的。事情有开始和结束，从前的理学家把知道止于至善作为开始，把行为达到至善作为结束，这也是一件事情的首尾相顾、因果相承。像您这种把新民作为亲民的说法，是否跟儒家学者有关本末终始的说法有些不一致呢？"

王阳明的回答是："有关事情开始与结束的说法，大致上是这样的，就是把新民作为亲民。而说显明德性为本，亲爱人民为末，这种说法也不是不可以，但是不应当将本末分成两种事物。树的根干称为本，树的枝梢称为末，它们只是一个物，因此才称为本与末。如果说是两种物，那么既然是截然分开的两种物，又怎么能说是相互关联的本和末呢？使人民自新的意思既然与亲爱人民不同，那么显明德行的功夫自然与使人民自新为两件事了。如果明白彰显光明的德性是为了亲爱人民，而亲爱人民才能彰显光明的德性，那么彰显德性和亲爱人民怎么能分开为两件事呢？理学家的说法，是因为不明白明德与亲民本来是一件事，反而认为是两件事，因此虽然知道根本和末梢应当是一体的，却也不得不把它们区分为两种事物了。"

由以上叙述，我们可以知道，王阳明所谓的"物有本末"的"本"既可以是明明德，也可以是亲民，"末"同样如此，因为一个物有本必有末，二者无法分割，是为本末合一。

王阳明所谓的"事有终始"也是这个道理，一件事开始时，你必须知道终点在哪里。你只有知道终点在哪里，才有可能开始。明明德是开始，亲民是终点，亲民是开始，明明德是终点，这件事最后能成，必须止于至善。

大学的三纲是明明德、亲民、止于至善，领导者的三纲同样如此。而这三纲的支撑就是下面我们要讲的八目。

04

领导者八目之格致诚正

> 致知在实事上格。如意在于为善,便就这件事上去为;意在于去恶,便就这件事上去不为。
>
> ——《传习录·黄以方录》

"格致诚正"是江湖黑话,官方的表述是:格物、致知、诚意、正心。这四条目是为修身服务的,直白而言就是,修身只需要做到"格致诚正"即可。

中国传统思想尤其是儒家思想,非常重视修身,好像只要做到修身,世上无难事,乾坤由我在一样。这缘于中国儒家人的机灵,他们认为人唯一能控制的只有自己的念头,那么,就只能在自我念头上下功夫,人必须也只能先把自己调教好,才能去调教别人。同时,儒家还乐观地认为,人人都有对真善美的向往之心,他们看到真善美后会自动自发地去效仿和学习,所以孔子才说,领导者身正,不令而行,倘若身不正,虽令不从。"不从"不是明目张胆地反抗,而是阳奉阴违。

儒家讲各种教化的方法和秘诀，其实真正的秘法就是修身。所以其管理思想对皇帝的要求最重要的只有一条：修身。

王阳明非常赞同《大学》中修身的"格致诚正"四门功课。不过，和朱熹的解释大有不同，朱熹觉得"格致诚正"是递进关系，作为领导者的修身，首先是格物，探究隐藏在万事万物背后的道理，把它变为人生哲理，也就是致知；然后是对这条人生哲理虔诚的信仰，即诚意；最后则是把它放进自己的心中，成为天理，即正心。比如一根竹子，朱熹首先探究它的道理，竹子很直有节，所以致知：做人要正直有节气。对这个人生哲理要无条件地信奉（诚意），让它永远存于心中（正心）。如此，修身工作全部完成。

王阳明则说，"格致诚正"是平等关系，是一回事，"人们所说的身体、心灵、意念、知觉、事物，就是修身用功的条理之所在，虽然它们各有自己的内涵，但实际上说的只是一种东西。而格物、致知、诚意、正心、修身，就是在现实中运用条理的功夫，虽然它们各有自己的名称，实际上说的也只是一件事情。"

下面我们来详细分析。什么叫作身心的形体呢？这是针对身心起作用的功能而说的。我们能活着，就是身体的全部器官和心脏在起作用。

什么叫作身心的灵明呢？这是从身心能做主宰的作用来说的。

什么叫作修身呢？指的是要为善去恶的行为。

我们的身体是不可能自动地去为善去恶的，有意识为善去恶的是我们的心灵，心灵命令身体去为善去恶。所以，人要修身，必须先摆正自己的心灵，也就是正心，即修身在正心。

如何正心呢？我们的心与生俱来，它的本体是人性，人性天生就是善的，因此心的本体肯定是正的。既然心是正的，那还正什么心？或者说，正心肯定不能在心本身上做功夫，那应该去哪里做功夫呢？

王阳明指出，心的本体虽然是正的，但我们应对情境后就会产生意念（念头），意念是可善可恶的，它恶时，心中就有了不正的成分，所以凡是希望正心的人，必须在意念产生时加以校正。若是产生一个善念，就像喜爱美色那样去真正喜欢它，若是产生一个恶念，就像厌恶极臭的东西那样去真正讨厌它，这样意念就没有不正的，而心也就可以得正了。

这就是正心在诚意。

那么，问题就来了，意念一经发动、产生，有的是善的，有的是恶的，我们如何区分它是善的还是恶的呢？如果不及时明白区分它的善恶，就会将真假对错混淆起来，这样的话，虽然想使意念变得真实无妄，实际也是痴心妄想。所以想使意念变得纯正的人，必须也只能在致知上下功夫。这就是诚意在致知。

"致"是达到的意思，就像常说的"丧致乎哀"的致字。《易经》中说到"知至至之"，"知至"就是知道了，"至之"就是要达到。所谓的"致知"，并不是后来儒家学者所说的扩充知识的意思，而指的是达到我心本具的良知。这种良知，就是孟子说的"是非之心，人皆有之"的那种知性。这种知是知是知非的知性，不需要思考，它就知道，不需要学习，它就能做到，因此我们称它为良知。它是天命赋予的属性，是我们心灵的本体，是自自然然灵昭明觉的那个主体。凡有意念产生，我们心中的良知就没有不知道的。它是不是善念呢？唯有我们心中的良知自然知道，它是不是恶念呢？也唯有我们心中的良知自然知道。这是谁也无法给予他人的那种性体。

王阳明在此重点强调了人人皆有良知的理论："所以说，虽然小人造作不善的行为，甚至达到无恶不作的地步，但当他见到君子时，也会不自在地掩盖自己的恶行，并极力地表白自己做的善事，由此可以看到，就是小人的良知也具有不容许他埋没的特质。今日若想辨别善恶以使意念变得真诚无妄，其关键只在于按照良知的判断去行事而已。为什么呢？因为当一个善念产生时，人们心中的良知就知道它是善的，如果此时不能真心诚意地去喜欢它，甚至反而背道而驰地去远离它，那么这就是把善当作恶，从而故意隐藏自己知善的良知了。而当一个恶念产生时，人们心中的良知就知道它是不善的，如果此时不能真心诚意地去讨厌它，甚或反而把它落实到实际行动上，那么这就是把恶当作善，从而故意隐藏自己知恶的良知了。像这样的话，那虽然说心里知道，但实际上跟不知道是一样的，那还怎么能够使意念变得真实无妄呢？"

只有一个办法，那就是"格物"！

"大部分人对于良知所知的善意，没有不真诚地去喜欢的，对于良知所知的恶意，没有不真诚地去讨厌的，像这样不欺骗自己的良知，那么他的意念就可以变得真实无妄了。然而要想正确运用自己的良知，这怎能是恍惚而空洞无物的说辞呢？必然是有其实在内容的。所以说要想致知的话，必然要在格物上下功夫。'物'就是事的意思，凡有意念产生时，必然有一件事情，意念所系缚的事情称作'物'。'格'就是正的意思，指的是把不正的校正过来使它变成正的这个意思。校正不正的，就是说要去除恶的意念和言行。变成正的，就是说要发善意、讲善言、做善行。这才是格字的内涵。《尚书》中有'格于上下''格于文祖''格其非心'的说法，格物的'格'字实际上兼有它们的意思。"

这就是致知在格物。

"良知所知道的善，虽然人们真诚地想去喜欢它，但若不在善的意念所在的事情上去实实在在地践履善的价值，那么具体的事情就有未被完全校正的地方，从而可以说那喜欢善的愿望还有不诚恳的成分。良知所知道的恶，虽然人们真诚地想去讨厌它，但若不在恶的意念所在的事情上实实在在地去铲除恶的表现，那么具体的事情就有未被完全校正的地方，从而可以说那讨厌恶的愿望还有不诚恳的成分。如今在良知所知道的善事上，也就是善意所在的事情上实实在在地去为善，使善的言行没有不尽善尽美的。在良知所知道的恶事上，也就是恶意所在的事情上实实在在地去除恶，使恶的言行没有不被去除干净的。在这之后具体的事情就没有不被校正的成分存在，我的良知所知道的内容就没有亏缺、覆盖的地方，从而它就得以达到纯洁至善的极点了。此后，我们的心才会愉快坦然，再也没有其他的遗憾，从而真正做到为人谦虚。然后心中产生的意念才没有自欺的成分，才可以说我们的意念真正诚实无妄了。"

所以《大学》中说道："系于事上的心念端正后，人生哲理自然就能丰富；人生哲理得以丰富，意念也就变得真诚；意念能够真诚，心情就会保持平正；心情能够平正，本身的行为就会合乎规范。"虽然修身的功夫和条理有先后次序之分，然而其心的本体却是始终如一的，确实没有先后次序的分别。虽然正心的功夫和条理没有先后次序之分，但在生活中保持心念的精诚纯一，在这一点上是不能有一丝一毫欠缺的。

由此可见，格物、致知、诚意、正心这一学说，阐述了尧舜传承的真正精神，也是孔子学说的心印之所在。

现在，我们把四目和三纲连起来谈：《大学》的重点在于"诚意"。诚意的功夫，只是"格物"。"诚意"做到极致，就是"止于至善"。"止于至善"的法则是"致知"。正心，是恢复心中本体；修身，是让心体的作用得以充分发挥。对自己来说，叫"明德"；

将"明德"施于他人,就叫"亲民";天地之间任何事物都能用"明德"来为一体。所以,所谓"至善",就是心的本体。人的念头一动如果是不善的,心的本体,也就是我们的良知,没有不知道的。

诚意的"意",就是念头,念头是会动的。格物的"物",是念头所指向的事。只要良知在发挥作用,动任何念头都不会有不善的。但是,如果不"格物",就不能"致知",不能让良知充分发挥作用。所以致知是诚意的根本,格物则是致知的结果。格物的功夫做到了,良知也就发挥作用了,念头也就真诚了,如此才能恢复本心,达到"止于至善"的境界。

圣人担心人们向心外去探求,所以反复强调这些意思。所以说,不在"诚意"上下功夫,只想着"格物",就有了支离之偏;不在"格物"上下功夫,只想着"诚意",又有了虚空之偏;不以"致知"为根本,只知道"格物"和"诚意",那就是胡说。支离、虚空和扯淡,离至善十万八千里。

朱熹认为,《大学》的重点在"格物",王阳明则认为重点在"诚意"。区别在哪里呢?按朱熹的理论,如果我们尤其重视"格物",那就是在向外求,在心外求到的理,诚心诚意对它,那也是我们心外的理,而不是我们心内的理。按照王阳明的理论,如果我们把重点放在"诚意"上,真诚无欺地对待自己的念头,那格物也就顺理成章了。可如果我们把重点放在"格物"上,那就是在事情上正念头,念头即使是正的,但不真诚对它,也不是真的格物。

很多组织领导者在事情上正念头,正得都很好,但正过了却没有真心实意地对待自己的念头,那等于没正。知道企业有某种问题,这是格物;马上去解决它,这才是诚意。知道员工担心什么,这是格物;不马上就去解决它,这就不是诚意,自然也就不是真正的格物。

王阳明领导力心法 305

格物是中，诚意是和，格物是知，诚意是行，唯有二者合为一体，才能和谐。从这一点而言，王阳明在知和行的选择上，还是倾向于行。

只要在诚意的主导下格物，必能致知，能致良知，心自然会正，身也自然能修，接下来的事，就是八目的第二级：修齐治平。

05

领导者八目之修齐治平

> 修齐治平，总是格物。
>
> ——《答甘泉》

在中国传统思想中，修身之重要，贯穿人生，决定其做事能力和态度，更决定了人生境界。北宋赵顼（宋神宗）上台后，要王安石变法图强。保守派头领司马光攻击王安石，认为他无法担此重任，只会搞砸。赵顼问他理由，司马光嗫嚅地说，王安石一年不洗澡，胡子是虱子的乐园，连身都不修，何以能治国？

北宋初期，中国形成两种重要思潮，一是以王安石知行合一为代表的功利派，二是以司马光为阵营的理学派。功利派讲究的是搞活经济，富国强兵，一切以经济建设为前提，连带着在制度上动点外科手术。功利派主张人要实事求是，只要目的正确，就应该先干了再说，这就是即知即行，而理学家则注重先知后行，若想做成大事，必须先修身，通过格物致知诚意正心先把自己锻造成圣人，然后再去事上验证,但去哪些事上实验,仍有秩序,要先在家庭中实验,看是否能齐家,齐家后再去国上验证,看是否能治国,最后则要去天下验证,看是否能平天下。

按王安石的看法,这些理学家的理论纯是壁上行,除了壁虎和武林高手外,无人能做到。这当然也是理学家的致命缺陷:先知而后行,当知尽后,大势已失,所有的修身奇功都成了屠龙之计。王安石的功利派,则认准了评价人的价值的唯一标准就是其呈现出来的事业,一切以功利为主导。至于修身,他们清醒地意识到,必须到事情上去修,纯粹的修身,只是修个不死身,修个僵尸身,对于社会大众,毫无用处。

不过,宋王朝的功利派把目光重点放到治国上,至于齐家和平天下远没有涉及,这恰好由其注重实际功利,不好高骛远,只先解决眼前问题的优点所决定。王安石不是没有读过《大学》,他过目不忘,智慧超群,自然也不会对《大学》的后四目(修身齐家治国平天下)研究不深,他没有打通修齐治平,只是因为不想过多地纠缠于理论,忽略了现实问题。

直到王阳明的出现,完成了王安石等功利派传奇人物不曾完成的任务。孔子说,吾道一以贯之,王阳明就把修齐治平用良知贯穿起来,成功地在理论上解释了修齐治平是一回事。

朱熹曾为白鹿洞书院书写院规,其中有"修身之要"一条,方法是:言忠信,行笃敬,惩忿,窒欲,迁善,改过。王阳明则认为,这些方法必须到家庭、朝廷(国家)和天下去实施,只在自己的小圈中运行,就无法做到真正的修身。修身注重的是诚。

在一篇文章中,王阳明这样谈道:

君子修身，重要的不是外在的成就，而是内在的提高；对待父母，重要的不是虚名，而是实实在在的孝心。应隆这样通过自己的努力获得高贵显赫的地位，就足以说明他已经建功扬名并且修身有成了吗？这些其实都只是外在表现。应隆让父母得到了皇上的恩宠荣耀，就真的足以让父母受人赞扬并且算得上是对父母有实实在在的孝心？我看这也只是虚名而已。孔夫子说："修身是有讲究的，不明白什么是真正的善，不可能真正实现修身的理想。"这就是"中"，这样去修身才不会偏离正道。"使父母高兴也是有讲究的，不能诚实地自我反省，就不可能真的让父母高兴。"这才是"实"，才是实实在在的有孝心。

修身先要在家庭中做，要齐家。领导者如何齐家，第一要以身作则；第二要有家训；第三要让家人严格按照家训来做；第四，管住家人，不能让家人打着自己的幌子去获取利益；最后，不要照顾家人太多，让他们自己管理好自己的事。

王阳明给他儿子的家训，名为《示宪儿》：

幼儿曹，听教诲：勤读书，要孝弟；学谦恭，循礼义；节饮食，戒游戏；毋说谎，毋贪利；毋任情，毋斗气；毋责人，但自治。能下人，是有志；能容人，是大器。凡做人，在心地；心地好，是良士；心地恶，是凶类。譬树果，心是蒂；蒂若坏，果必坠。吾教汝，全在是。汝谛听，勿轻弃。

这道家训大意是说：孩子们啊，听我的教诲：你们要勤奋读书，孝顺父母，敬爱兄长；要学习谦恭待人，一切要适宜和遵循礼节；要节制饮食，少玩游戏；不要说谎，不能贪利；不要任情耍性，不要与人斗气；不要责备他人，要懂得自我管理。能放低自己身份，是有志气的表现；能容纳别人，是有度量的表现。做人的尺度就是心地的好坏；心地好，就是好人；心地恶，就是恶人。这就如同树上的果子，它的心是蒂；如果蒂先败坏了，果子必然坠落。我现在教诲你们的，全都在这里。你们应好好听从，不可丢弃。

这篇《示宪儿》诞生于1518年，正是王阳明担任南赣巡抚的尾声。家训第一句"幼儿曹"中的"曹"字是：等、辈之意，整句意为：孩子们。后面的话语，通俗易懂，完全就是向孩儿们说话的口气。诉说的对象正是他的儿子宪儿即王正宪。

王正宪并非王阳明亲生儿，1515年，王阳明年已四十四岁，但王阳明及胞弟守俭、守文、守章都没有儿子，王阳明的父亲王华只好选择三弟王衮的孙子王守信的第五子正宪过继给王阳明，是年，王正宪八岁。

1518年，王正宪十一岁，正是亟待教训之时，于是就有了这道王阳明家训。

家训开篇就是让人勤读书，这是教人应有学问；要人孝悌、谦恭，遵循礼义，这是让人应学会礼仪；要人能下人，能容人，这是智慧的表现；心地好，是良士，这是德行的表现。

学问、礼仪、智慧、德行，是《王阳明家训》（即《示宪儿》）的核心思想，也是其心学的灵魂，更是一个绅士所必须具备的素质。

四个方面你中有我，我中有你，密不可分。套用王阳明的话头就是，有学问的人，必知礼仪，必有智慧，必懂德行，否则就不能称他为有学问的人。

不过在王阳明看来，德行是第一位的，做一个好人比任何事都重要。一个人若缺少了德行，那就和"人"这个物种诀别了。

鲜花的蒂（心）如果是坏的，鲜花永不可能绽放，也就不能称为鲜花；正如人的心地是坏的，人就不能称为人。

"凡做人，在心地"是王阳明家族的信仰和家法，它不专属王阳明家族，正如良知之学不是王阳明的专属一样，人人皆有良知，只看致或不致。人人都可把"凡做人，在心地"当作自己的家训和信仰。

其实所谓齐家，就是要通过各种方式让家庭成员各安其位，各尽其职，不要有非分之想，这就是齐。前提是，你必须做到善，你所使用的齐家的手段才有效。一个盗贼纵有千般齐家手段，也只能教养出偷窃的后代。

领导者在齐家的过程中就是在修身，为了让家人安分守己，自己一定要做到安分守己。王阳明本人重视家庭，也认定家庭是修身的重要道场之一，他对父亲王华特别孝顺，也正因此，所以他对国家尤其忠诚，对人民尤其热爱。孔子弟子有子说，人如果在家庭中孝悌，就不太有可能在政府中犯上作乱。（其为人也孝弟，而好犯上者，鲜矣；不好犯上而好作乱者，未之有也。）孝和忠是一回事，在家面对父母，是孝，到政府中面对君主，则化为忠诚。

这种化，不是刻意而化，孝和忠不是两层皮，而是一枚硬币的两面，当在家孝顺时，就有能力在国家中忠诚，有了这种良知，治国自然而然。治国治好后，自然就能平天下。因为一切能治国平天下的招数其实都在齐家中，而齐家、治国和平天下正是修身的最佳场地和最好的机会。

把修齐治平贯通，本就是中国传统文化的精髓，中国人把"传心"当成是人修习的法宝，在五伦中把这法宝尽情释放，从而让忠、孝、爱、义、信等美德集于一身，仁义礼智信能发能收，如此，才是真正的修身，才是真正的圣人。

中国古人常讲，修身在家庭和工作中，因为一以贯之的一，是良知，用良知齐家、治国、平天下，灵魂是一，只不过其所表现不同罢了。中国古代知识分子要求皇帝修身时，既要皇恩浩荡天下百姓，又要管好后宫，其实就是这个道理。所以你会发现中国历史上有一个很奇怪的现象，皇帝随心所欲要换老婆，有良知的大臣都群起而攻之。比如唐朝时李治（唐高宗）要换掉老婆王女士，扶武媚娘上位，所有大臣都反对。李治气急败坏地质问反对的大臣们：我换自己的老婆和你们有什么关系？

大臣们一致回答：你老婆固然是你老婆，可她还是皇后，是后宫的第一长官，换长官，我们做大臣的就有责任干预。

由此可见，国人始终家国不分，所以才不厌其烦地强调：家事就是国事，国事也是家事，你爱自己的家，更要爱自己的国，还要爱天下，因为万物一体，家国一体。

中国的家族企业太多了，短时间内根本无法摆脱这种现实。所以，领导者必须要明白修齐治平本是一物，更要明白，四书之首的《大学》就是一本领导力修炼的入门书，如此，才能在中国本土游刃有余，成就商业价值和精神价值。

激发个人成长

多年以来,千千万万有经验的读者,都会定期查看熊猫君家的最新书目,挑选满足自己成长需求的新书。

读客图书以"激发个人成长"为使命,在以下三个方面为您精选优质图书:

1. 精神成长

熊猫君家精彩绝伦的小说文库和人文类图书,帮助你成为永远充满梦想、勇气和爱的人!

2. 知识结构成长

熊猫君家的历史类、社科类图书,帮助你了解从宇宙诞生、文明演变直至今日世界之形成的方方面面。

3. 工作技能成长

熊猫君家的经管类、家教类图书,指引你更好地工作、更有效率地生活,减少人生中的烦恼。

每一本读客图书都轻松好读,精彩绝伦,充满无穷阅读乐趣!

认准读客熊猫

读客所有图书,在书脊、腰封、封底和前后勒口都有"**读客熊猫**"标志。

两步帮你快速找到读客图书

1. 找读客熊猫

2. 找黑白格子